개인재무관리총서 5

재무상담사를 위한 자산배분 전략

최적의 재무위험 처리 기법

로저 C. 깁슨 지음

조영삼 옮김

서울 엠

이 도서의 국립중앙도서관 출판시도서목록(CIP)은 e-CIP홈페이지(http://www.nl.go.kr/ecip)에서
이용하실 수 있습니다. (CIP제어번호 : CIP2005000805)

ASSET ALLOCATION

Balancing Financial Risk

ROGER C. GIBSON

McGraw-Hill

New York   San Francisco   Washington, D.C.   Auckland   Bogotá
Caracas   Lisbon   London   Madrid   Mexico City   Milan
Montreal   New Delhi   San Juan   Singapore
Sydney   Tokyo   Toronto

ASSET ALLOCATION
Balancing Financial Risk

머리말

전문적인 투자 상담의 세계에 몸담은 지 어언 49년이 지난 지금, 나는 성공적인 투자란 상식적인 것이라고 믿는다. 지불한 돈에 비해 가장 큰 이득을 얻을 수 있는 자산을 찾는 것이 상식적이다. 이것은 싼 것을 찾는 걸 의미한다. 예를 들어 비슷한 자산 중에서 가장 낮은 가격으로 살 수 있는 것을 선택하기 위해 다수의 유사한 투자자산을 비교하는 것은 현명한 일이다. 만약 당신이 어느 회사의 주식을 내재가치보다 싸게 구입한다면, 가격하락에 따른 위험은 더 적을 것이고 가격상승에 대한 기회는 더 많을 것이다.

투자자산의 분산은 예상보다 더 많은 이익을 낸 자산이 더 적은 이익을 낸 자산을 상쇄하기 때문에 지극히 상식적이다. 최고의 투자전문가들조차 평균보다 많은 이익을 내도록 의사를 결정하는 경우는 기껏해야 3분의 2 정도에 불과하리라고 이야기한다.

그렇기 때문에 자산배분과 분산투자는 성공적인 장기투자의 초석이라 할 수 있다.

분산투자라는 말은 한 가지 투자자산에 모든 자금을 투입하지 않는 것을 의미한다. 마찬가지로 어느 한 회사나 한 산업 또는 한 나라의 주식에만 투자하는 것도 현명하지 않다. 만약 당신이 모든 국가에서 투자대상을 찾는다면 더 나은 가격으로 더 많은 것을 살 수 있다. 서로 다른 나라에 투자하는 경우 시장하락이나 경기침체가 각기 다른 시기에 발생하기 때문에 분명히 당신은 위험을 감소시킬 수 있을 것이다. 또한 경제상황의 변화가 여러 유형의 투자자산에 미치는 영향은 각기 다르다. 다른 유형의 자산들 사이에 분산투자할 때 포트폴리오의 가치는 그다지 많이 변동하지는 않을 것이다.

얼마간의 자산으로 시작해 재산을 모으기 위해선 검소해야 한다는 사실은 분명하다. 부자가 되고 싶은 투자자는 많은 돈을 저축해야 하고 연 단위 가계지출 예산도 잘 지켜야만 한다. 예를 들어 나는 대학 졸업 후 처음 15년 동안 1달러를 벌 때마다 50센트씩 저축하는 지출 예산을 고수하려고 했다. 검소한 사람은 부유하게 될 것이고 헤픈 사람은 가난하게 될 것이다.

한편 가격이 변동하는 자산에 정기적으로 동일한 금액을 투자하는, 이른바 매입원가평균법(dollar-cost averaging)이라는 신비한 공식이 있다. 투자기간이 종료됐을 때, 평균매입원가는 투자자산의 평균가격보다 낮을 것이다. 다시 말해 가격이 낮을 때 더 많은 주식을 사고 가격이 높을 때 더 적은 주식을 사기 때문에 평균매입원가는 시장평균과 비교해 더 낮을 것이다.

존 록펠러는 부자가 되기 위해선 돈이 자신을 위해 일하도록 해야 한다고 말했다. 즉, 돈을 빌리는 사람이 되지 말고 돈을 빌려주는 사람이 되라는 뜻이다. 만약 당신이 집을 담보로 차입했다면, 이에 따른 지급이자는 주택관리비의 두 배가 넘을 것이다. 반면 만약 당신이 어떤 집을 담보로 대출해줬다면 그에 따른 연이자가 복리로 부가되어 재산을 불려줄 것이다. 당신이 돈을 빌리지 않는다면 이자는 항상 당신을 위해 일하며 결코 당신을 해하진 않을 것이다. 또한 당신은 평화로운 마음으로 대부분의 나라에서 10년마다 두 번씩 일어나는 약세장과 경기침체를 견딜 수 있을 것이다.

약세시장에 대비하는 것은 상식이다. 매번 약세장이 언제 시작될지 전문가들도 알지 못하지만, 당신은 살아가는 동안 약세장이 여러 차례 나타나리라고는 확신할 수 있다. 상식적인 투자란 당신이 재무적으로나 심리적으로 스스로 대비하는 것을 의미한다. 당신은 좋지 않은 시점에 매도할 수밖에 없는 경우가 생기지 않도록 어떤 약세장이라도 견딜 수 있게 재무적으로 대비해야 한다. 실제 당신을 위한 재무설계 내용은 주식이 비합리적으로 낮은 가격일 때 주식을 사도록 추가적인 투자자금을 제공할 수 있어야 한다. 심리적으로 대비한다 함은 좋지 않은 시점에 사거나 팔지 않도록 여러 번 있을 약세장과 강세장을 예상하는 걸 의미한다. 쌀 때 사서 비쌀 때 파는 것은 심리적으로 대비되지 않은 사람이나 이성이 아니라 감정에 따라 행동하는 사람에겐 어려운 일이다.

1940년 투자자문회사를 설립하면서 나는 회사소개서 앞면에 이렇게 적었다. "남들이 낙담해 팔려고 할 때 사고 남들이 탐욕적으로 사려고 할 때 파는 것은 대단한 용기가 필요하지만 엄청난 보상을 안겨줍니다."

주식가격이란 대부분의 사람들이 팔려고 할 때 외에는 결코 낮지 않으며, 대부분의 사람들이 사려고 할 때 외에는 결코 높지 않다는 사실은 아마 투자와 관련해 가장 배우기 어려운 사실일 것이다. 이 점이 다른 전문분야와 투자를 완전히 다르게 만든다. 예를 들어 당신이 10명의 의사를 만났는데 그들 모두 어떤 약을 복용해야 한다고 말한다면 당신은 그 약을 먹어야 할 것이다. 그러나 만약 당신이 10명의 증권분석가를 만났는데 그들 모두 어떤 특정 주식이나 특정 유형의 자산을 사야 한다고 말한다면 그때 당신은 반대로 해야만 한다. 100%의 사람이 사겠다고 해도 단 한 사람만 마음을 바꾸어 팔겠다고 한다면, 이미 당신은 최고가를 지나칠 것이기 때문이다. 상식(common sense)이라고 흔한 것(common)은 아니다. 상식과 신중한 논리는 남들이 똑같이 사려고 할 때 똑같은 자산을 산다면 우수한 투자실적을 올리기 불가능하다는 것을 알려준다.

매입할 주식을 선정할 때 가치를 판단하는 기준은 많다. 가장 믿을 만한 기준은 이익 대비 가격이 얼마나 높은가이다. 하지만 더욱 중요한 것은 미래의 5년 내지 10년 동안 가능한 이익과 비교해 가격이 얼마나 높은가를 묻는 것이다. 주식은 미래 이익의 일정 부분을 받을 수 있는 권리에 지나지 않는다. 대개 이익의 증가는 경영을 잘한 결과로 나타난다. 아무리 뛰어난 전문가라 하더라도 경영능력을 판단하기는 어렵다. 직업적 투자자가 아닌 투자자에게 가장 좋은 방법은 세 가지 질문을 하는 것이다. 이 회사가 경쟁사들보다 더 빠르게 성장하는가? 매출이익률이 경쟁사들보다 더 큰가? 투자된 자산에서 얻을 수 있는 연 수입이 경쟁사들보다 큰가? 이 세 가지 단순한 지표가 경영능력에 대한 많은 것을 당신에게 알려줄 것이다.

역사는 다양한 형태의 자산가격이 빈번히 그리고 폭넓게 변동했음을 보여준다. 적절한 자산배분은 이러한 가격변동이 포트폴리오에 미치는 영향을 감소시켜 준다. 인간의 모든 활동이 더 빨라지고 있기 때문에 자산가격의 변동이 미래에는 더 크고 더 빈번할지도 모른다. 이 점이 단기적인 실적에 기초해 전문상담사를 선택해선 안 되는 이유 가운데 하나다. 예를 들어 가장 큰 위험을 감수한 상담사는 강세장에서는 최고의 실적을 올리지만 약세장에서는 최악의 실적을 올릴 것이다. 연금펀드 운용자나 대학재단 운용자뿐 아니라 개인투자자들도 투자상담사의 능력을 최소한 한 번 이상—가급적이면 여러 번—의 경기순환 기간을 거친 후 평가해야 한다. 이렇게 할 경우 운에 따른 요소를 제거할 수 있고, 어떤 상담사가 상식의 축복을 받았는지 알 수 있다.

나는 거의 모든 사람들이 투자자가 되었으면 한다. 내가 처음 투자상담사가 되었을 때 미국의 주식 보유자는 겨우 400만 명에 불과했지만, 지금은 4,800만 명이나 된다. 지금 미국의 뮤추얼펀드에 투자된 돈은 55년 전과 비교하면 1,000배에 달한다. 검소함, 상식, 현명한 자산배분이 장기적으로 훌륭한 결과를 낳을 수 있다. 예를 들어 만약 당신이 25세부터 시작해 복리로 늘어나는 비과세의 개인은퇴계좌(Individual Retirement Account, IRA)에 매년 2,000 달러씩 투자해 연평균 10%의 수익률을 올린다면, 65세에 당신은 거의 100만 달러를 갖게 될 것이다.

투자관리를 위해서는 모든 주요 투자수단들을 광범위하게 고려해야 한다. 이 책은 급변하는 세계의 훌륭한 상식 투자를 향한 자산배분 원리를 전개하고 있다. 중요한 자산배분 결정의 논리적 과정에 대해 쉬운 단어를 사용해 단계적으로 투자상담사와 고객을 안내하고 있다. 로저 깁슨이 주장하는 광범위 분산투자 접근 방법은 투자상담사와 고객에게 훌륭한 투자성과와 더불어 마음의 평화를 안겨줄 것이다.

1989. 4. 11

템플턴재단 이사장 존 템플턴

감사의 글

먼저, 편집자인 캐서린 슈웰트와 제인 팔미어리, 그리고 맥그로힐의 직원들에게 감사를 표하고 싶다. 세 번째 판이 완성되기까지 생각보다 많은 시간이 걸렸는데, 이들의 인내와 격려가 있었기에 성공적으로 끝낼 수 있었다.

이런 종류의 책은 기꺼이 연구를 지원해주고 자본시장의 실적에 대한 자료를 제공해주는 여러 동료의 도움이 없이는 불가능하다. 따라서 브린슨파트너즈 사, 골드만삭스 사, 이봇슨어소시잇츠 사, 모건스탠리 사, 부동산투자신탁협회, 살로몬스미스바니 사, 스탠다드앤푸어즈 사, 트리니티투자관리회사, 베스텍시스템즈 사에 고마움을 전하고 싶다.

투자관리연구협회의 전 회장이자 수석 간부인 다윈 베이스톤 씨에게 감사한다. 그는 첫판 초고에 대해 비평해줬고 책을 더 좋게 만드는 데 도움이 되는 많은 제안을 해줬다. 또한 일본어로 책을 출간하는 것을 도와주기도 했다. '현대 포트폴리오 이론의 아버지'라 불리는, 노벨상 수상자 해리 마코위츠가 친절하게도 세 번째 판 추천사를 써준 점에 대해서도 감사한다. 그의 선구적인 업적이 이 책에서 논의한 여러 아이디어에 대한 밑거름이 되었다.

깁슨자산관리회사와 신탁연구센터에 근무하는 브렌다 베르직, 케이스 골드너, 모나 히긴스, 데브라 레젝, 마이클 레이너트에게도 감사한다. 그들은 내가 도움이 필요할 때면 언제나 성실하게 도와줬으며, 지속적으로 여러 기관들의 자료를 종합하는 걸 지원해줬다. 특히 케이스와 마이클은 컴퓨터 작업과 통계 작업을 통해 투자실적의 연관성을 요약·정리한 이 책의 다양한 차트와 그래프를 만들어줬다. 모나는 워드 작업과 내용 배열을 도와줬고, 맥그로힐 사를 비롯해 각종 자료를 제공한 이들간의 기호논리적인 문제들을 조정해줬다. 나의 친한 친구이자 동료인 브렌다는 원고를 읽기 쉽도록 수정하고 많은 양식을 만들어줬으며, 편집상 도움이 되는 여러 가지 제안들을 해줬다. 존스 홉킨스 대학에서 창작문학을 전공하는 내 딸 사라는 각 장의 교정쇄를 끝까지 검토해줬다. 고마워, 사라. 또 내 동료인 신탁연구센터의 공동 책임자 도날드 트론에게도 감사한다. 이 책에 있는 투자지침서 샘플은 그가 개발한 것이다.

이 책의 첫 번째와 두 번째 인쇄를 도와준 돈 '스파이크' 필립, 게리 브린슨, 로버트 레비, 로날드 카이저, 에이미 오스트, 에이미 개버, 라레인 슈미트, 코니 매키, 필립 개러퍼, 드보라 스탈, 마이클 허쉬, 그레고리 린트너, 메리 엘리슨 등에게도 감사한다.

이 책은 개념을 다룬 것이다. 일부는 독창적이지만 많은 부분은 빌려온 것이다. 당신이 어떤 아이디어에 흥미를 느낀다면 그 아이디어의 출처를 알고 싶어 할 것이다. 가능한 한 저자를 표시했다. 유감스럽게도 내 자료의 많은 부분은 출처를 확인할 수 없다. 내 사고의 형성에 도움을 줬지만, 직접 언급하지 못한 여러 사람들에게 용서를 바란다. 그리고 나에게 아이디어를 빌려주고 내 자신의 연구와 경험에 따라 내가 변형시켰던 아이디어의 제공자들에게 가능한 비난이 돌아가지 않기를 바란다.

특히 세상의 정신적인 부를 구축하려고 애쓰는 템플턴재단의 회장인 존 템플턴 씨에게 감사한다. 템플턴 씨는 나에게 정신적·직업적으로 귀감이 되었다. 세계 최고의 장기투자 실적 가운데 하나를 기록하셨던 분이 서문을 써주신 데 대해 무한한 영광으로 생각한다. 템플턴 씨 같은 투자 천재는 정말 찾아보기 힘들 것이다.

신탁연구센터가 제공하는 교육과정이나 여러 차례 내가 책임지고 진행했던 자산배분과 현대 포트폴리오 이론에 대한 발표회에 참가했던 전국의 많은 투자전문가나 금융전문가들에게도 감사를 표한다. 이러한 강연에서 진행되었던 대화들이 이 책의 여러 아이디어를 세련되게 만들어줬다.

마지막으로 현재와 미래의 내 모든 고객들에게 감사하고 싶다. 그들 덕분에 투자상담사로서 내 직업은 진취적이면서도 보상받을 수 있는 경험이 될 수 있었다.

로저 깁슨

차례

프롤로그

> 모든 이로 하여금 자신의 돈을 세 부분으로 나누게 하되, 3분의 1은 토지에, 3분의 1은 사업에 투자케 하고, 나머지 3분의 1은 예비로 남겨두게 하라.
>
> —『탈무드』(B.C.1200~A.D.500년경)

자산배분은 새로운 개념이 아니다. 위에 적힌 탈무드의 문구는 약 2,000년이나 되었다. 이 말을 한 사람이 누구이든 그는 위험에 대해 뭔가를 알고 있었다. 또한 수익에 대해서도 뭔가를 알고 있었다. 어쩌면 세계 최초로 자산배분을 주창한 사람일지도 모른다. 오늘날 우리는 분산투자(diversification)란 말보다 자산배분이란 말을 많이 사용하지만, 그것은 정말로 오래되고 경험으로 검증된 투자전략에 대한 새로운 이름일 뿐이다. 이 충고를 좀더 현대적으로 바꾼다면 다음과 같이 표현할 수도 있을 것이다. "모든 투자자로 하여금 3분의 1은 부동산에, 3분의 1은 보통주에, 나머지 3분의 1은 현금등가물이나 채권에 할당하는 분산된 포트폴리오를 구성하게 하라."

오늘날에도 여전히 이 말은 좋은 충고일까? 이 충고에 대해 좀 더 자세히 살펴보자. 전체 포트폴리오 균형은 3분의 1의 고정수입형 투자(fixed-income investment)와 3분의 2의 지분형 투자(equity investment)로 구성되었다. 고정수입형 투자에 배분된 3분의 1이 지분형 투자에 배분된 3분의 2에 내재된 변동성 위험(volatility risk)을 감소시킨다. 서로 다른 수익 형태를 보이는 두 가지 주요 지분형 투자에 대한 분산은 지분 위험을 더욱 줄여준다. 결국 이것은 투자기간이 장기이면서 동시에 위험과 수익 모두 관심을 두고 있는 투자자들에게 적절한, 지분형 투자 위주의 균형 포트폴리오다. 이것은 정말로 훌륭하고 강력한 자산배분전략이다. 아직 태어나지 않은 수많은 투자자들이 향후 2,000년 동안 그 충고를 따를 것이라는 사실을 알고서 한 문장으로 된 투자전략을 개발하려고 했다고 상상해보라! 당신은 더 나은 무언가를 제안해야 할 것 같은 중압감을 느낄 수도 있을 것이다.

앞에서 인용한 탈무드를 쓴 익명의 저자는 오늘날의 투자세계를 상상조차 하지 못했을 것이다. 지난 10년에 걸쳐 민주주의와 자유로운 기업 시스템이 세계의 많은 독재권력과 중앙집권적 경제를 대체했다. 새로운 자본시장이 형성되고 투자수단들이 빠른 속도로 증가했다. 세계 곳곳의 사람들이 인터넷을 통해 사실상 비용을 들이지 않고 많은 정보를 즉석에서 교환할 수 있게 되었다. 세계 어느 한 곳의 경제적 사건이 지구 다른 쪽에 있는 시장에 영향을 줌으로써 정말로 세계는 점점 더 좁아지고 밀접하게 연결되었다.

이러한 모든 변화에도 오늘날의 투자자들은 100년 전의 방식에서 그다지 벗어나지 않았다. 그들은 높은 수익을 원하지만 그 수익을 확보할 때 위험이 초래되지 않기를 바란다. 안타깝게도 투자에 대해서만큼은 모든 사람들이 각기 다른 견해 또는 많은 오해를 품고 있다. 이러한 오해들은 자산배분 의사결정의 영역에 널리 퍼져 있으면서 또한 위험하기도 하다. 예를 들어 어떤 투자자는 채권이나 보통주 같은 주요한 투자 자산군(investment asset class)이 자신의 목표를 달성하기 위한 가장 나은 전략을 개발하는 데 주된 역할을 할 수 있음에도 부적절하게 그러한 자산군을 거부할지도 모른다. 또한 많은 투자자들이 자기에게 편한 포트폴리오 구조를 보유하지만, 자신의 재무목표를 달성하기 위한 최선의 자산배분에 따른 투자를 선호하진 않는다는 점은 그다지 놀라운 일이 아니다. 이러한 상황에서 투자상담사[1]의 권유가 고객의 이

---

1 원문에 'financial advisor'로 표기된 것으로 고객을 위해 투자 상담을 하는 개인 또는 회사(투자자문사)를 말한다. 우리나라의 투자상담사와는 다르지만, 편의상 투자상담사로 통일해 번역했다 - 옮긴이 주.

익을 위해 최선인지 여부를 파악할 개념적 지식이나 준거 기준 (frame of reference)이 고객에게 없다면, 투자상담사가 고객의 여건을 제대로 평가해 적절한 전략을 개발해낼 것 같지 않다.

종종 상담사와 고객은 상호동의하에 투자관리 과정의 모든 부분을 투자상담사의 재량에 맡김으로써 이 문제를 피하려고 한다. 이를테면 고객이 투자상담사에게 다음과 같이 말한다. "투자관리는 당신 일이며 내 일이 아닙니다. 그게 당신에게 일을 의뢰한 이유입니다. 나는 당신을 믿습니다. 지금 나에겐 내년 이맘 때 우리가 어떤 상태일지만 말해주세요." 신뢰가 고객-상담사 관계에서 필수적이지만, 일반적인 경우 감정이 이성을 짓누를 것 같은 극단적인 시장상황을 고객이 견뎌낼 정도는 아니다.

좋은 소식은 이 문제에도 해결책이 있다는 사실이다. 여기에는 자본시장의 움직임이나 투자 포트폴리오 관리 원칙에 대해 투자자를 가르치는 것을 포함한다. 적절한 준거 기준이 있는 지적인 투자자는 투자상담사의 안내에 따라 적절한 자산배분 전략을 자신 있게 개발할 수 있다. 시간이 지남에 따라 자산배분 의사결정이 포트폴리오의 변동성 / 수익률 특성을 결정하는 주요 요인이 될 것이다. 그러므로 투자자를 적극적으로 개입시켜야 한다.

이 책은 투자전문가와 그들의 고객이 포트폴리오 성과에 영향을 주는 가장 중요한 의사결정을 할 수 있도록 교육의 틀을 제시해준다. 주요 주제는 성공적인 투자관리란 투자자의 기대를 성공적으로 관리하도록 한다는 점이다. 이러한 의사결정 구조가 성공적으로 실행되기 위해서는 처음부터 다음 사항들이 반드시 포함되어야 한다.

- 개념적으로 건전해야 한다.
- 투자자들이 과도한 시간을 들이지 않고서도 이해할 수 있어야 한다.
- 투자자마다 독특한 필요와 환경에 따라 개별적으로 적절한 해결책을 개발할 수 있어야 한다.
- 진행해야 할 단계에 따라 표준화되어야 한다.
- 미래에도 투자시장의 변화 전 영역에 걸쳐 타당성과 유효성이 지속되어야 한다.

앞으로 주제에 대한 개념적 이해를 돕기 위해 현대 포트폴리오 이론의 개념들을 전개하겠지만, 나는 주로 이 이론들이 갖는 실천적 의의를 강조할 것이다. 이론과 실천 사이의 간격이 좁아짐에 따라 투자관리 과정은 좀더 효율적으로 될 수 있다. 내가 원하는 것은, 이 책이 투자자들을 위해 더 나은 포트폴리오를 설계하도록 기여하는 한편, 투자자들로 하여금 자신의 재무목표의 실현으로 나아가는 과정에 확신을 갖도록 하는 것이다.

1장 자산배분의 중요성

> 바르게 처리하는 데에는 단 하나의 방법만 있듯이, 바르게 보는 데에도
> 단 하나의 방법만 있다. 그것은 전체를 보는 것이다.
>
> —존 러스킨, 『두 가지 길』(1885)

지난 몇 십 년간 자본시장은 극적인 변화를 겪어왔다. 투자관리 분야도 이에 따라 발전해왔다. 1960년대 초까지만 해도 자산배분이란 말은 존재하지 않았다. 분산투자에 대한 전통적인 견해는 단순히 "모든 계란을 한 바구니에 담지 말라"는 것이었다. 이 말의 요지는, 만일 당신이 모든 돈을 한 가지에만 투자한다면 발생할 수 있는 결과의 범위가 너무 넓기 때문에 아주 많이 벌 수 있지만 아주 크게 잃을 수도 있다는 뜻이다. 반면에 당신이 자신의 돈을 각기 다른 투자자산으로 분산한다면, 한꺼번에 그 모두에서 이익을 보거나 손해를 입지는 않을 것이다. 따라서 결과의 범위를 더 좁게 하는 이점이 있다.

그러한 시대에 개인 투자자에게 광범위한 분산이란 현금등가

물과 함께 다양한 종류의 주식과 채권을 보유하는 것을 의미했다. 연금플랜이나 기타 기관 포트폴리오에서 균형 있는 펀드를 만들기 위해 종종 똑같은 자산군들을 단 한 명의 펀드매니저가 활용했다. 미국 주식시장과 채권시장이 세계 자본시장에서 주요한 부분을 차지하고 있었기 때문에 대부분의 투자자들은 해외투자를 고려조차 하지 않았다. 채권은 아주 좁은 가격 범위 내에서 거래되었다. 증권분석은 주로 우월한 투자기법에 대한 보상이 가장 커 보이는 보통주에 초점을 맞췄다. 자본시장 거래소에서는 대부분 기관을 통해 거래되지 않았기 때문에 보통 숙달된 직업적인 전문가가 시종일관 '시장 이상의 수익'을 낼 수 있을 거라 믿었다. 투자관리인[1]의 일은 성공적인 시장예측과 탁월한 증권선택을 통해 수익을 높이는 것이었다. 전체 포트폴리오보다 개별 증권에 초점을 맞췄다. 개별 자산을 강조한 '신중한 관리자의 의무(prudent man rule)'가 수탁기관 내에서 이런 생각을 강화시켰다.

시간이 흘러 이자율이 크게 변화함에 따라 가격 변동성이 극도로 증가함으로써 채권은 이전의 좁은 거래 범위에서 벗어나게 되었다. 기관 포트폴리오에서 고정수입형 투자와 지분형 투자 양쪽을 관리하는 수많은 관리인들을 한 사람이 투자관리하는 방식으로 대체했다. 거래소에서 기관의 거래량이 차지하는 비중이 전체의 80% 이상으로 증가했다. 직업적인 전문가들은 더 이상 비전문가와 경쟁하지 않는다. 이제 그들은 자기들끼리 싸우게 되었다.

---

1 원문에 'investment manager'로 표기된 것으로 투자운용과 관리를 하는 개인(자산운용전문가) 또는 회사(자산운용회사)를 말한다 – 옮긴이 주.

잠깐 뉴욕증권거래소의 입회장을 상상해보자. 매수자와 매도자 사이에서 수백만 건이 자발적으로 거래된다. 하나의 거래를 둘러싸고 매수자는 증권이 돈보다 가치 있다는 결론을 내린 반면, 매도자는 돈이 증권보다 더 가치 있다는 결론을 내렸다. 거래 양 당사자들은 증권가치와 관련된 유용한 모든 공개 정보에 즉시 접근할 수 있는 기관일 것이다. 양자 모두 이러한 정보를 조심스럽게 평가하는, 그러나 재미있게도 상반된 결론에 도달하는 아주 유능하고 잘 교육된 투자분석가들을 두고 있다. 거래 순간 양 당사자들은 대단한 확신으로 행동하지만 시간은 그중 한 사람은 옳고 다른 사람은 틀렸다는 사실을 밝혀줄 것이다. 자유로운 시장의 역동성 때문에 그들의 거래가격은 증권에 대한 공급과 수요를 균등하게 함과 동시에 시장을 투명하게 한다. 따라서 자유 시장가격은 증권의 내재가치에 대한 합치된 의견이다.

투자관리 사업은 걸려 있는 판돈이 크기 때문에 이에 상응해 지속적으로 높은 수익을 올린 성공한 투자관리인에 대한 보상도 크다. 똑똑하고 재능 있는 사람이 그 직업에 많이 몰리는 것은 놀랄 만한 일도 아니다. 하지만 그런 시장에서 널리 거래되는 어떠한 증권에 대한 시장가격도 그것의 참된 잠재가치로부터 크게 벗어나리라고는 상상하기 어렵다. 이것이 바로 효율적 시장의 특성이다.

투자관리 업계와 학계 양쪽에서 자본시장의 효율성에 대한 논쟁이 계속되어 왔다. 이 논쟁에는 대단히 큰 의미가 있다. 시장이 비효율적이면 개인이 우수한 기술을 발휘해 평균 이상의 수익을 낼 기회가 존재할 것이다. 자본시장이 완전히 효율적이지 않음을 보여주는 '시장의 이상현상(market anomaly)'이 많다. 그러나 대부분의 조사 결과는 이 시장이 꽤 효율적이라는 생각을 지지한다. 의심할 바 없이 정보처리 기술 분야의 급속한 발전이 이후의 시장을 더 효율적으로 만들 것이다. 따라서 누군가가 지속적으로 시장 이상의 수익을 낼 가능성은 점차 줄어들 것이다.

눈에 띄게 증가하는 인덱스펀드의 활용은 이 문제가 단순히 학문적인 호기심과 관련한 것만은 아니라는 명백한 증거다. 효율적인 자본시장에서는 관련된 거래비용을 포함할 경우 적극적 투자관리가 시간이 지남에 따라 평균 이하의 실적을 보일 것이라고 예상할 수 있다. 만일 그것이 사실이라면 게임을 이기는 단한 가지 방법은 게임을 하지 않는 것이다. 인덱스펀드에 투자한 사람은 증권선택 게임을 하지 않기로 한 것이다. 시장을 효율적으로 만드는 높은 수준의 투자관리 기술이 오히려 평균 이상의 수익 달성을 어렵게 만든다는 사실은 아이러니하다. 그러나 논리적이다. 어떤 투자관리 조직이 우수한 실적을 올릴 수 있는 독창적이면서도 독점적인 기법을 보유하고 있는 아주 드문 상황에서조차도, 시간이 흐를수록 다른 투자관리 조직이 그 과정을 발견하고 개발함에 따라 상대적인 이점이 줄어들 것이라고 예상할 수 있다.

1952년 해리 마코위츠는 「포트폴리오 선택」[2]이라는 논문을 발표했다. 이 논문에서 그는 다른 형태의 수익률을 보이는 투자 상품들을 결합한 결과, 포트폴리오 내부의 변동성이 감소함을 상세히 보여주는 수학적 모델을 처음으로 개발했다. 해리의 업적에서

---

2 Harry M. Markowitz, "Portfolio Selection," *Journal of Finance*, Vol.7, No.1(March 1952).

놀라운 것은 그가 현대식 컴퓨터가 출현하기 훨씬 전인 약 반세기 전에 그 논문을 작성했다는 점이다. 오늘날의 금융과 투자관리 영역에 미친 그의 영향력이 엄청나기 때문에 '현대 포트폴리오 이론의 아버지'라 불리며, 1990년에는 노벨 경제학상을 수상하기도 했다. 현대 포트폴리오 이론 이전의 투자관리는 주로 개별 증권의 변동성과 수익률 특성에 초점을 둔 이차원적 과정이었다. 해리 마코위츠의 연구 결과, 포트폴리오에 속한 증권들간의 상호관계에 대한 중요성이 인식되기 시작했다. 현대 포트폴리오 이론은 포트폴리오 관리에 포트폴리오에 대한 각 증권의 분산효과(diversification effect)를 평가하는 삼차원을 덧붙였다. 분산효과라는 말은, 특정 자산군이나 증권을 추가하는 것이 전체 포트폴리오 변동성과 수익률 특성에 미치는 영향을 뜻한다.

따라서 현대 포트폴리오 이론은 관심의 초점을 개별 증권에서 전체 포트폴리오로 옮겼다. 동시에 분산투자라는 개념은 다시 고려되어야만 했다. 최적의 분산투자는 단순히 계란을 옮길 때 많은 바구니를 사용하라는 식의 개념을 넘어선 것이다. 다른 것들과 분명히 구별되는 바구니를 찾는 것이 더욱 강조되어야만 한다. 각 바구니의 독특한 수익률 형태가 다른 바구니들의 손익을 부분적으로 상쇄해 전체 포트폴리오 변동성을 낮추기 때문에 이 점은 특히 중요하다.

효율적 자본시장에서는 증권가격이 항상 적정하다. 그렇기 때문에 현대 포트폴리오 이론은 널리 망라된 다양한 자산에 투자하는 것이 현명하다고 강조한다. 이 개념은 후에 광범위 포트폴리오란 맥락에서 분산투자의 중요성을 강조한 1974년 종업원퇴직소득보장법(Employee Retirement Income Security Act)을 통해 법적으

그림 1-1 투자 가능한 전체 자본시장(1998. 12. 31 예상)

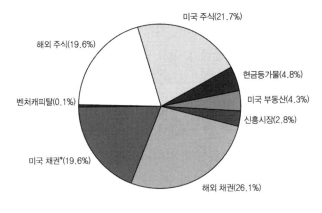

52조 2,000억 달러

*고수익채권 포함.
자료: Brinson Partners, Inc.

로 인정받게 되었다. 최근에는 신중한 투자자의 의무라고 알려진
신탁자산 투자를 지배하는 기본법칙이 "독립된 개별투자를 점검
하기보다 전체로서 신탁 포트폴리오와 그 근거가 되는 투자전략
에 초점을 맞추도록"[3] 하기 위해 명시되었다.

실제로 오늘날의 투자세계는 과거의 투자세계와 많이 다르다.
투자수단의 수와 다양성이 급격히 증가했고, 과거에 여러 자산군
들 사이에 제대로 설정되었던 경계도 이따금씩 서로 겹치게 되
었다. 이제 우리는 세계시장을 다룬다. 그림 1-1은 미국 이외의

3 *Restatement of the Law / Trusts / Prudent Investor Rule*(St. Paul, MN: American
Law Institute, 1992), p.ix.

자본시장이 미국 자본시장만큼이나 크고 중요함을 보여준다. 컴퓨터 기술은 오늘날 기관투자자들이 지배하는 시장에 거의 실시간으로 다양한 투자수단에 대한 새로운 정보를 전달해줄 수 있도록 했다. 미래의 투자세계에서는 전통적으로 국내 주식과 채권으로 분산된 포트폴리오는 점차 부적절해질 것이다.

투자 포트폴리오 설계는 다음 몇 가지 단계로 만들어진다.

1. 포트폴리오에 어떤 자산군들을 포함할지 결정한다.
2. 이들 각 자산군에 할당할 포트폴리오의 장기 '목표' 비율을 결정한다.
3. 다른 자산군과 비교해 각 자산군에서 더 나은 실적을 올릴 가능성을 높이기 위해, 각 자산군의 배분비율을 변경할 수 있도록 범위를 정한다.
4. 각 자산군 내에서 증권을 선택한다.

앞의 두 단계가 포트폴리오의 변동성/수익률 특성의 기초를 이루며, 보통 투자정책 결정(investment policy decisions)이라 일컬어진다. 전통적으로 분산된 포트폴리오는 세 가지 자산군 — 현금등가물, 채권, 주식 — 으로 구성된다. 그러나 다른 자산군들도 분명히 고려해야 한다. 그중에는 해외 채권, 해외 주식, 부동산, 상품 등이 있다. 이 다양한 자산군들이 변화하는 경제적 사건들에서 달리 영향을 받는 한 그 각각은 나름대로 고유한 수익률 형태를 보일 것이다. 다른 자산군의 수익률 형태를 부분적으로 상쇄하도록 하는 것은 한 자산군의 수익률 형태가 지닌 능력으로서, 이는 분산투자의 힘을 통해 포트폴리오의 변동성을 감소시킨다. 포트폴리오 안에 어떤 자산군을 포함할지 고려할 때, 특정 자산이나 특정 자산군을 배제할 분명하면서 올바른 사유가 없는 한, 주요 자산군은 모두 포함시킨다는 입장에서 시작해야만 한다.

다양한 자산군 각각에 할당할 목표 비율을 결정하기 위해 많은 방법을 활용할 수 있다. 현대 포트폴리오 이론은, 효율적인 시장에서 평균적인 변동성 허용수준(volatility tolerance)을 지닌 투자자가 다양한 자산군 사이에서 전 세계의 부가 나뉜 비율에 따라 포트폴리오를 보유해야 한다고 제안한다. 그림 1-1에 나타난 것과 비슷한 자산배분을 제안한 것이다.

그러나 실제에서는 투자자들이 자신만의 니즈와 고유한 환경에 따라 아주 다양한 포트폴리오를 나타낸다. 따라서 모든 투자자들에게 단 하나의 목표 배분을 사용하는 것은 '옷에 맞추려고 사람을 자르는 것'과 같다. 투자자의 포트폴리오를 구성할 때, 수익은 낮되 원금보전 가능성은 높게 구성해야 할지 아니면 더 큰 변동성에 대한 대가로 더 높은 성장률을 나타내게 해야 할지 결정하기 위해서는 투자자의 투자목표, 적절한 투자기간, 변동성 허용수준 등을 고려해야 한다. 어느 경우든 목표는 예상되는 변동성 대비 가장 높은 기대수익률을 달성하기 위해 다양한 자산군에 걸쳐 최적의 배분을 하는 것이다.

3단계에서는 일반적으로 각 자산군별 포트폴리오 구성을 위한 하한선과 상한선을 설정한다. 예를 들어 다른 자산군에 비해 주식이 특히 매력적이라고 판단된다면 주식 비중이 더 높은 쪽으로 움직일 것이다. 다른 경우, 주식이 고평가되어 있어 보일 때는 그 투자 비중은 하한선 쪽으로 떨어질 것이다. 이것이 투자관리 과정에서 '시장예측(market timing)'이 갖는 면이다. 시장예측의 성공은, 잘못된 가격을 확인하고 이에 따라 행동하는 데 필요한 고도의 기술과 자산군 사이의 가격 메커니즘 내에 비효율성이 존재한다는 것을 전제한다. 극단적인 형태의 시장예측은 약세장에서는 안전하게 현금으로 묻어두고 강세장에서는 전부 주식에 투자하려는 시도에서 현금 또는 주식에 포트폴리오의 100%를 배분하기도 한다. 이런 접근방법에서 나타나는 뚜렷한 위험은 자본의 100%를 잘못된 시점에 잘못된 장소에 둘 수 있다는 점이다. 3단계에서 각 자산군에 설정된 하한선과 상한선은 극단적인 포트폴리오 배분을 피하도록 함으로써 이러한 위험을 최소화한다.

자산군의 잘못된 가격을 확인하고 활용하기 위해 다양한 전술들이 사용된다. 예를 들어 기술적인 분석은 과거 가격변동 패턴과 거래량에 기초해 증권의 미래 가격변동을 예측하려는 것이다. 압도적으로 많은 연구 결과가 이러한 접근방법이 단순한 '매수 후 보유(buy and holding)' 전략보다 못했음을 보여준다. 다른 접근방법은 다른 자산군에 비해 특정 자산군이 갖는 상대적 매력을 확인하기 위해 복잡하기 그지없는 예측과정을 거친다. 다른 모든 이들이 놓치고 있는 무언가를 찾고 그에 따른 예측에 기초해 자신 있게 행동하기란 쉽지 않다는 면에서 똑같은 위험부담이 있다. 이 부분에 대한 경험적 증거나 조사 연구는 모두 시장예측을 통해 투자실적을 개선하려는 시도가 대부분 실패할 것임을 알려줬다.

4단계에서는 증권선택(security selection)이 적극적으로 또는 소극적으로 이루어질 수 있다. 만약 소극적으로 행해진다면 다양한 자산군들에 대해 거래비용과 관리수수료를 최소화하면서 원하는 분산투자의 폭을 얻기 위해 인덱스펀드를 활용할 수 있다. 적극적 증권선택은 개별 증권 차원에 이용 가능한 비효율성이 존재하며 이를 숙련된 분석을 통해 확인할 수 있다는 믿음에 근거한 것이다. 재산을 불리기 위해 적극적 관리인은 거래비용과 관련 수수료를 초과하는 추가 수익을 내야만 한다. 하지만 반드시 불가능한 것은 아니지만 정말 어려운 일이다.

전통적으로 투자관리는 세 번째 과정, 네 번째 과정 — 시장예측과 증권선택 — 과 동일하다고 여겼었다. 아이러니하게도 이 영역에서 성공할 가능성이 낮은 것은 이러한 행위에 종사하는 투자전문가들이 지닌 뛰어난 지식과 기술 때문이다. 그러나 자산군의 선택과 그 자산군이 포트폴리오에서 차지하는 비중은 이후의 실적에 커다란 영향을 끼쳤으며 앞으로도 계속 끼칠 것이다. 시간이 지남에 따라 자산군 내부의 자금이동이나 자산군 내부의 증권선택보다 자산군의 선택과 포트폴리오 내 각 자산군이 차지하는 장기적인 상대 비중에 대한 투자정책의 결정이 장래의 투자실적에 더 큰 영향을 끼칠 것이라는 점은 많은 사람에게 놀라운 일이다.

'재산증식'의 초점이 투자상담사와 투자자 모두 적절한 자산배분이라는 문제에 더 많이 관여하도록 함은 분명하다. 이러한 문제를 제대로 확인하고 의사결정 내용을 투자지침서 형태로 문서에 남김으로써 투자상담사와 투자자는 투자실적을 평가하고 재무목표의 실현을 위해 설정된 과정을 점검할 수 있는 공동의 준거 기준을 갖게 된다. 또한 투자관리에 대한 혼란이 사라질 뿐만 아니라 이미 설정된 투자정책을 벗어나려는 유혹이 가장 왕성한 시장 순환국면에서도 적절하게 설정된 건전한 투자전략을 고수할 가능성이 높아지게 된다.

그림 1-2 포트폴리오 성과 결정 요인

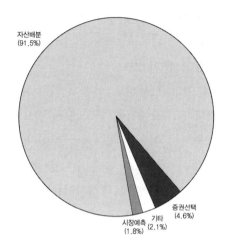

자산배분
(91.5%)

증권선택
(4.6%)

시장예측 기타
(1.8%) (2.1%)

자료: Brinson, Brian D. Singer, and Gilbert L. Beebower, "Determinants of Portfolio Performance II: An Update."

자산배분의 중요성은 1974년부터 1983년 사이에 다뤄진 91개의 대규모 연금플랜에 대한 연구에 의해 확고하게 지지되고 있다.[4] 이 연구는 각 연금플랜의 분기 총 수익률의 변동을 세 가지 요소 — 자산배분 정책, 시장예측, 증권선택 — 로 나누어 파악하는 것이었다. 이 연구는 자산배분 정책이 포트폴리오 성과에 가장 중요한 결정요인이며, 시장예측과 증권선택이 예상보다 작은 역할만 한다는 생각을 분명하게 확인시켜 줬다. 이 연구는 이후에도 지속적으로 추가 자료에 의해 수정·보완되었는데, 역시 동일한 결

4 Gary Brinson, L. Randolpf Hood, and Gilbert L. Beebower, "Determinants of Portfolio Performance," *Financial Analysts Journal*(July~August 1986), pp.39~44.

론에 다다랐다.[5] 그림 1-2는 그 놀라운 결과를 보여준다. 자산배분정책이 연금플랜의 분기 총 수익률 변동의 91.5%를 설명했다. 이에 비해 증권선택이나 시장예측 요소는 각각 변동의 4.6%와 1.8%만을 설명했을 뿐이다!

만약 자산배분이 포트폴리오 성과에 가장 주요한 결정요인이라면, 증권선택이나 시장예측에 왜 그렇게 집요하게 많은 관심을 두는 것일까? 한 가지 이유는 역사적인 것이다. 투자관리라는 직업은 우수한 기술이 시장보다 높은 수익을 올릴 수 있다는 생각에 근거하고 있다. 전통적으로 투자관리는 시장예측, 증권선택과 같은 의미였다. 많은 투자전문가들은, 이 일에서 더 우수한 결과를 기대할 수 없다면 이 직업이 사라질 것이라는 잘못된 결론을 내리고 있다.

그러나 시장의 진실은 굳건하게 유지되고 있다. 시간이 지남에 따라 대부분의 투자관리인들이 시장 평균을 넘어서지 못하며, 한때 시장 평균을 넘어섰던 사람들에게도 다음에는 시장 평균을 넘어설 기회조차 없다는 점을 여러 조사 연구에서 계속해 보여주고 있다. 이것은 놀랄 만한 결론이 아니다. 많은 전문가들이 시장에 자리 잡고 있는 한 정의상 대다수가 평균을 능가할 수는 없는 노릇이다. 평균을 능가하려고 시도할 때 초래되는 거래비용과 관리수수료를 가정한다면, 장래 대부분의 투자관리인들이 전체 시장을 계속해 넘어서지는 못할 것이라 예상된다.

시장예측과 증권선택이 주는 희망은 엄청나게 매력적인 호소

---

5 Gary Brinson, Brian D. Singer, and Gilbert L. Beebower, "Determinants of Portfolio Performance II: An Update," *Financial Analysts Journal*(May~June 1991), pp.40~48.

력을 갖는다. 모든 투자자들이 상승시장의 즐거움을 누리고, 하락시장의 고통을 피하려고 한다. 그 결과 많은 이들이 마음속으로 전문 투자관리인 대부분이 성공적인 시장예측과 증권선택을 통해 재산을 증식할 수 있다는 가정을 결코 의심하지 않는다. 이 가정에 반대되는 자료가 나타날 때조차도 종종 가정에 맞춰 자료를 고치려고 시도한다. 우수한 결과를 기꺼이 보장해주는 투자관리인을 찾으려는 욕구로 생긴 투자자들의 오해와 희망 섞인 생각이 종종 이 과정을 지지하고 있다.

가정에 맞추어 자료를 수정한 예로, 우수한 기술을 가진 사람을 찾으려는 노력의 일환인 투자관리인에 대한 실적 평가를 들수 있다. 유명한 금융잡지에 수백 개의 뮤추얼펀드를 점검한 기사가 하나 실렸다. 기고자는 한 해의 실적에 따라 판단하지 말라고 충고했다. 대신 그는 지난 5년간 매년 평균 이상의 실적을 유지했던 관리인을 찾아보라고 제안했다. 그러면 투자자들은 이들 중에서 '더 나은' 투자관리인을 선택할 수 있을 거라 했다. 하지만 이러한 접근방법으로는 운이 평균 이상의 결과를 초래한 것인지 아니면 기술 때문인지 제대로 구분해내지 못한다.

주사위를 굴리는 무작위 추출법을 통해 증권 종목을 선정한 천 명의 투자관리인이 있다고 생각해보자. 첫해 말 우리는 천 명의 투자관리인을 각자의 수익률에 따라 순위를 매길 수 있을 것이다. 원칙적으로 500명은 평균 이상이 될 것이고 500명은 평균 이하가 될 것이다. 첫해에 평균 이하의 실적을 보인 사람들을 제외하고, 남아 있는 평균 이상의 관리인들이 계속해서 둘째 해에도 주사위를 굴려 증권을 선택한다. 이들 가운데 절반은 평균 이상일 것이고 절반은 평균 이하일 것이다. 실적이 낮은 사람들은 또다시 대상에서 제외된다. 이런 식으로 계속하면, 다섯째 해 말에는 5년간 매년 평균 이상의 실적을 보인 사람이 30명 남짓 남게 된다. 이 상담사들이 증권 선택을 위해 사용한 무작위 추출법의 과정을 알고 있기에 우리는 이들 실적이 좋은 투자관리인에 대한 선택이 기존에 성취한 것과 같은 결과를 보장할 것이라고는 믿지 못한다. 종종 높은 실적을 보장하는 현실의 투자관리 세계에서 1,000명 가운데 5년 동안 매년 시장 이상의 실적을 올린 30명의 관리인을 찾아냈다고 해서 운보다 뛰어난 기술이 실적을 좌우한다는 추정은 너무 성급하다.

투자관리 과정의 복잡함을 가정한다면, 일정 기간 여러 명의 투자관리인이 산출한 수익률은 항상 광범위하게 흩어져서 나타날 것이다. 수익률이 이렇게 흩어져 있다는 점은 투자관리인들의 기술수준이 그들의 실적만큼 다양하다는 오해를 불러온다. 실제로 실적의 단기변동은 운의 영향을 많이 받는다. 이 점을 깨닫지 못한 채 많은 투자자들이 자기네 실적을 가장 최근의 투자 '명인'이 달성한 실적과 계속해 비교한다. 결국 투자자들은 어제 누군가를 위해 달성했던 것과 똑같이 뛰어난 실적을 내일 또 다시 달성할, 손에 잡히지 않는 투자관리인을 찾아 이 투자관리인에게서 저 투자관리인에게로 끊임없이 돈을 재배분하며 그 같은 실적을 추구한다.

이것은 뛰어난 기술을 가진 관리인이 존재하지 않는다는 사실을 의미하는 것이 아니라, 오히려 그들이 드물게 존재하지만 분명히 확인하기는 아주 어려움을 뜻한다. 바 로젠버그 교수는 추가수익률이 운보다는 뛰어난 기술에 의한 것임을 확인시켜 줄 수 있는, 평균 이상의 실적이 유지되어야 하는 기간을 파악하기 위한 통계적 접근방법을 개발했다. 이것에 따르면 통상적으로 아주 긴 기간 — 종종 몇 십 년 — 이 요구되기도 한다. 이러한 기준에 따를 때 존 템플턴이나 다른 몇 명과 같이 인상적인 장기 실적을 기록한 보기 드문 투자관리인들은 진정 뛰어난 기술이 투자 결과에 미치는 영향을 증명해보이고 있다.

뛰어난 기술로부터 기대되는 보상은 기술이 어디로 향한 것이냐에 따라 다양할 것이다. 자본시장의 모든 부분이 효율성 면에서 동일하지는 않다. 예를 들어 소형주는 대형주만큼 좋은 기관의 조사 연구대상이 되지 못한다. 마찬가지로 해외의 여러 자본시장이 미국의 자본시장만큼 효율적이지 않을 수도 있다. 비효율성이 존재하는 곳에는 뛰어난 투자분석을 통해 재산을 증식시킬 수 있는 이용 가능한 기회가 있을 것이다. 이러한 기회들을 간과해서는 안 된다. 그러나 시간이 지남에 따라 더 많은 투자자들이 이러한 기회를 이용하려고 행동함으로써 시장의 효율성이 증가하고, 이는 우수한 기술로부터 얻을 수 있는 추가이익을 계속적으로 줄여나갈 것이라는 점 또한 생각해야 한다.

몇 세기 동안 뉴턴의 자연법칙 개념은 아무런 의심 없이 받아들여졌다. 우주는 원인과 결과라는 결정론적인 법칙을 따랐다. 아인슈타인의 연구가 이러한 세계관을 종식시켰다. 현대 물리학은 시간과 공간의 개념을 변화시켰다. 이제 모든 것은 다른 모든 것에 대해 상대적이라는 맥락에서 세상을 보게 되었다. 아인슈타인의 연구가 뉴턴의 물리학 법칙을 무용지물로 만들지는 않았다. 단지 뉴턴의 기계론적인 법칙이 제한된 상황에서 제대로 적용된다는 사실을 밝혀냈던 것이었다. 마찬가지로 개별적인 증권선택을 강조하던 전통적인 투자관리는, 각 자산군 그 자체를 목적으로 보지 않고 오히려 다른 자산군과의 관계 속에 있는 것으로 여기는, 아인슈타인의 정신을 따르는 현대 포트폴리오 이론에 의해 사라졌다. 전통적인 투자관리 접근방법이 유효하게 작용해 재산을 증식시키는 범위를 현대 포트폴리오 이론이 제한하였다 하더라도, 이것이 전통적인 투자관리 접근방법을 무용지물로 만든 것은 아니다. 실제로 지적인 투자자의 재무분석과 매매행위가 없다면 시장은 지금만큼 효율적이지 않을 것이다!

오늘날의 투자관리는 좀더 광범위하고 중요한 자산배분과 투자정책이란 맥락 안에서 변모하고 있다. 목적은 더 이상 시장을 능가하는 것이 아니라 오히려 투자자들이 최소의 위험으로 자신의 재무목표를 달성할 수 있는 적절한 장기전략을 고안하는 것이다. 이러한 전략들은 지적으로 자본시장에 편승하려는 것인 만큼 자본시장과 싸우지는 않는다. 오늘날의 투자관리는 투자의 세계와 투자자의 상황이라는 양자 모두의 입장에서 통합적인 접근을 요구한다. 투자상담사는 고객들이 자신의 목표 실현을 위해 적절한 자산배분전략을 고안하도록 도와줌으로써, 그리고 그들이 절제를 통해 자신의 전략을 고수하도록 장려함으로써 고객들에게 가치 있는 존재가 될 수 있다. 투자자들은 상담사가 책임질 부분을 조사하고 실적을 평가하도록 훈련받는다. 만약 전략이 제대로 먹혀들지 않는다고 인식한다면 투자자는 새로운 상담사를 찾아갈 것이다. 투자관리에서 인식은 종종 실제와 다르다. 그 점이 바로 투자자와 상담사 공히 자본시장과 투자관리 과정에 관한 준거 기준을 공유하는 중요한 이유다.

실제로 투자자들은 아주 제한적으로 이해하고 있음에도 기본적인 투자 개념을 파악하고 있다고 잘못 생각하기 쉽다. 아주 기초적인 것이라도 처음부터 개념들을 설명하고 용어를 정의하는 시간을 가지면서 이러한 위험을 피하는 것이 현명하다. 다음 장에서는 자본시장의 역사적인 실적에 대해 논의할 것이다. 비록 당신은 그 내용을 알고 있다 하더라도, 많은 투자자들은 알지 못하고 있음을 명심하라. 그렇기 때문에 투자전문가가 고객과 공유할 수 있는 공통의 준거 기준을 개발하기 위한 방법론을 제시하려고 이처럼 기본적인 것들을 개관하는 것이다. 지식으로 무장된다면 투자자는 자기에게 가장 적합한 투자정책에 좀더 편안해질 것이다.

2장 자본시장 투자실적에 대한 역사적 개관

늘 일이 터지고 나서야 뭐가 옳았는지 알게 되지.

—빌리 와일더[1]

투자관리인이 잠재 고객을 처음 만났을 때 이따금 아주 방대한 질문서를 기록하게 한다. 고객에게 자신의 재무상태, 투자목표, 위험허용수준 등을 기입하도록 요청한다. 이러한 정보를 가지고 투자관리인은 적절한 투자전략을 기획한다. 그러나 문제가 있다. 투자관리인은 고객이 투자실적에 대해 현실적인 기대를 할 것이라고 얼마나 확신할 수 있을까? 투자관리 과정에 포함된 모

---

1 1906~2002년. 오스트리아 출신 미국의 영화감독이자 극작가. 21번에 걸쳐 오스카상 후보에 올라 7번 수상했다. 대표적인 작품으로 <선셋대로>, <뜨거운 것이 좋아>, <7년 만의 외출>, <이중배상>, <잃어버린 주말>, <사브리나>, <제17포로수용소>, <하오의 연정> 등이 있다— 옮긴이 주.

든 위험과 그 위험으로 야기될 상대적인 곤경을 고객이 제대로 인식하고 있다고 투자관리인은 확신할 수 있을까?

종종 이러한 문제점들이 쉽게 파악되기도 한다. "저는 15%에서 25% 사이의 연복리 수익률을 얻고자 합니다만, 제 원금에 대한 손실 위험을 무릅쓰고 싶지는 않습니다. 저는 기본적으로 보수적인 사람입니다"라고 말하는 고객이 그 예다. 일반적으로 성공적인 투자전략은 고객의 변동성 허용수준과 일치해야 한다. 그러나 고객이 언급한 변동성 허용수준이 투자지식 결핍에 따른 두려움에 의해 지나치게 영향을 받고 있지 않는지 분명하지 않다. 문제는 자본시장에 있다기보다 오히려 고객에게 있다.

만약 고객이 상담사와 다른 '투자관'을 갖고 있다면 그 관계는 불가피하게 난관에 부딪힐 것이다. 이 상황은 폭발을 기다리는 시한폭탄과 같다. 1987년 10월 미국의 주식시장은 하루 하락폭으로는 사상 최고의 하락을 경험했다. 투자관리인의 투자전략이 시장예측은 불가능하다는 관념에 입각해 있다 하더라도, 당시 고객이 주식시장의 하락으로부터 자신을 보호해주는 것이 투자관리인의 일이라고 믿고 있었기에 시장붕괴로 인해 양자의 관계가 곤경에 처했을 것이다.

고객의 기대는 낙관 속에서 헤매기 십상이다. 일반적으로 사람들은 실제보다 낮은 변동성으로 더 높은 수익이 가능하다고 믿고 있다. 따라서 투자관리에서의 중요한 원칙은 먼저 고객의 기대를 관리하고 그 다음에 그의 재산을 관리하는 것이다. 투자전략을 실행하기 전에 고객과 투자관리인이 공통된 투자관을 공유하는 것이 중요하다. 현실적인 목표를 달성하기 위해서는 현실적인 기대가 필요하다. 고객은 모든 유형의 위험을 이해해야 하고,

그림 2-1 미국 자본시장 투자의 부 지수

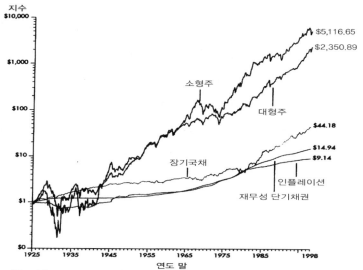

자료: Ibbotson, Inc., *Stocks, Bonds, Bills and Inflation*(Yearbook, 1999).

자신이 처한 특수한 상황 속에서 각각의 위험이 갖는 상대적인 중요성을 정확하게 평가해야 한다. '꿈같은 투자'라는 신화는 깨져야만 한다. 원금가치를 안정적으로 보장하면서 인플레이션과 소득세의 복합적인 영향을 초과하는 실제 수익률을 지속적으로 제공할 수 있는, 유동성 있는 투자수단은 존재하지 않는다. 수정되지 않은 채 계속된 오해는 종종 투자관리 과정에서 대가를 치르고 나서야 겉으로 드러나는 경향이 있다.

또한 고객은 적절한 투자전략 수립에서 투자기간(time horizons)이 갖는 중요성에 대해서도 알아야 한다. 이 교육 과제는 자본시장의 역사적 실적에 대한 전체적인 개관을 통해 실행할 수 있다. 이 과정에 나타나는 투자관은, 고객이 자신의 재무목표를 달성하도록 돕는 데 활용되는 투자관리 접근방법과 투자 철학의 기초가 된다.

다양한 투자수단의 실적에 관한 최신 정보 가운데 유용한 자료 중 하나는 이봇슨어소시잇츠 사의 연감인『주식, 장기채, 단기채와 인플레이션(*Stocks Bonds, Bills and Inflation*)』이다. 이 자료는 1926년부터 1998년까지를 다룬다. 이 기간에 자본시장은 전쟁과 평화, 인플레이션과 디플레이션, 여러 차례의 경제적 팽창과 수축 사이클을 경험했다. 그림 2-1은 1925년 말 다양한 자산에 투자된 1달러가 나타낸 복리 총 수익의 누적치를 추적한 것이다. 이 그림은 소득세 효과를 반영하지 않았으며, 대부분 거래비용도 고려하지 않았다. 그래프의 세로축은 그것이 어디에서 측정되는 가와 상관없이 세로 폭이 일정한 비율 변화를 나타내는 로그자다. 이 로그자는 결과가 아주 폭넓게 나타나는 투자자산을 같은 그래프 상에서 보기 쉽게 비교할 때 종종 사용된다.

인플레이션

그림 2-2에서 사용된 인플레이션 지수는 미국 노동통계청이 발표한 도시 소비자 물가지수(CPI-U)다.[2] 많은 전문가들이 인플레이션에 대한 좀더 나은 척도로 국민총생산 디플레이터를 선호하지만, 도시 소비자 물가지수가 널리 알려져 있어 더 보편적으로 사용되고 있다. 생활비 계산의 한 예로, 1925년 말 베이컨, 계란,

---

2 1978년 이전에는 CPI(CPI-U와 대비되는 소비자 물가지수)가 사용되었다.

그림 2-2 인플레이션: 누적지수와 변화율

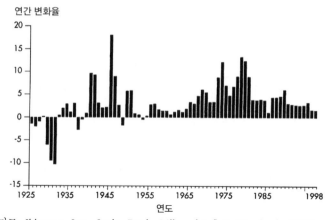

자료: Ibbotson, Inc., *Stocks, Bonds, Bills and Inflation*(Yearbook, 1999).

토스트, 커피로 된 아침식사가 1달러였다고 생각해보자. 똑같은 아침식사 가격이 1998년 말 9.14달러가 되면서, 73년 동안 인플레이션은 생활비를 9배로 증가시켰다.

그러나 이 기간의 첫 7년은 디플레이션 시기였고, 생활비는 연평균 4.4% 하락해 1932년 말에는 같은 아침식사 가격이 0.73달러로 떨어졌다. 그러다 1945년 말이 되면 인플레이션으로 다시 아침식사 가격이 1달러가 되었다. 따라서 **그림 2-2**에서 보는 것과 같이 9배가 넘는 생활비 증가는 기본적으로 제이차세계대전 이후의 인플레이션에 대한 이야기라 할 수 있다. 역사적으로 전쟁은 종종 높은 인플레이션 시기와 맞물려 있다.

그러나 보통 전쟁 후에는 디플레이션이 가격수준을 다시 내려놓곤 했다. 그러나 제이차세계대전 후에는 이러한 일이 발생하지 않았다. 전쟁 후 20년 동안 비록 연 2.8%의 완만한 상승이지만 인플레이션은 계속되었다. 1960년대 중반부터 1981년까지 인플레이션은 더 심각해져 연평균 7%씩 물가가 상승했다. 이러한 속도로 생활비는 대략 10년마다 2배가 되었다. 1982년부터 1998년까지 물가상승률은 다시 완만해져 연평균 3.3%였다.

제이차세계대전 이후의 지속적인 인플레이션은 미국에만 국한된 일이 아니었다. 그것은 정도는 다르지만 다른 시간 다른 나라에서도 일어났던 세계적인 현상이었다. 인플레이션으로 인한 최고의 수혜자는 정부였다. 이것은 실질소득이 아니라 명목소득에 따라 과세되는 세금구조 때문에 사적 영역에서 공적 영역으로 부를 이전시켰기 때문이다. 과거 미국의 재정 적자는 종종 미국 정부의 수입이 지출을 감당하지 못했음을 보여주는 증거인데, 그 차액은 주로 국채를 발행함으로써 해결했다. 73년 동안 물가는 낮게는 1932년의 −10.3%에서 높게는 1946년의 18.2%까지 평균 3.1%의 상승률을 보였다.

그림 2-3 미국 재무성 단기채권 : 수익지수와 수익률

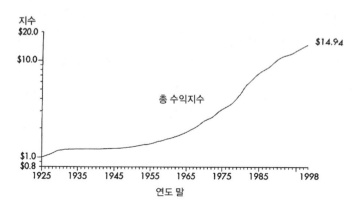

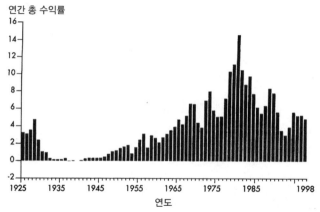

자료: Ibbotson, Inc., *Stocks, Bonds, Bills and Inflation*(Yearbook, 1999).

재무성 단기채권

재무성 단기채권은 미국 재무성에 빌려준 단기대여금이다. 이것은 만기 가치에서 할인되어 판매되고 이표가 없으며, 만기일은 1년 후다. 이에 대해서는 연방정부가 직접 책임을 지기 때문에

채무불이행위험이 없다. 따라서 채권자는 원금과 이자가 만기일에 함께 지급되리라 확신할 수 있다. 비록 재무성 단기채권의 수익률이 그때그때 바뀌지만, 취득할 때의 수익률은 확실하게 알 수 있다. 그림 2-3은 1925년 말 재무성 단기채권에 투자된 1달러가, 이자를 재투자했다고 할 때 1998년 말 14.94달러로 성장했음을 보여준다. 73년 동안 평균 연복리 수익률이 3.8%로 같은 기간 평균 물가상승률 3.1%와 비교된다.

또한 그림 2-3은 재무성 단기채권에 대한 연 단위 수익률 형태를 보여준다. 1920년대 후반에서 1930년대 초반 사이 재무성 단기채권은 완만한 명목수익률에도 불구하고 디플레이션 환경 때문에 실질수익률이 매우 높았다. 1940년대 연방정부는 높은 인플레이션 기간 재무성 단기채권 수익률을 낮은 수준에 고정시켰고, 그 결과 실질수익률이 음(−)이 되는 결과를 초래했다. 재무성 단기채권의 수익률에 대한 통제가 1951년 철폐되었고, 그때 이후 그 수익률은 물가상승률에 훨씬 가깝게 움직였다. 73년의 전 기간에 걸쳐서 수익률이 낮게는 0%에서 높게는 14.7%까지 분포되어 있다.

원금가치에 대한 안정성은 재무성 단기채권의 가장 큰 장점이다. 이러한 장점에 대해 지급되는 가격이 바로 물가상승률을 초과하는 수익률 부분이다. 이것이 세전 실적이라는 점에 주의해야 한다. 재무성 단기채권의 수익률이 소득세 납부를 감안해 하향 조정된다면 실적은 물가상승률보다 훨씬 뒤처질 것이다. 이 투자가 의미하는 것은 명백하다. 재무성 단기채권 투자자가 실질적인 부분에서 손실을 입지 않으려면 세금이 없는 세계에서 살아야만 하며, 그 이자로 생활비를 충당하려고 해선 안 된다.

표 2-1 인플레이션의 영향

경과연수	자본의 구매력(A)	양도성예금증서 이자율(B)	실질수익(C)=(A)×(B)
현재	1,000,000달러	5%	50,000달러
10년	675,564달러	5%	33,778달러
20년	456,387달러	5%	22,819달러
30년	308,319달러	5%	15,416달러

인플레이션과 세금의 복합적인 영향을 고려할 때, 재무성 단기 채권이나 만기에 이자가 일괄 지급되는 또 다른 단기증권들은 무위험 투자라 할 수 없다. 표 2-1에 정리되어 있는 것처럼 50세 인 한 과부의 상황을 생각해보자. 그녀의 건강상태가 평균 수준 이라면 평균 여명은 약 30년이 될 것이다. 양도성예금증서의 이 자율이 5%이고 물가상승률이 평균 4%라고 가정해보자. 투자할 수 있는 돈이 100만 달러라면 양도성예금증서는 그 사람에서 매 년 5만 달러의 수입을 가져다줄 것이다.

여자가 원금은 1페니도 건드리지 않고 이자수입을 전부 생활 비로 사용한다고 가정해보자. 다음 10년 동안 생활비가 거의 50% 오를 것이고, 100만 달러에 해당하는 구매력은 거의 3분의 2인 67만 5,564달러로 줄어들 것이다. 그녀의 수입 5만 달러도 마찬가지로 가치가 거의 3분의 2로 떨어져 3만 3,778달러의 재화 와 용역만 구매할 수 있을 것이다. 마찬가지로 이것이 남아 있는 20년의 여명기간 계속된다면, 처음 그녀가 가졌던 100만 달러의 구매력은 30만 8,319달러로 떨어지고 연 수입으로는 1만 5,416달 러만큼의 재화와 용역만 구매할 수 있을 것이다!

주식투자에 관련한 위험을 두려워하는 많은 투자자들은 단기

이자 발생형 투자수단 가운데 안전하다고 여겨지는 것을 찾는다. 이 사례는 이러한 투자에 내재된 구매력 위험을 강조할 때 효과적으로 활용될 수 있다. 인플레이션은 교활한 방법으로 투자자에게 손해를 끼치기 때문에 종종 투자자는 인플레이션 문제에 그다지 민감해하지 않는다. 투자자는 기본적으로 실질수익률 — 즉, 인플레이션 조정 수익률 — 에 관심을 쏟아야 하겠지만, 대개의 경우 명목상의 결과에 더 관심을 두는 것 같다.

예를 들어 1979년과 1981년 사이 이자율이 높았을 때 재무성 단기채권 수익률은 평균 12.1%이었고, 이것은 30%의 세율이 적용되는 계층에게는 8.5%의 세후 수익률을 안겨줬다. 같은 기간 물가상승률이 평균 11.5%였으므로 재무성 단기채권은 해마다 세후 3%의 실질적인 손실을 입혔다. 3년 후 같은 투자자들 가운데 많은 이들이 1982년에서 1984년 사이 재무성 단기채권의 평균수익률이 9.7%로 하락하는 것을 보고 불평을 토로했는데, 이것은 30%의 세율이 적용되는 동일한 투자자에게는 6.8%의 세후수익률과 같은 것이었다. 그러나 이러한 수익률은 물가상승률이 평균 3.9%이었던 기간에 성립되었던 것으로 투자자에게 거의 연 3%의 세후 실질수익률을 제공해준 셈이다. 투자자는 실제로 재산이 줄어들고 있을 때조차도 재산이 늘고 있다고 착각하게 하는 돈의 환상에 대해 제대로 이해해야 한다.

물론 단기이자를 목적으로 돈을 빌려주는 방법에는 다른 것들도 있다. 기업어음은 기업이 발행한 단기의 무담보 약속어음이다. 역사적으로 기업어음은 미국 재무성 단기채권보다 0.5% 내지 1% 더 높은 이자율로 발행되었다. 일반적으로 현금등가물 — 만기에 이자가 일괄적으로 지급되는 단기증권으로 정의된다 — 은 재무성 단기채권에 있는 장점과 단점의 상당 부분을 공유한다. 비록 현금등가물의 실질수익률이 양의 값에서 음의 값까지 유동적이지만, 평균적으로 물가상승률보다 약 1% 정도 높은 세전 수익률을 보일 것으로 기대된다.

채권

채권은 회사나 정부가 발행한 일종의 양도성 약속어음이다. 그것은 보통 일련의 이자를 지급하고 만기일에 원금을 상환한다. 채권의 액면가는 증권의 전면에 표시되는데, 통상 발행회사가 처음에 빌려 만기일에 상환하겠다고 약속한 금액을 나타낸다. 표면금리는 액면가로 곱해 지급할 연도별 이자지급액을 결정하기 위한 것으로서, 권면에 기록된 이자율이다. 채권의 시장가격은 일반적으로 액면가와 다르다. 현재의 이자율 상황, 채권의 표면금리, 신용등급, 만기일, 콜옵션 여부, 과세 여부 등을 포함한 여러 가지 다양한 요인들이 채권의 시장가격을 결정한다. 채권은 종종 고정수입형 증권(fixed-income securities)이라 불린다. 그러나 이 말은 다소 잘못된 것이다. 단지 최대 지급액이 고정된 것이지 지급받는 수입이 고정된 것은 아니다. 어떤 회사채의 경우 이자 지급이 항상 약속된 대로 되는 것은 아니다.

채권가격은 대체로 일반적인 이자율 상황에 달려 있다. 이자율의 변화에 따른 채권가격의 변화를 이자율 위험(interest rate risk)이라 부른다. 처음 이러한 개념을 접할 때 많은 고객들은 이자율과 채권가격이 반대로 움직이는 데에 당황해할 것이다. 간단한 예로

그 개념을 명확히 할 수 있다. 한 투자자가 새로 발행된 액면가 1만 달러의 20년짜리 회사채를 매입했다고 가정해보자. 그 채권은 표면금리가 7%로서 투자자는 매년 700달러의 이자를 지급받는다. 이듬해에 이자율이 높아져 새로 발행되는 20년짜리 유사한 회사채는 투자자의 매입을 유도하기 위해 8%의 표면금리를 제시해야 한다. 표면금리 7%인 채권을 가진 사람이 이처럼 더 높아진 이자율 상황 속에서 그것을 팔기를 원한다 해도 아무도 그에게 원래의 매입가인 1만 달러를 지급하지 않을 것이다. 더 높은 이자율이 지배적이라면, 똑같은 1만 달러로 매년 800달러의 이자를 받을 수 있는데 매년 700달러의 이자를 받을 수 있는 채권을 살 이유가 없다. 그러나 7%짜리 이표채도 분명히 가치가 있다. 그래서 만기 액면가에 대한 수익이란 면에서 좀더 낮은 시장가격에 대해 700달러를 지급받는 것이 새로 발행된 1만 달러의 채권에 대해 매년 800달러의 이자를 지급받는 것만큼 매력적인 수준에 이를 때까지 그 시장가격은 하락하게 될 것이다.

채권의 미래 현금흐름 — 이자 지급액과 원금 상환액을 합친 것 —의 현가를 채권의 현재 시장가격과 동등하게 만드는 할인율이 채권의 만기수익률이다(수학적으로는 채권의 내부수익률이다). 만기수익률은 줄여서 수익률이라고도 하는데, 연 단위의 이자 지급, 만기일까지의 연수, 채권의 매입가격과 만기상환액 간의 차액 등이 고려된 것이다. 만기수익률은 단순히 연 단위 이자지급액을 채권의 현재 시장가격으로 나눈 경상수익률과 구별해야 한다. 채권의 시장가격이 액면가보다 작을 때 채권의 만기수익률이 경상수익률보다 더 클 것이다. 이것은 채권 가격이 만기 시의 액면가에 접근해감에 따라 만기수익률에 채권가격의 평균 연 증가분

그림 2-4 정상적인 수익률 곡선

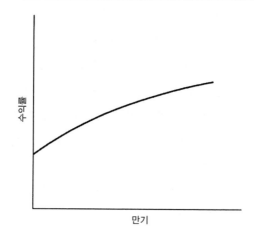

이 포함되기 때문이다. 반대로 채권의 시장가격이 액면가보다 더 클 때는 채권의 만기수익률이 경상수익률보다 더 작을 것이다.

투자자는 여러 가지 다양한 채권들 가운데 선택할 수 있다. 채권의 특성은 대부분 세 가지 차원— 이자율 위험 민감도, 신용도, 과세 여부— 에서 설명될 수 있다 이자율 위험 민감도는 이자율 변화가 초래한 가격 변화 정도를 말한다. 가장 먼저 접근할 수 있는 것으로서 채권 만기일은 채권가격이 이자율 변화에 얼마나 민감할지에 대한 대략적인 지표가 된다. 다른 조건이 동일하다면 만기일이 더 길수록 채권가격은 이자율의 움직임에 대해 더 많이 변할 것이다. 시장에서 다양한 만기 구조를 지닌 채권들의 가격이 정상적으로 평가될 때, 가격에 더 민감하게 움직이는 장기채가 원금을 더 안정적으로 보전하는 단기채보다 높은 수익률을 보인다. 이 사실로부터 **그림 2-4**처럼 정상적인 우상향의 수익률

곡선을 그릴 수 있다. 수익률 곡선은 만기와 이에 상응하는 채권 수익률 사이의 관계를 나타낸 것이다.[3]

재무성 단기채권의 역사적인 실적을 논의할 때, 그 수익률이 물가상승률의 단기 움직임에 따라 변동하는 경향이 있음을 지적했었다. 그러나 장기채의 수익률은 채권의 전 기간에 걸친 인플레이션에 대한 일관된 기대를 반영하기 때문에 각 연도의 물가상승률 변화에 그다지 민감하지 않다. 이 점이 수익률 곡선상 만기가 긴 영역에서 변화가 더 작게 일어나도록 한다. 역사적으로 1년짜리 채권의 만기수익률 1%의 변화는 3년짜리 채권과 6년짜리 채권의 만기수익률이 각각 0.6%, 0.3%로 변화하는 데 해당했다. 이자율 위험 민감도는 고객이 이해해야 할 정말 중요한 개념이다. 이것은 심지어 미국 국채조차도 위험하게 만들 정도이며, 따라서 채권의 신용도만큼이나 중요하게 고려되어야 한다.

채권의 신용도는 이자 지급과 원금 상환이 약속된 대로 될 가능성과 관련한다. 재무성 단기채권이나 재무성 장기채권과 같은 정부의 직접 채무는 연방정부의 충분한 신용과 보증이 뒷받침되므로 채무불이행 위험이 없는 것으로 추정된다. 그러나 회사채는 다양한 수준의 신용도를 나타내고 이에 따라 만기수익률도 다양하다. 그리고 채무불이행 가능성이 가장 높은 채권이 가장 높은 수익률을 나타낸다.

마지막 차원은 채권의 과세 여부를 고려하는 것이다. 지방자치단체나 주정부가 발행하는 어떤 종류의 지방채는 연방소득세가

---

3 만기보다 듀레이션(duration)이 이자율 위험 민감도에 대한 더 나은 척도다. 듀레이션에 대한 논의와 그것을 측정하는 방법에 대한 예시가 이 장 부록에 있다.

면제되므로 좀더 낮은 수익률로 발행할 수 있다. 그러나 회사채와 연방 국채의 이자 수입은 모두 연방 소득세의 과세대상이다. 높은 소득세율이 적용되는 투자자의 경우 납세의무와 관련해서는 항상 지방채를 고려해야만 한다. 이제 장기국채, 중기국채, 장기회사채의 역사적인 실적에 대해 알아보자.

장기국채

장기국채는 미국 정부의 직접적인 채무이자, 취득 가능한 가장 신용도 높은 증권으로 여겨진다. 다음의 실적치는 적정한 이표액과 약 20년의 만기를 지닌 한 채권을 포함하는 어느 포트폴리오에 대한 것이다. 그림 2-1은 장기국채에 투자한 1달러의 누적 실적치를 추적해 다른 투자수단들과 비교한 것이다. 그림 2-5는 총 수익 대 자본이득(capital appreciation)에 대한 장기국채의 수익지수를 보여준다. 총 수익지수는 수입의 재투자와 결부된 채권가격 움직임들의 복합적인 효과를 나타낸다.

국채에서 얻는 연간 총 수익률은, 채권으로 유입된 수입을 채권가격 변동에 더한 후 그 합계를 연초의 채권가격으로 나누어 계산한다. 자본이득 수익률은 총 수익률에서 채권의 만기수익률을 차감한 것으로 정의된다. 그러므로 자본이득지수는 이자율 변동으로 야기된 채권가격의 변동만 반영한다. 투자자가 장기국채에서 현재의 만기수익률을 얻을 것이라 확신할 수 있는 유일한 길은 채권을 만기일까지 보유하는 것이다. 만약 만기일 이전에 판다면 중도의 이자율 변동으로 이에 상응하는 자본이득 또는 자본손실을 보게 될 것이고 투자자의 실제 수익률도 변하게 될 것이다.

장기국채의 매입으로 정부에 돈을 빌려준 기간이 늘어나면, 우리는 재무성 단기채권이 지닌 안전한 원금가치 보전이란 차원을 넘어서게 된다. 이제 이자율 위험이 방정식에 포함된다. 위험이 있을 때, 위험을 보유한 것에 대해 우리는 투자 금액 대비 높은 수익의 형태로 보상받을 것이라고 기대한다. 그림 2-5에서 1925년 말 장기국채에 투자한 1달러가 수입을 전부 재투자했을 때의 연복리 수익률은 5.3%다. 이것은 1998년 말 14.94달러 가치를 보인 재무성 단기채권의 연복리 수익률 3.8%를 초과한 것이다. 장기국채에 있는 이자율 위험의 결과, 수익률이 낮게는 1967년의 −9.2%에서 높게는 1982년의 40.4%에 이르는 등 재무성 단기채권의 수익률보다 훨씬 큰 변동성을 보였다.

고객과 함께 일할 때 짧은 기간에 발생한 실적의 변화를 논의하지 않고 장기 평균수익률간의 관계에만 지나치게 치중하는 것은 위험하다. 역사적인 고찰을 용이하게 하기 위해 서로 뚜렷하게 차이가 있는 세 기간을 살펴보자. 첫 번째 기간은 1926년부터 제이차세계대전이 끝나는 1945년까지이고, 두 번째 기간은 1946년부터 이자율이 절정에 달했던 1981년까지다. 그리고 세 번째 기간은 인플레이션 완화 시기인 1982년부터 1998년까지다.

1926년부터 1945년까지 평균 물가상승률은 이 기간의 처음 몇 년간 지속되었던 디플레이션으로 0.1%보다 낮았다. 이것은 그림 2-2에 분명하게 나타나 있다. 즉 1926년 최초의 1달러가 1932년 0.73달러까지 떨어졌다가 1945년 말 다시 1달러로 된 것을 소비자 물가지수를 통해 알 수 있다. 그림 2-5는 가격이 꾸준히 상승할 때 채권이 우수한 실적을 보였음을 잘 나타내고 있다. 국채의

그림 2-5 장기국채: 수익지수, 수익, 수익률

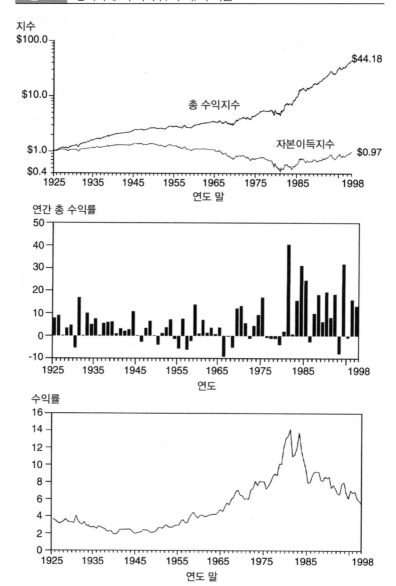

자료: Ibbotson, Inc., *Stocks, Bonds, Bills and Inflation*(Yearbook, 1999).

실적은 아주 훌륭했고 투자자에게 4.7%의 연복리 수익률을 제공했다. 평균 물가상승률이 거의 제로에 가까웠기 때문에 채권의 실질복리 수익률은 명목복리 수익률과 거의 같았다. 이와 비교해 재무성 단기채권은 1.1%의 복리 수익률을 나타냈다. 1945년 말 수입을 전부 재투자하면서 국채에 투자한 1달러는 2.51달러 가치로 성장했는데, 이것은 재무성 단기채권에 투자한 1달러가 1.24달러로 성장한 점과 비교할 때 2배 이상에 달한다.

그림 2-5의 아래쪽 그래프를 검토해보면 이 기간에 수익률이 비교적 안정되었고, 2~4%의 비교적 좁은 범위 내에서 우하향하는 경향을 알 수 있다. 우하향의 경향은 그에 상응하는 채권가격의 상승을 야기했다. 이는 그림 2-5의 제일 위쪽 그래프에서 분명하게 확인할 수 있는데, 이 그래프는 이 기간 말의 자본이득지수가 73년 전체 기간 최고치인 1.52달러에 도달했음을 보여준다. 그림 2-5의 가운데 그래프는 연간 총 수익률 형태를 나타낸 것이다. 이것은 이 시기 동안 양(+)의 실적을 달성했음을 보여준다. 국채는 예외적으로 총 수익률 −5.3%를 보였던 1931년을 제외하면, 이 20년 동안 연간 총 수익률이 양(+)의 값을 보였다.

1946년부터 시작해 1981년에 끝나는 두 번째 기간에 국채는 기나긴 가격 하락을 경험했다. 그림 2-2는 물가상승률이 급격히 높아졌다가 1970년부터 1981년 말까지 다시 한번 장기 가속화되기 전인 제이차세계대전 후의 짧은 20년 동안 수평 추세가 유지되었음을 보여준다. 이 기간 전체에 걸친 물가상승률은 4.7%였다. 연방정부가 이자율을 인위적으로 낮은 수준에서 안정시키려고 노력한 결과, 이 시기 앞부분에서는 단기이자율과 재무성 단기채권 수익률이 물가상승률에도 미치지 못했다. 그러나 재무성 단기채권 이율에 대한 규제가 철폐됨에 따라 재무성 단기채권 수익률이 이 시기를 특징짓는 높은 물가상승률과 이자율 상황을 제대로 반영하게 되었다.

그림 2-5의 아래쪽 그래프는 가속화된 인플레이션 환경에 의해 높아진 수익률 형태를 보여준다. 가운데 그래프는 채권의 이자 지급액이 그해의 채권가격 하락을 상쇄할 만큼 크지 않았던, 연간 총 수익률이 음수(-)였던 해가 빈번했음을 보여준다. 전체 기간에 수입을 재투자할 때 연복리 수익률은 2%였다(재무성 단기채권의 4.1%라는 연복리 수익률의 절반도 안 된다). 확실히 경상수익률이 더 높았는데, 그것은 오랫동안 지속된 자본손실로 총 수익률이 낮아졌음을 말해준다.

수입의 재투자가 없었다면 장기국채를 보유한 사람들의 투자는 절망적이었을 것이다. 1945년 말 1.42달러로 가장 높았던 장기국채의 자본이득에 대한 누적수익은 1981년 말에 73년 가운데 가장 낮은 0.48달러로 떨어졌다. 인플레이션에 따른 부차적인 손해를 고려하기도 전에 거의 원금의 3분의 2만큼 손해를 본 것이었다(그림 2-5의 위쪽 그래프 참조). 1946년 이전 국채를 보유한 사람들에게 유리하게 작용했던 이자율 위험이 1946년부터 1981년 말까지는 불리하게 작용했던 것이다.

국채 수익률은 다음 세 가지 요소 ― 인플레이션 요소, 실질 무위험 이자율, 이자율 위험 보유에 따른 프리미엄 ― 로 생긴다. 이 세 요소 모두를 지속적으로 활용하는 정책이 장기적인 문제를 해결하는 처방이다. 역사상 다른 어떤 시기도, '안전한' 장기국채 매입과 이자를 생활비로 사용할 때의 위험을 더 명확하게 보여주진 못한다.

1981년 재무성 단기채권의 수익률이 역사상 가장 높은 14.7% 였을 때 많은 투자자들은 다시는 장기국채에 투자하지 않으리라고 맹세했었다. 이자율 위험을 감수함에 따라 그들이 받으리라 예상했던 프리미엄은 제공되지 않았다. 채권 실적의 하락이 너무도 극심하게 일어나 실제 1981년 말에는 1925년 이후 재무성 단기채권의 누적실적이 장기국채의 실적을 앞질렀다. 이 점은 인플레이션, 재무성 단기채권, 장기국채의 선이 한 점에 모이는 것을 보여주는 그림 2-1에서 알 수 있다.

마지막 시기는 1982년에 시작되었다. 인플레이션과 이자율 모두 가파르게 하락했으며, 장기국채가 가격 면에서 큰 이익을 실현했다. 이러한 이익의 크기는 연간 총 수익률을 보여주는 그림 2-5의 중간 그래프를 살펴보면 알 수 있다. 1982년까지 이어진 56년 동안에 장기국채의 총 수익률이 15%를 넘어섰던 때는 1932년과 1976년 두 번뿐이었다. 그런데 1982년 장기국채는 40%의 총 수익률을 보였으며 이후 1984년, 1986년, 1989년, 1991년, 1993년, 1995년, 1997년에는 총 수익률이 15%를 넘었다!

인플레이션이 완화된 상황에서, 재무성 단기채권 수익률이 예상했던 것처럼 떨어졌지만, 역사적 기준에서 보면 실제적으로는 높았다. 1986년으로 끝난 10년 동안의 장기국채의 실적을 상반기와 하반기로 나누어 비교해보면, 인플레이션 효과를 동반한 이자율 위험의 좋은 면과 나쁜 면을 흥미롭게 대조할 수 있다. 모든 장기채 투자자들은 표 2-2에서 제시된 정보를 보고서는 이 사실을 알 수 있게 되었음을 인정해야만 할 것이다. 이자율이 변하는 환경에서 장기 채무증서는 분명히 위험한 것이다.

표 2-2 채권 실적의 비교

기간	장기국채 복리 수익률(A)	물가상승률(B)	인플레이션 조정 장기국채 복리 수익률 (C)=(A)−(B)
1977~1981년	−1.0%	10.1%	−11.1%
1982~1986년	21.6%	3.3%	18.3%

자료: Ibbotson, Inc., *Stocks, Bonds, Bills and Inflation*(Yearbook, 1999)을 이용해
Gibson Capital Management에서 산출.

73년 동안 장기국채는 5.3%의 연복리 수익률을 실현했다. 이
는 재무성 단기채권과 인플레이션을 상당 폭 앞서는 것이다. 그
러나 1981년 이후 몇 번에 걸쳐 극적인 '채권의 해'를 경험했기
때문에 이러한 상대적인 실적은 재검토해야 할 것이다. 우리는
디플레이션 또는 인플레이션 완화 시기 동안 장기국채가 탁월한
수익률을 올린 것을 봤다. 완만한 인플레이션 시기 동안에는 인
플레이션이 예상된 것이라면 수익률이 좋았다. 그러나 높은 인플
레이션 시기 동안에는 여타 다른 장기 채무증서와 마찬가지로
장기국채의 실적도 좋지 않았다.

중기국채

그림 2-6에서는 중기국채의 수익지수, 연간 총 수익률, 수익률
이 나타나 있다. 그래프에 사용된 데이터는 만기 5년 이상의 콜
조항이 없는 채권의 실적이다. 이 채권은 장기국채보다 만기일이
더 짧기 때문에 이자율 위험에 대한 민감도가 더 낮다. 따라서
중기국채는 장기국채보다 더 낮은 총 수익률을 실현하고 재무성

그림 2-6 중기국채: 수익지수, 수익, 그리고 수익률

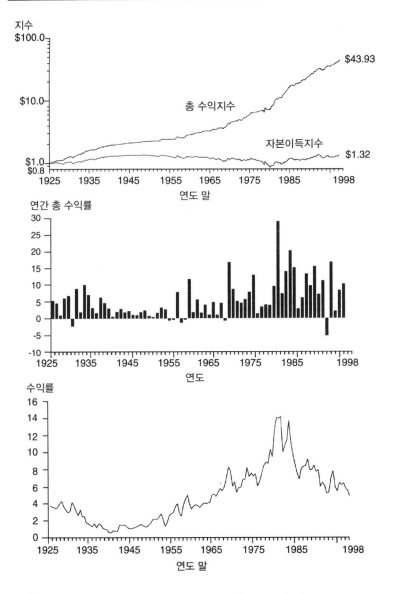

자료: Ibbotson, Inc., *Stocks, Bonds, Bills and Inflation*(Yearbook, 1999).

단기채권보다 더 높은 총 수익률을 실현하리라 예상된다. 놀랍게도 그림 2-6은 중기국채에 투자한 1달러가, 그 수입을 전부 재투자했을 때 1998년 말에는 43.93달러로 성장했음을 보여준다. 이는 연복리 수익률 5.3%에 해당하는 것으로 장기국채의 연복리 수익률과 같은 수준이다.

총 수익률 가운데 수입의 재투자에 기인한 부분을 비교해보면, 예상대로 장기국채의 수입 수익률이 중기국채의 수입 수익률보다 더 높았음을 알 수 있다. 그러나 자본이득에서는 장기국채가 73년 동안 약간의 누적 자본손실을 입었던 반면, 중기국채는 연간 평균 0.4%의 가격상승이 있었던 것으로 평가되었다.[4] 이러한 것이 서로 상쇄되어 결과적으로 장기국채와 중기국채의 총 연복리 수익률이 거의 같게 나타났다.

비록 중기국채의 상승이 장기국채의 상승보다 덜 극적이지만, 하강 역시 그에 상응해 덜 극적이었다. 예를 들어 1926년부터 1998년까지 73년 동안에 걸쳐 장기국채가 20차례에 걸쳐 총 수익률이 음수(-)였던 것과 비교할 때, 중기국채는 단지 7차례만 총 수익률이 음수였다. 연방준비은행이 여섯 번 이자율을 인상해서, 1994년은 장기국채와 중기국채에서 모두 손실을 입은 해 가운데 하나였다. 그림 2-7은 1994년 동안 수익률 곡선이 급격하게 상승했음을 보여준다. 이러한 엄청난 이자율 상승은 중기국채의 총 수익률을 −5.14%로 만들었는데, 이것은 한 해의 손실로는 73년 동안 가장 큰 것이었다. 장기국채의 경우 1994년 −7.77%의 수익률로 두 번째 큰 손실이 있었다.

---

4 이 장 부록에서 이에 대한 몇 가지 가능한 설명들을 논의한다.

그림 2-7 1994년 수익률곡선 이동

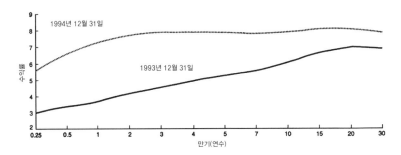

장기회사채

장기국채처럼 장기회사채도 긴 만기 구조가 있다. 따라서 이것
도 이자율 위험의 영향을 많이 받으며, 투자자는 이 채권을 보유
한 데 상응하는 보상을 받을 만하다. 하지만 장기국채와는 달리
장기회사채에는 신용 위험(credit risk)이 있다. 투자자는 이자와 원
금이 약속한 대로 모두 지급되리라고 완전히 확신할 수 없다. 만
기일까지 보유한다면 국채는 채권의 만기수익률과 동일한 기대
수익률을 투자자에게 안겨줄 것이다. 그러나 회사채는 채무불이
행 가능성이 있기 때문에 기대수익률은 만기수익률보다 낮을 것이
다. 투자자가 이러한 신용 위험을 보유한 데 대해 보상받기 위
해서는 채무불이행 위험이 얼마이든 이를 감안한 회사채 수익률
은 장기국채에서 얻을 수 있는 것을 초과해야 한다. 이러한 보상
을 우리는 채무불이행 프리미엄(default premium)이라고 부르며, 이
것을 국채와 채무불이행에 따른 손실이 조정된 동일한 만기의

그림 2-8 장기회사채: 수익지수와 수익

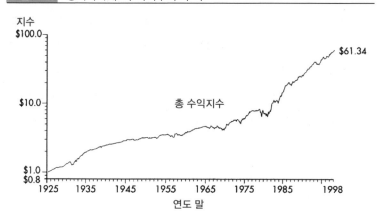

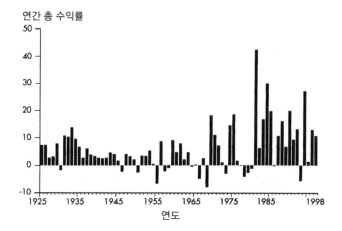

자료: Ibbotson, Inc., *Stocks, Bonds, Bills and Inflation*(Yearbook, 1999).

회사채 사이의 수익률 차이로 정의한다.

　그림 2-8은 장기회사채의 수익지수와 연간 총 수익률의 유형을 보여준다. 이 데이터를 수집하는 데 활용된 채권은 Aaa⁻와 Aa⁻의 평가등급에 해당하는 만기 20년의 채권들이다. 국채와 마찬가

지로 총 수익은 자본이득과 재투자로 생긴 수입을 합친 것과 같다. 이봇슨어소시잇츠 사가 수집한 73년간의 자료에 따르면, 역사적으로 채무불이행 프리미엄은 연복리 0.5%였다. 이것은 대략 장기회사채의 연복리 수익률 5.8%에서 장기국채의 연복리 수익률 5.3%를 뺀 것과 같다.[5] 이처럼 회사채의 더 높은 수익률은 수입을 재투자했을 때 처음에 투자된 1달러를 1998년 말 61.34달러로 가치를 증가시켰다.

상위 등급 채권보다 기대수익률이 더 높은 하위 등급 채권을 포함해 회사채는 신용이란 면에서 아주 다양하다. 하위 등급 채권의 수익률은 주식가격의 변동에 민감하게 움직이기 때문에 변동성이 더 크다. 역사적으로 중간 등급 또는 하위 등급의 채권이 시간의 경과에 따라 자본손실을 모두 반영하더라도 투자자에게 더 높은 순수익을 가져다줬다.

대형주

보통주는 주식 소유자의 기업에 대한 지분을 나타낸다. 보통주를 산 투자자들은 기업의 일부를 산 것이다. 고정수입형 증권과

---

5 채무불이행 프리미엄은 다음과 같이 수익률의 기하편차(geometric difference)로 계산하는 것이 적절하다.

$$\frac{(1+\text{장기회사채 연복리 수익률})}{(1+\text{장기국채 연복리 수익률})} - 1 = \frac{1.058}{1.053} - 1 = 1.47\%$$

하지만 개념적으로 단순화하기 위해 이 책 전반에 걸쳐 채무불이행 프리미엄을 포함한 모든 프리미엄을 추정할 때 어떤 복리 수익률에서 또 다른 복리 수익률을 차감했다.

는 달리, 보통주는 고정된 만기도 약속된 지급 일정도 없다. 기업은 총 수익 가운데 채권소유자나 다른 채권자들에게 지급할 금액을 포함해 비용을 먼저 지출해야 한다. 분명히 주식 소유자보다 기업의 채권자가 자신에게 지급될 것에 대해 더 큰 확신을 갖는다는 사실은 분명하다. 따라서 보통주는 고정수입형 증권보다 더 위험하다. 기업의 채권 소유자나 다른 채권자들이 회사의 수입과 자산에 대해 우선권이 있기 때문에 보통주 소유자는 잔여재산에 대한 이해관계가 있다고 말할 수 있다.

주식 소유자의 수익은 배당금 또는 자본이득의 형태로 되어 있다. 배당금은 주식 소유자들이 선출한 이사회의 결정에 따라 지급된다. 배당금으로 지급되지 않는 이익 부분은 기업의 재투자를 위해 활용되며 기업의 미래성장을 위한 자금원으로서 역할을 한다. 개인사업자와 마찬가지로 보통주 소유자는 기업의 잠재적인 발전 또는 쇠퇴의 위험을 공유하고 있다. 보통주 소유자는 더 큰 위험을 취하기 때문에 시간의 경과에 따라 더 큰 보상을 기대한다. 일반적으로 주식의 시장가격은 경제상태에 대한 투자자의 평가를 반영하고 있다. 기업에 대한 경제적 전망이 좋을수록 주가 수준은 높아진다.

그림 2-1과 그림 2-9에서 사용된 대형주의 실적치는 스탠다드 앤푸어즈 사의 S&P 500지수에 기초한 것이다. S&P 500은 미국 주식을 시가 총액으로 평가했을 때, 가장 큰 500종목의 주식을 포함하고 있다. 1925년 말 대형주에 투자한 1달러는 수입을 재투자한 것으로 가정했을 때, 빠르게 성장해 1928년 말에는 2.20달러 가치에 달했다. 이후 4년 동안은 주식시장이 붕괴되고 대공황이 이어지면서 주식가격이 하락했다. 1932년 말 총 수익지수는

그림 2-9 대형주: 수익지수, 수익, 그리고 배당수익률

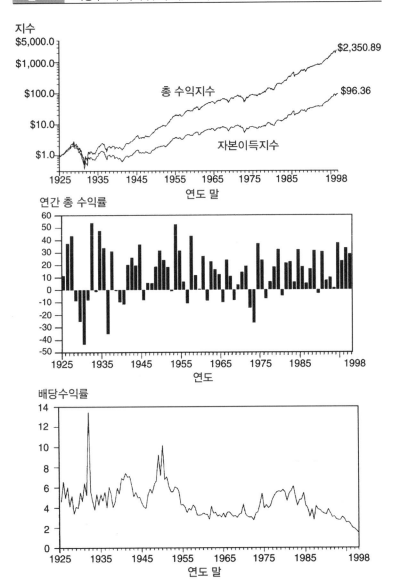

자료: Ibbotson, Inc., *Stocks, Bonds, Bills and Inflation*(Yearbook, 1999).

73년 동안 최저인 0.79달러였다. 이와 비교해 국채와 회사채는 실적이 꽤 좋았다. 1944년 말 대형주는 잃어버린 터전을 2.91달러에 달하는 총 수익지수로 보충하며, 가장 수익률이 좋았던 이 자발생형 투자수단인 장기회사채의 총 수익지수 2.82달러를 능가했다. 그 시점부터 1998년 말까지 대형주의 총 수익지수는 회사채, 국채, 재무성 단기채권을 능가하는 우수한 누적실적을 유지했다. 1973~1974년에 그랬듯이 때때로 선두 간격을 좁혔던 보통주의 하락장도 있었지만, 장기적으로 보통주 실적은 더 높아지는 경향을 보였다.

이 기간 가운데 몇 년은 특히 주목할 만하다. 1982년 중반에 시작된 강세장은 최고조에 달한 5년 후까지 260% 이상의 실적을 낳았다. 비록 이때가 기록에 남아 있는 강세장 중에서 가장 큰 상승은 아니었지만 가장 빠르게 이득을 올렸던 때 가운데 하나다. 바닥에서 천정까지 측정했을 때 대형주의 총 수익률은 연복리로 30%에 이른다. 이러한 역사적 기록 다음에 또 다른 역사적 기록이 이어졌다. 1987년 10월 19일 주식시장이 붕괴되었다. 주가가 20% 이상 하락해 기록상 하루의 하락치로는 가장 큰 것이었다. 비록 극적인 손실이었지만 1987년 12월 4일에 시작된 다음 강세장에서 주가는 빠르게 회복되었다. 1987년 이후 한참 동안 대형주 투자자는 가장 풍요로운 수익으로 보상받았다.

1998년 말 대형주의 총 수익지수는 2,350.89달러의 가치에 이르게 되었는데, 이것은 73년간 11.2%의 연복리 수익률을 올린 것에 해당된다. 이 실적은 장기회사채, 장기국채, 중기국채, 재무성 단기채권이 같은 기간에 각각 5.8%, 5.3%, 5.3%, 3.8%의 연복리 수익률을 올린 것을 완전히 압도한다.

'복리의 기적'은, 재무성 단기채권의 연복리 수익률을 단지 7.4% 초과한 대형주가 73년 동안 157배를 넘는 누적 재산을 만들어 냈다는 사실을 인식할 때 극명하게 드러난다. 대형주의 극적이면서도 우월한 장기 실적은 이에 상응한 각 연도별 수익률의 높은 변동성에 따른 것이다. 이 점은 **그림 2-1**에서 대형주 대 장기국채 또는 재무성 단기채권의 총 수익지수에 대한 시각적인 비교에서도 명백하게 나타난다. **그림 2-9**의 가운데 그래프 또한 총 수익률의 연도별 유형을 보여줌으로써 이러한 변동성을 강조하고 있다.

회사채, 국채, 재무성 단기채권의 역사적 실적을 검토하면서, 우리는 이러한 투자수단들이 수입을 재투자할 때 비로소 인플레이션을 앞질렀음을 알 수 있었다. 그러나 대형주의 경우에는 그렇지 않았다. **그림 2-9**는 자본이득 수익지수가 1998년 말 96.36달러로 끝났음을 보여주는데, 이것은 9.14달러인 소비자 물가지수의 10배가 넘는다. 따라서 비록 배당 수익이 생활비를 위해 사용되었다 하더라도 대형주의 자본이득은 대체로 인플레이션을 앞설 수 있었다. 이런 의미에서 대형주를 장기적인 '인플레이션 연동 투자'로 여기는 것은 적절하다고 하겠다. 경제의 장기적인 실질성장을 고려할 때 이것은 결코 놀라운 일이 아니다.

향후 20년 동안 연 단위 물가상승률이 3.5%라고 가정해보자. 이것은 경제적인 재화와 용역의 가격을 2배로 올릴 것이다. 만약 이러한 재화와 용역을 생산하는 회사가 다음 20년에 걸쳐 같은 수준으로 생산하며 그때도 지금과 같이 보통주에 대해 동일한 매출이익율과 주가수익비율을 적용한다고 가정하면, 비록 모든 이익이 배당으로 지급된다 하더라도 회사의 이익과 주가는 똑같이 2배가 될 것이다.

채권에서와 마찬가지로 기대 물가상승률은 보통주의 기대수익률에 포함되어 있다. 그러나 우리가 보통주에서 기대하는 실적은 다르다. 우리는 광범위하게 분산된 보통주 포트폴리오가 구매력을 유지 — 즉, 인플레이션에 뒤처지지 않게 하는 것 — 함과 동시에 일련의 배당금을 지급할 것이라고 기대하는데, 이 포트폴리오는 비록 완만한 수준에서 출발할지 모르지만, 시간이 지남에 따라 평균적인 구매력을 유지할 수 있게 성장할 것이다. 이에 반해 채권은 처음에는 보통주에서 얻을 수 있는 평균적인 배당수익률보다 더 높지만 상한선이 정해져 있는 고정수입과 명시된 기간 내의 원금 상환만을 약속한다. 채권의 다른 요소들을 감안할 때, 본질적으로 인플레이션 때문에 원금을 잃을 수도 있다는 생각이 들게 한다.

역사적으로 보통주는 소비재 가격이 상대적으로 안정된 낮은 인플레이션 환경에서 더 나은 실적을 보였다. 디플레이션이나 높은 인플레이션 기간에는 실적이 좋지 않았다. 보통주 실적에 특히 해로운 것은 예상치 못한 인플레이션이다. 특히 단기에 발생하는 인플레이션이 더 해롭다. 시간이 길 경우 기업이 인플레이션에 적응할 수 있지만, 단기의 경우에는 이러한 적응이 어렵다. 우리가 경제 시스템의 붕괴를 예상할 때 이를 막으려고 하는 것이 당연하듯이, 투자수단으로서 보통주는 장기적인 구매력 유지와 향상을 위해 훌륭한 대안이 될 것이다.

소형주

그림 2-1에는 장기적으로 우수한 소형주의 실적이 우리가 이제까지 논의했던 다른 모든 투자수단들과 비교되어 분명하게 나타나 있다. 이러한 부(富) 지수를 수집하기 위해 사용된 주식은, 뉴욕증권거래소에서 거래되는 주식을 시가총액(시장가격 × 발행주식 수)로 순위를 매겨, 5분위 가운데 다섯 번째(가장 작은 기업)에 해당하는 주식들이다. 1925년 말 소형주에 투자된 1달러는 수입을 모두 재투자했을 때 1998년 말 5,116.65달러가 되었다. 이것은 연복리 수익률 12.4%로 두 번째로 높은 실적을 보인 대형주의 11.2%와도 비교된다. 소형주와 대형주의 1.2%라는 실적 차이를 우리는 소형주 프리미엄(small stock premium)이라고 부른다.

소형주의 우수한 실적에 대해 여러 가지 설명이 가능하다. 그림 2-10의 아래 그래프처럼 연간 총 수익률의 유형을 비교해보면 대형주의 수익보다 더 큰 변동성을 띤다. 소형주의 높은 수익률은 그것이 갖는 더 큰 변동성과 맥락을 같이한다. 또한 소형주는 전체 주식시장의 움직임에 좀더 민감하게 반응하고, 이에 따라 더 높은 수익률을 정당화하는 높은 베타(beta)값을 보이는 경향이 있다. 마지막으로 많은 대형사들이 사업 성숙 단계에 있는 경향을 띠는데, 이것은 급격한 성장 단계 이전이 아니라 그후에 나타난다고 할 수 있다.

그림 2-10　소형주: 수익지수와 수익

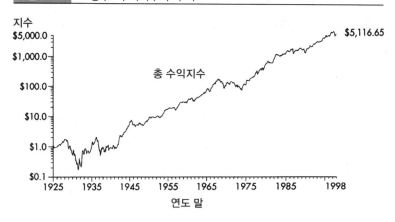

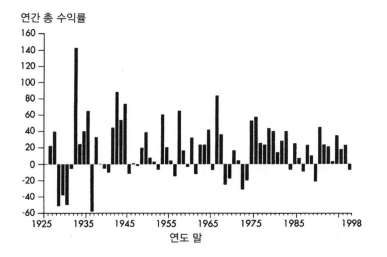

자료: Ibbotson, Inc., *Stocks, Bonds, Bills and Inflation*(Yearbook, 1999).

부록: 채권의 듀레이션

만기는 단지 원금의 상환시기만을 고려하기 때문에 이자율 위험 민감도에 대한 선호할 만한 기준이 아니다. 만기는 그 사이에 수령하는 이자 지급액의 크기와 시기를 고려하지 않는다. 채권의 현재가치 가운데 주요 부분은 이자 지급에서 기인하기 때문에 더 나은 기준은 이러한 이자 지급액도 고려해야 할 것이다. 채권의 듀레이션은 이것을 가능케 하는 기준이다. 듀레이션은 원금 상환과 이자 지급액 수령 시까지 시간의 가중평균으로 산출되는데, 이때 각각의 가중치는 그것의 현재가치를 채권의 현재 시장 가격으로 나눠 결정한다. 한마디로 듀레이션은 채권 소유자가 받을 돈에 대한 현재가치 가중평균 기간이다.

표 2-3은 만기수익률이 8%이고 표면금리가 7%인 채권에 대한 듀레이션의 계산과정을 보여준다. 2.81년이라는 듀레이션은 만기인 3년보다 작은데, 이는 중도의 이자지급액을 고려했기 때문이다. 이 계산이 3년 만기의 무이표채에 대해 행해졌다면, 만기 시 원금을 한 번에 수령할 때 가중치의 100%를 받을 것이다. 따라서 듀레이션은 만기인 3년과 똑같을 것이다.

듀레이션이 이자율 위험 민감도에 대한 더 나은 척도이기 때문에, 만기는 다르지만 듀레이션이 같은 채권들은 이자율 움직임에 유사하게 반응한다. 그 반면 만기는 같지만 듀레이션이 다른 채권들은 서로 다른 가격 민감도를 보일 것이다. 듀레이션은

표 2-3 채권 듀레이션의 계산

경과연수(1)	지급액(2)	지급액 현가(3)	시장가격 대비 지급액 현가 비율(4)	(1)×(4)
1	이자 700달러	648달러	0.066	0.066
2	이자 700달러	600달러	0.062	0.124
3	이자 700달러	556달러	0.057	0.171
	원금 1만 달러	7,938달러	0.815	2.445
		9,742달러	1.000	2.81*

*는 듀레이션.
액면가 10,000달러 / 표면금리 7% / 이자 지급액 연 1회 700달러 /
만기 3년 / 시장가격 9,742달러 / 만기수익률 8%

가격이 액면가에 근접한 채권들의 이자율 위험 민감도를 거의 정확하게 반영한다. 예를 들어 듀레이션이 6이고 만기수익률이 8%이며 액면가와 시장가가 같은 채권의 경우, 수익률이 7.5%로 0.5% 하락할 때 채권의 가격은 대략 0.5%의 6배인 3%, 즉 1만 300달러까지 증가하게 된다.

이 장의 앞부분에서 이자율 상승에도 중기국채가 1926년부터 1998년까지 연 0.4%로 가격이 상승했다는 점을 지적했다. 이것은 부분적으로 중기국채 자료를 만들 때 선택된 채권에 있는 특별한 성격에 기인한 것일 수도 있다. 그러나 대부분의 채권이 갖는 양(+)의 볼록성(convexity)으로도 또 다른 설명이 가능하다. 양의 볼록성은 채권 수익률 변화에 있어 평균적으로 예상했던 것보다 수익률이 더 높게 나타나는 것을 말한다. 이것은 채권의 듀레이션과 이자율 이동방향 사이 역(逆)의 관계 때문에 발생한다.

채권 수익률의 상승은 채권 듀레이션을 감소시키는 효과가 있다. 양의 볼록성은 채권 지급액에 대한 현재가치의 가중치를 계산할 때 사용되는 할인율이 증가하기 때문에 발생한다. 이것은 자본손실이 커질수록 채권을 덜 민감하게 반응하도록 만든다. 그와 반대로 채권 수익률의 하락은 듀레이션을 크게 하며 채권이 가격 변화에 더 민감하게 반응하도록 한다. 이자율의 움직임이 야기한 듀레이션의 변화는 이자율이 오르거나 내리거나 채권 보유자에게 유리하다. 이것은 기존의 채권 수익률하에서 예상할 수 있는 것보다 더 나은 실제수익률을 제공해준다.

미래를 예상하는 최선의 방법은 과거를 돌이켜보는 것이다.

— 조지 사빌, 『정치적, 도덕적, 기타 갖가지 사유(思惟)』(1750)

자본시장 투자수단의 장기 복리 수익률 모델[1]

재무성 단기채권은 역사적으로 3.8%의 연복리 수익률을 보였는데, 이는 3.1%인 연복리 물가상승률보다 0.7% 큰 것이다. 어떤 학자는 이에 기초해 실질(즉, 인플레이션 조정된) 무위험이자율이 0.7%라는 결론을 내린다. 그런 가정을 받아들인다면 우리는 현재의 재무성 단기채권 수익률을 단기 물가상승률 예상에 대한 대

---

1 컴퓨터 최적화 프로그램의 입력자료 개발을 위해 이 모델을 사용하지는 말라. 그런 목적을 위해서는, 복리 수익률 차이보다는 역사적인 실적분포에 기초한 모델을 개발하는 것이 더 적절할 것이다. 이 문제에 대해서는 9장 "포트폴리오 최적화"에서 충분히 논의된다.

략적인 지표로 사용할 수 있을 것이다:

재무성 단기채권 수익률	=	z%
(−)실질 무위험이자율	=	−0.7%
예상되는 단기 물가상승률	=	(z−0.7)%

항을 달리함으로써 우리는 재무성 단기채권 수익률 요소에 대해 간단한 모델을 만들 수 있다:

예상되는 단기 물가상승률	=	y%
(+)실질 무위험이자율	=	+0.7%
재무성 단기채권 수익률	=	(y+0.7)%

장기국채와 관련한 이자율 위험은 재무성 단기채권에서 얻을 수 있는 수익률을 초과하는 추가수익률 형태로 보상해야 한다. 이자율 위험을 보유함으로써 발생하는 추가수익률을 일반적으로 기간 프리미엄(horizon premium)이라고 부른다. 역사적으로 재무성 단기채권의 연복리 수익률 3.8%와 비교해, 장기국채는 5.3%의 연복리 수익률을 실현했다. 이것은 연복리 기간 프리미엄이 1.5% 임을 나타낸다.

우리는 시장의 가격 메커니즘이 물가상승률 추정치와 이자율 변동성 수준에 따른 위험에 대해 채권 수익률로 보상한다는 사실을 안다. 본질적으로 투자자는 자신의 채권 포트폴리오에서 원금가치가 변동할 것이라고 예상하더라도, 채권 포트폴리오의 원금가치가 장기에 걸쳐 영구히 변할 것이라고는 기대하지 않는다.

| 표 3-1 | 기초 자산군의 총 수익률, 수입 수익률, 자본이득: 연 수익률에 대한 통계치 요약 (1926~1998) |

구분	기하평균	산술평균	표준편차	계열상관
대형주				
총 수익률	11.2%	13.2%	20.3%	0.01
수입	4.5	4.5	1.4	0.84
자본이득	6.5	8.4	19.6	0.01
소형주				
총 수익률	12.4	17.4	33.8	0.09
장기회사채				
총 수익률	5.8	6.1	8.6	0.10
장기국채				
총 수익률	5.3	5.7	9.2	-0.01
수입	5.2	5.2	2.9	0.97
자본이득	0.0	0.3	8.0	-0.17
중기국채				
총 수익률	5.3	5.5	5.7	0.18
수입	4.8	4.8	3.0	0.96
자본이득	0.4	0.5	4.4	-0.19
재무성 단기채권				
총 수익률	3.8	3.8	3.2	0.92
인플레이션	3.1	3.2	4.5	0.65

* 총 수익률은 수입 수익률, 자본이득 수익률, 재투자 수익률 등 세 가지 수익률의 합과 같음.

자료: Ibbotson, Inc., *Stocks, Bonds, Bills and Inflation*(Yearbook, 1999).

역사적 자료에 기초해 미래의 채권 수익률을 모델화할 때 자료 속에 누적된 자본이득 또는 자본손실이 있었는지를 파악하는 것이 중요하다. 표 3-1에서 장기국채의 총 수익은 수입 요소와 자본이득 요소로 구분되어 있다. 자본이득 요소는 0.0%인 것으로 보인다. 0.0%가 아니었다면 자료상의 채권 포트폴리오는 원금가치에서 예상치 못한 누적이득 또는 누적손실을 경험했을 것이다. 그런 상황에서는 원금가치에 채권 포트폴리오의 장기이득 또는 장기손실을 조정함으로써 기간 프리미엄을 역사적인 자료에서 추론할 수 있다. 만약 누적된 자본이득이 있다면 예상하지 못한 자본이득의 영향을 상쇄시키기 위해 하향 조정이 필요할 것이다. 만약 누적된 자본손실이 있다면 예상하지 못한 자본손실의 영향을 상쇄시키기 위해 상향 조정해야 할 것이다. 따라서 추정되는 기간 프리미엄의 공식은 다음과 같다.

장기국채에서의 연복리 수익률	=5.3%
(−)재무성 단기채권에서 얻는 연복리 수익률	=−3.8%
역사적인 연복리 수익률 기간 프리미엄	=1.5%
(+) 또는 (−) 원금가치의 연복리 손실(또는 이득) 조정	=0.0%
추정 기간 프리미엄	=1.5%

이러한 기초 위에서 장기국채가 현재의 재무성 단기채권 수익률을 1.5% 초과한 복리 수익률을 보이는 한편, 평균적으로 재무성 단기채권이 물가상승률을 0.7% 초과한 복리 수익률을 보일 것이라고 추정하는 것이 합리적이다. 이제 우리는 장기국채의 추정 복리 수익률에 대한 모델을 명확히 나타낼 수 있다.

재무성 단기채권 수익률	=	x%
(+)기간 프리미엄	=	+1.5%
미래의 장기국채 복리 수익률	=	(x+1.5)%

만약 우리가 채무불이행 프리미엄이 미래에도 과거의 수치와 같으리라고 가정한다면, 장기회사채의 추정 복리 수익률에 대한 모델은 다음과 같다.

재무성 단기채권 수익률	=	x%
(+) 기간 프리미엄	=	+1.5%
미래의 장기국채 복리 수익률	=	(x+1.5)%
(+) 채무불이행 프리미엄	=	+0.5%
미래의 장기회사채 복리 수익률	=	(x+2.0)%

우리가 검토했던 73년 동안 대형주는 11.2%의 연복리 수익률을 달성했는데, 이것은 3.8%인 재무성 단기채권의 연복리 수익률보다 7.4% 높다. 대형주의 수익률과 재무성 단기채권 수익률 사이의 차를 주식 위험 프리미엄(equity risk premium)이라고 부른다. 대형주에 내재된 변동성이 미래에도 과거의 수치와 실질적으로 달라지지 않으리라고 가정한다면, 그리고 그러한 변동성을 보유한 데 대해 과거와 마찬가지로 미래에도 동일한 보상을 하도록 대형주의 가격이 시장에서 매겨지리라고 가정한다면, 7.4%는 미래의 주식 위험 프리미엄에 대한 합리적인 추정치가 될 것이다. 따라서 우리는 대형주의 추정 복리 수익률에 대해 간단한 모델을 만들 수 있다.

재무성 단기채권 수익률	=	x%
(+) 주식위험 프리미엄	=	+7.4%
미래의 대형주 복리 수익률	=	(x+7.4)%

마지막으로, 역사적인 소형주 프리미엄이 미래의 소형주 프리미엄에 대한 훌륭한 추정치라고 가정한다면 소형주의 추정 복리 수익률에 대한 모델은 다음과 같다.

재무성 단기채권 수익률	=	x%
(+) 주식위험 프리미엄	=	+7.4%
미래의 대형주 복리 수익률	=	(x+7.4)%
(+) 소형주 프리미엄	=	+1.2%
미래의 소형주 복리 수익률	=	(x+8.6)%

이 모델들이 투자수단 사이의 장기적·역사적인 관계에 기초해 있음을 강조해야 한다. 이것들은, 실제 결과가 이 모델에서 예측되는 것과는 아주 다를 수 있는 좀더 세분화된 여러 기간의 평균치다. 예를 들어 평균적으로 수익률 곡선이 우상향하더라도(그림 2-4에서 보는 것처럼) 수익률 곡선이 수평이거나 우하향하는 시기도 있다. 그러한 기간에는 이 모델들을 분명히 수정해야 한다.[2]

또 다른 예로서 그림 3-1은 주식 위험 프리미엄이 지난 73년 동안 어떻게 변화해 왔는지를 보여준다. 그래프의 각 점은 과거 5년 동안 대형주의 연복리 수익률과 재무성 단기채권의 연복리 수익률의 차이를 보여준다. 그 변화가 아주 뚜렷해서, 이 모델들이 미래의 증권수익률에 대해 특정 시점의 평가치만을 제공해줄 뿐이라는 점을 확실히 알게 한다. 미래의 실적에 대한 더 나

---

2 시간의 경과에 따라 우하향의 수익률 곡선이나 수평인 수익률 곡선이 정상적인 우상향의 형태로 되돌아가는 경향이 있다. 이것은 단기수익률의 하락, 장기수익률의 상승, 또는 이 두 가지가 함께 일어나면서 나타난다.

그림 3-1 주식위험 프리미엄(1926~1998)

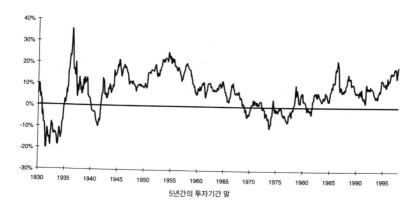

자료: Ibbotson, Inc., *Stocks, Bonds, Bills and Inflation*(Yearbook, 1999)을 이용해 Gibson Capital Management에서 산출.

은 설명을 위해서는 발생 가능한 결과의 범위를 구체적으로 전달해야 한다. 고객에게 이후의 투자실적을 평가하기 위한 근거를 제공하기 위해서라도 이렇게 결과의 범위를 고객과 공유하는 것이 중요하다.

이 모델들로 설명한 관계들은 투자 위험과 수익률에 대한 고객의 이해 증진을 위해 중요한 근거가 된다. 또한 이것들은 고객이 미래의 투자실적에 대해 좀더 현실적으로 기대하도록 하는 소중한 기준이 되기도 한다.

간략한 비교와 그 의미

고객은 종종 자신의 돈을 투자할 때 부닥치는 위험을 잘못 인식한다. 만약 이러한 잘못된 인식이 수정되지 않는다면, 포트폴리오 의사결정을 할 때 가장 이로운 선택이 아닌 다른 선택을 할 가능성이 높다. 이러한 사실 때문에 고객에게 자본시장에 대한 상세한 역사적인 검토를 해주는 것이 중요하다. 인플레이션, 이자율 위험, 신용 위험, 주식 위험을 충분히 이해하고 있는 고객은, 자신의 재무목표에 맞게 지적인 투자결정을 할 수 있는 좀더 나은 위치에 있다고 할 수 있다.

표 3-1은 우리가 살펴본 주요한 투자수단들의 실적 비교를 적절하게 요약한 것이다.[3] 기하평균이라고 표시된 세로줄은 다양한 투자수단들의 과거 연복리 수익률을 비교한 것이다. 보통주와 같은 장기지분형 투자가 재무성 단기채권보다 좋은 실적을 보였던 장기채보다도 분명히 더 나은 실적을 올렸다. 우리는 이들 각각의 표준편차를 비교함으로써 더 높은 수익률이 더 큰 변동성에 대한 대가로서 얻어졌음을 알 수 있다.

이러한 투자수단들의 수익률을 비교하면서 고객은 종종 얼마되지도 않는 수익률 차이가 부의 축적에 미친 영향에 놀란다. 예를 들어 3.8%의 연복리 수익률을 보인 재무성 단기채권의 경우 투자된 1달러가 1998년 말 14.94달러가 되었다. 이에 비해 단지 7.4% 더 큰 연복리 수익률을 보인 대형주의 경우 같은 기간에 최초 1달러가 2,350.89달러가 되었다. 같은 식으로 소형주는 대형주보다 겨우 1.2% 더 큰 연복리 수익률을 보였는데, 이처럼

---

3 당신이 만약 여기에서 사용한 통계적 개념을 제대로 이해하지 못한다면, 이 장 부록을 읽는 것이 도움이 된다. 거기에서 기하평균, 산술평균, 기대수익률, 표준편차, 확률분포, 계열상관 등의 용어에 대해 간단히 설명하고 있다.

작은 추가 수익률이 1998년 말에는 5,116.65달러라는 엄청나게 놀라운 가치로 변했다. 이것은 '복리의 기적'에 대한 눈에 띄는 사례다.

상대적으로 크지 않은 연복리 수익률의 차이와 비교할 때, 다양한 투자수단들 사이의 수익률 표준편차는 상당한 차이가 있다. 예를 들어 표 3-1은 재무성 단기채권이 가장 낮은 역사적인 복리 수익률을 나타냈을 뿐 아니라 가장 낮은 표준편차를 나타냈음도 보여준다. 그러나 재무성 단기채권 수익률의 역사적인 변화를 수익률의 불확실성에 대한 단기 척도로 해석해선 안 된다. 여기에는 두 가지 이유가 있다.

첫째, 재무성 단기채권의 평균수익률이 1930년대 후반부터 절정에 이르렀던 1981년까지 몇 십 년간 상승해 왔다. 재무성 단기채권의 평균수익률이 이처럼 계속 상승함으로써 아마 단기 평균과의 편차보다 장기 평균과의 편차가 더 크게 발생했다. 이런 의미에서 재무성 단기채권의 장기 표준편차는 역사적인 단기 변동성을 과대 포장했다. 둘째, 1년 만기의 재무성 단기채권을 매입함으로써 수익률의 단기 불확실성을 완전히 제거하고 수익률을 고정시키는 것이 가능하다. 이러한 이유로 재무성 단기채권의 장기 표준편차를 단기 변동성 지표로 삼는 것은 부적절하다.

표 3-1에서 표준편차가 광범위하게 흩어져 있어 변동성에 대해 상대적으로 비교할 수 있지만, 이보다는 시각적인 비교가 훨씬 더 인상적이다. 그림 3-2A와 그림 3-2B는 동일한 세로 눈금을 가진 그래프 위에 다양한 투자수단들의 연간 총 수익률 형태를 직접 비교해 보여준다. 이러한 제안 방법은 고객이 변동성을 더 잘 이해하게 해준다.

그림 3-2A 연간 총 수익률(1926~1998)

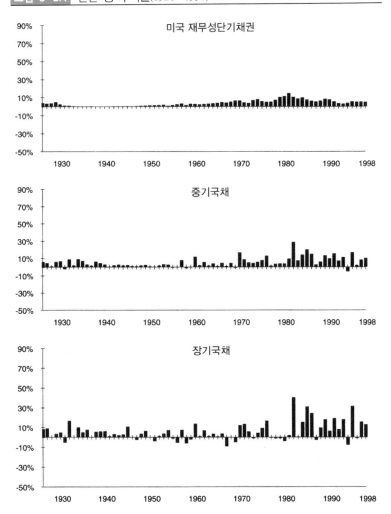

자료: Ibbotson, Inc., *Stocks, Bonds, Bills and Inflation*(Yearbook, 1999)을 이용해
Gibson Capital Management에서 산출.

그림 3-2B 연간 총 수익률(1926~1998)

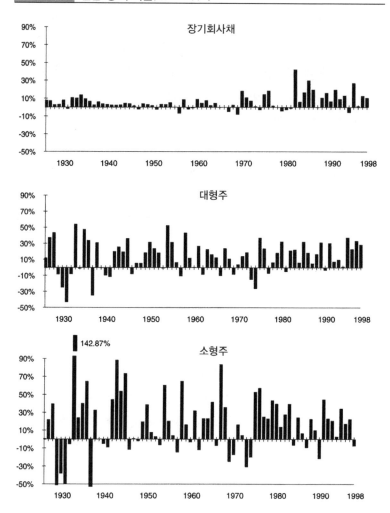

자료: Ibbotson, Inc., *Stocks, Bonds, Bills and Inflation*(Yearbook, 1999)을 이용해
　　Gibson Capital Management에서 산출.

표 3-1은 대형주의 전체 수익률의 표준편차를 수입 요소와 자본이득 요소로 분류한다. 수입 요소의 표준편차가 1.4%라는 점과 비교해볼 때 자본이득 요소가 19.6%의 표준편차를 가진다는 사실은 흥미롭다. 확실히 배당금 수입 요소가 상대적으로 안정적이며, 이에 비해 대형주와 관련한 수익률의 변화는 거의 전적으로 가격변동에서 기인한다.

대부분의 기업에서 배당정책을 설정하는 방식으로 한 가지를 설명할 수 있다. 기업의 이익은 해마다 변한다. 하지만 기업은 이익에 따라 배당금을 변경하기보다는 좋은 해나 나쁜 해나 이익의 일부를 안정적으로 지급할 수 있도록 일정률을 배당하려고 한다. 기업은 꼭 필요한 경우가 아니라면 배당금을 삭감하지 않으려고 하며, 일반적으로 반영구적인 손익 개선으로 더 높은 배당성향이 정당화된다고 확신할 때에만 배당률을 높인다.[4] 이러한 관행 때문에 배당성향은 상대적으로 안정적이면서 점증하는 형태를 보이게 된다.

표 3-1은 대형주 수익률의 자본이득요소가 6.5%임을 보여준다. 이것은 가장 실적이 좋은 이자발생형 투자수단인 장기회사채의 전체 수익률보다도 더 크다. 본질적으로 보통주 투자자는 역사적으로 자신의 구매력을 유지함은 물론, 이를 증가시킬 만큼 충분한 장기적인 자본이득 수익을 획득했다. 이 점이 배당 지급액을 소비에 활용할 수 있게 한다. 보통주 포트폴리오는 시간의 경과에 따라 평균적으로 인플레이션을 따라잡을 수 있기 때문에,

---

4 이런 이유로 배당정책 변경에 대한 공고는 좋든 나쁘든 유용한 정보를 가진 것이라 할 수 있고, 투자자에게도 대단한 관심거리가 된다.

배당 지급액도 마찬가지로 그러할 것이다. 단기적 관점에서 보통 주의 더 높은 변동성이 수익률에서 더 큰 불확실성을 야기하기 때문에 시간의 경과에 따라 평균적으로라는 구문이 강조된다. 결 국 단기 실적과 중기 실적은 장기에 걸친 실적을 조사함으로써 파악된 '정상적인 관계'와 실질적으로 다를 수도 있다.

인플레이션을 따라잡으려는 고객에게는 보통주 포트폴리오가 상대적으로 안정적이면서 점점 더 많은 배당을 제공해줄 수 있 는지가 중요하다. 2장의 표 2-1에서 예시된 50세의 여성이 투자 의 일부를 보통주에 배분했다면 파괴적인 인플레이션의 영향에 여성의 포트폴리오가 그토록 휘둘리지는 않았을 것이다.

고객과 함께 표 3-1을 검토할 때, 수익률 숫자들이 서로에 대 한 스프레드라는 관점에서 봐야 한다는 점을 강조해야 한다. 예 를 들어 재무성 단기채권의 3.8% 연복리 수익률을 대형주의 11.2% 연복리 수익률과 비교할 때, 7.4%라는 스프레드가 그 둘 간의 관계를 가장 잘 설명한다. 가끔 그 관계를 배수로 잘못 인 식하는 경우도 있다. 즉 대형주의 11.2% 연복리 수익률이 재무성 단기채권의 3.8% 연복리 수익률의 2.9배라고 잘못 생각하는 것 이다(각각의 투자수단들에 대해서 우리가 개발했던 증권 수익모델을 살 펴보면, 그 관계를 분명 산술적인 차이, 즉 스프레드라는 관점에서 보여 주고 있다).

역사적인 맥락을 벗어나 수익률을 볼 때도 유사한 문제가 생 긴다. 1970년대 후반과 1980년대 초반 사이 이자율은 두 자리였 다. 당시 고객은 종종 이렇게 질문했다. "재무성 단기채권에 투 자해 안전하게 12%를 벌 수 있는데, 제가 왜 11.2% 복리 수익률 을 위해 위험한 보통주에 투자해야 합니까?" 이때에는 평균 3.1%

의 인플레이션 상황에서 재무성 단기채권이 3.8%의 수익률을 얻는 동안 보통주가 11.2%라는 수익률을 달성했음을 설명함으로써 잘못된 생각을 고쳐줄 수 있다. 보통주 수익률에 대해 우리가 개발한 모델에 기초할 때, 재무성 단기채권이 12%의 수익률을 내는 상황에서 우리는 보통주가 7.4%의 추가수익률, 즉 약 19.4%의 전체 수익률을 달성할 수 있을 것으로 기대한다.[5]

5 이것은 정상적인 수익률 곡선에 따른다는 가정하에서 그렇다는 것이다.

부록: 몇 가지 통계학적 개념

기하평균과 산술평균

표 3-1의 첫 번째 세로줄에 있는 숫자들은 기하평균(geometric mean)인데 이는 연복리 수익률의 또 다른 표현이다. 두 번째 세로줄에서 나타난 산술평균(arithmetic mean)은 일련의 수익률의 단순평균값을 말한다. 하나의 예를 들어 그 차이를 설명하겠다. 주식에 100달러를 투자한다고 가정하자. 첫해에 그것이 125달러의 가치로 증가해 수익률이 +25%이고, 두 번째 해에 −20%의 수익률이 발생해 125달러가 다시 원래대로 100달러가 되었다고 하자. 이 두 해의 수익률의 산술평균은 그 합을 2로 나눈 것이다.

첫해의 수익률	= + 25%
두 번째 해의 수익률	= − 20%
합	= + 5%
산술평균	= 합 / 2 = + 2.5%

그러나 기하평균(연복리 수익률)은 0%다. 즉 2년 후 100달러의 가치가 되는 100달러 투자는 0%의 기하평균 수익률이 있는 것이다. 어떤 묶음의 숫자에서도 항상 산술평균이 기하평균보다 크거나 같다. 산술평균과 기하평균 간의 차이는 그 일련의 숫자의 차이가 클수록 더 크다. 일련의 숫자들이 동일한 경우에만 산술

평균과 기하평균이 같게 된다. 이 두 가지 척도 사이의 불균형은 평균 이하의 실적을 상쇄하기 위해서는 평균 이상의 실적이 필요하다는 사실에서 기인한 것이다.

전형적으로 산술평균은 하나의 기간에 대한 실적을 나타내는 데 적절한 척도다. 기하평균은 계속해 복리로 투자했을 때의 성장률을 나타내기 때문에 복수의 기간에 걸친 수익률을 비교할 때 더욱 적절하다. 종종 다양한 투자수단들의 기대수익률을 나타내는 모델이 단일 기간에 대한 모델인 경우가 많은데, 이것은 산술평균을 사용하는 기간을 나타낸 것이다.[6] 이 장의 목적이 장기(즉, 복수의 기간) 투자정책 수립을 위한 틀을 개발하는 데 있으므로 상대적인 역사적 실적과 미래 투자수익률 모델 간의 비교에서는 기하평균(연복리 수익률)을 활용할 것이다.

위험 프리미엄과 인플레이션 조정 수익률

이 책 전반에 걸쳐 위험 프리미엄이나 인플레이션 조정 수익률을 산출하기 위해, 한 가지 투자수단의 기하수익률을 다른 투자수단이나 물가상승률에서 산술적으로 차감했다. 예를 들어 대형주의 기하평균 11.2%에서 재무성 단기채권의 기하평균 3.8%를 차감해 주식 위험 프리미엄 7.4%를 산출한 것이다. 이 책에서 사용된 재무성 단기채권, 채권, 주식 등의 수익률에 대한 과거자료를 제공한 이봇슨어소시잇츠 사는 위험 프리미엄과 인플레이션

---

6 이것은 컴퓨터 최적화 모델의 입력 변수에서도 마찬가지다. 논의를 위해서는 9장 포트폴리오 최적화를 참조하라.

조정 수익률에 대해 주로 다양한 수익률 사이의 기하편차(geometric difference)를 활용했다. 예를 들어 5%와 12% 사이의 기하편차는 7%가 아니라 6.7%이며, 이것은 다음과 같이 계산된다.

$$\frac{1.12}{1.05} - 1 = 6.7\%$$

이 책에서 개발된 모델들은 상담사와 고객 양자의 투자실적에 대한 개념적인 이해를 돕기 위한 것들이다. 이러한 이유로 모델을 개발하면서도 고객이 일반적으로 생각하는 방식과 맞추기 위해 기하편차보다는 산술편차(arithmetic difference)를 사용했다(대부분의 사람들은 5%와 12%의 차이를 6.7%가 아닌 7%로 생각한다). 이같이 좀더 단순한 접근방법은 모델의 개념적인 가치를 손상시키지 않으면서도 기하편차와 산술편차의 차이를 설명하기 위해 주제에서 벗어나는 문제를 방지해준다.

기대수익률과 표준편차

투자의 기대수익률(expected return)은 가능한 수익률의 가중평균으로 계산하는데, 그 가중치는 각 수익률에 상응하는 확률이다. 따라서 각각의 결과값과 그것의 발생 확률은 모두 이 하나의 통계 숫자로 구체화된다.

예를 들어 그림 3-3은 보통주 XYZ에 대한 투자를 보여주는데, 그것은 세 가지 경제 시나리오에 따라 −5%, 10%, 25%의 수익률을 실현할 것이다. 우리는 각 경제 시나리오의 확률을 소수 형태로 표시할 수 있다. 예를 들어 시나리오 A가 발생할 가능성은 25%이며, 따라서 확률을 0.25로 나타낼 수 있다. 표 3-2는 보통

그림 3-3 보통주 XYZ 투자로 인한 다양한 수익률들의 확률

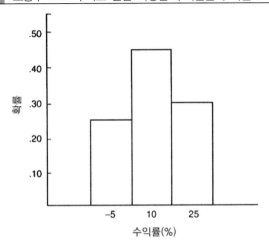

표 3-2 보통주 XYZ의 기대수익률 계산

경제 시나리오(1)	발생 확률(2)	수익률(3)	기대수익률 계산 (4)=(2)×(3)
A	0.25	-5%	-1.25%
B	0.45	10	4.50
C	<u>0.30</u>	25	<u>7.50</u>
	1.00		10.75

표 3-3 보통주 XYZ의 수익률 표준편차 계산

경제 시나리오 (1)	발생 확률 (2)	수익률(3)	편차 (4)= (3)−10.75%	편차의 제곱 (5)=(4)²	편차의 제곱 곱하기 발생 확률 (6)=(2)×(5)
A	0.25	-5%	-15.75%	248.06	62.02
B	0.45	10	-0.75	0.56	0.25
C	0.30	25	14.25	203.06	<u>60.92</u>
				분산 =	123.19
		표준편차 = 분산의 제곱근 =			11.10

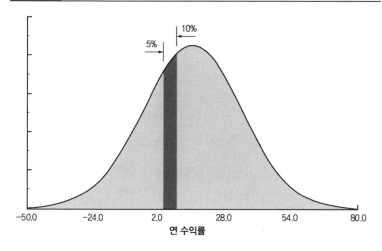

그림 3-4 보통주 ABC의 발생 가능 수익률

연 수익률

주 XYZ에 투자한 것에서 10.75%의 기대수익률을 산출한 계산과
정을 보여준다.

　기대수익률이란 면에서 선택할 수 있는 대안적 투자수단들은
다양하지만, 투자에서의 기대수익률은 미래실적에 대한 일면일
뿐이다. 동시에 투자의 변동성을 고려하는 것도 그만큼 중요하다.
투자수익률이 기대수익률에서 많이 벗어날수록 변동성이 더 커
진다. 표준편차는 이러한 변동성에 대해 보편적으로 사용되는 척
도다. 표준편차를 계산할 때, 편차는 가능한 각 수익률에서 기대
수익률을 차감해 얻는다. 다시 이 편차들을 제곱해 이에 상응하
는 확률로 곱한 후 합친다. 이 결과의 합이 분산(variance. 확률가중
평균 편차제곱)이다. 분산의 제곱근이 표준편차다. 이 예에서, 수익
률의 표준편차는 11.1이며 표 3-3에서 나타난 것처럼 계산한다.

확률분포

실제로는 앞의 예처럼 투자로 발생 가능한 수익률을 세 가지의 구분된 확률로 일반화해 분리할 순 없다. 오히려 발생 가능한 수익률의 범위는 **그림 3-4**와 같이 유사한 연속 곡선, 즉 확률분포(probability distribution)를 이루게 된다. 수익률의 분포가 연속적이기 때문에 확률은 결과들의 다양한 범위로 묘사된다. 예를 들어 보통주 ABC에서의 수익이 5%에서 10% 사이에 있을 확률은 곡선 아래의 전체 영역 가운데 얼마만큼 수평축상의 5%에서 10% 사이에 있는가를 계산해 산출할 수 있다. 까맣게 칠한 부분이 곡선 아래 영역 전체의 9%라면, 보통주 ABC의 수익률이 5%에서 10% 사이가 될 확률은 9%(또는 0.09)인 것이다.

그림 3-4에서 보이는 확률분포는 낯익은 종 모양의 곡선, 즉 정규분포(normal distribution)를 나타낸다. 정규분포는 훌륭한 통계적 속성이 있다. 그것은 두 가지 숫자 — 평균과 표준편차 — 만을 사용해 완벽하게 표현할 수 있다. 즉 이 두 가지 숫자만 있으면 누구라도 똑같은 종 모양의 곡선을 그릴 수 있다. 곡선은 평균을 중심으로 좌우 대칭인데, 곡선 아래 영역의 68%(약 3분의 2)가 평균에서 1의 표준편차 범위 내에 있으며 95%가 2의 표준편차 범위 내에 있다.

그림 3-4의 보통주 ABC 예에서, 15%인 평균은 기대수익률이며, 20%라는 표준편차는 기대수익률 주위에서 발생할 수 있는 수익률이 산재함을 나타내는 변동성의 척도다. 정규분포의 속성상 우리는 실현수익률이 −5%에서 +35%(즉 15% ± 20%)일 가능성은 대략 3분의 2(0.68의 확률)이며, 실현수익률이 −25%에서

+55%(즉 15%±40%)일 가능성은 약 100분의 95임을 알 수 있다.

증권의 수익률이 정규분포로 되어 있다고 가정하지만, 실제로는 '오른쪽 꼬리(right tail)'가 더 긴 로그정규분포가 더 잘 묘사할 때도 있다. 왜냐하면 증권의 수익률은 상한선이 없지만 때때로 −100%라는 하한선이 있기 때문이다. 단순화를 위해 우리는 더욱 정확하다고 할 수 있는 로그정규분포보다는 정규분포를 가정할 것이다.

계열상관

표 3−1의 마지막 세로 열은 계열상관(serial correlation)을 나타낸다. 이 통계 숫자는 한 기간의 수익률이 다음 기간의 수익률을 예상하는 데 얼마나 기여하는지를 알려준다. 예를 들어 계열상관이 1.0에 가까운 일련의 수익률은 한 기간에서 다음 기간을 아주 잘 예측하며, 어떤 하나의 흐름을 나타낼 것이다. 만약 계열상관이 −1.0에 가깝다면 일련의 수익률은 극히 순환적인 형태를 띨 것이다. 만약 계열상관이 거의 0이라면 일련의 수익률은 예상할 수 없게 되어 랜덤워크(random walk)로 설명된다. 주식이나 채권의 수입 수익률은 그 각각이 연 단위로 어떤 흐름을 따르고 있음을 나타낸다. 그러나 주식과 장기채에서 얻은 총 수익률 형태는 낮은 계열상관에서 볼 수 있듯 랜덤워크와 유사하다. 이것은 주식과 장기채의 특성인 원금가치의 변화에서 기인한 것이다.

여기에서 나타내진 않았지만 소형주 프리미엄의 계열상관은 0.39인데, 이것은 어떤 흐름을 보이는 경향이 있음을 나타낸다.

다시 말해 대형주와 소형주의 역사적인 실적을 비교할 때, 소형주가 때때로 대형주보다 꽤 오랫동안 실적이 좋았던 점을 알 수 있다.

4장 시장예측

시장예측을 활용한 투자관리인의 성공 여부에 대한 증거는 인상적이다.
손실이 압도적이었다.

—찰스 엘리스 『투자정책』(1985)

보통주 수익률은 변동성을 띤다. 이러한 변동성의 결과 가운데 하나는 투자자들이 역사적으로 약 −27% 정도의 연 수익률 때문에 어려움을 겪었다는 점이다. 주식시장이 좋지 못한 해를 피할 방법이 있었다면 분명히 부를 훨씬 더 빨리 축적했을 것이다. 지금이 1925년 12월 31일이라고 가정해보자. 그리고 우리가 재무성 단기채권, 장기회사채, 대형주, 소형주에 대해 1926년의 증권수익률을 예상하는 어느 시장예측가(market timer)와 상담하고 있다고 해보자. 그는 이 네 가지의 투자수단 가운데 대형주가 1926년에는 가장 나은 전체수익률을 실현할 것이라고 정확하게 예측한다. 우리는 투자한 1달러는 1926년 말 1.12달러 가치가 된다. 시장예측가의 예언능력에 감명을 받아 1926년 12월 31일 우리는 또다시 그를 만나 다음 해에 돈을 어디다 투자해야 할지 조언을 구한다. 해마다 완벽하고 정확하게 예측하는 시장예측가는 우리의 시장예측 포트폴리오에 어떤 투자수단이 적절할지 조언해준다.

우리의 부를 이렇게 종합함으로써 처음에 투자한 1달러는 1998년 말에는 2천만 달러가 넘을 것이다. 5,117달러로 끝나 가장 나은 실적을 올린 투자수단인 소형주와 비교해볼 때, 그리고 가장 낮은 가치인 15달러로 끝난 재무성 단기채권과 비교해볼 때, 이는 엄청난 결과다! 이러한 현상을 설명하기 위해 1925년 말 최초 100만 달러가 투자되었을 때의 실적을 생각해보자. 1998년 말 포트폴리오는 20조 달러가 넘게 될 것이고, 이는 미국 내 공식적으로 거래되는 보통주 전체의 시장가격 13조 달러보다 훨씬 큰 것이다. 요컨대 1925년에 백만장자였던 사람은 이제 미국의 기업 전부와 전 세계에서 미국 이외 다른 나라 기업의 약 절반을 갖게 될 것이다!

이러한 시장예측 능력은 결코 존재하지 않는다. 그런데 왜 시장예측에 지속적으로 관심을 쏟을까? 사람들은 이것이 가능하다고 믿고 싶기 때문이다. 이것이 호소하는 바는 정말로 매력적이다. 고객이 보통주의 역사적 장기 실적을 볼 때, 예측 가능한 흐름 — 평균 이상 또는 평균 이하 수익률이 지속되는 시기[1] 동안 — 으로 보이는 것이 시장예측에 대한 기대를 강화한다. 이 모순처럼 보이는 것에 대한 해결책은 일련의 무작위 숫자들이 항상 무작위하게 보이지 않는다는 점을 인식하는 데 있다! 간단한 실험이

---

1 겉으로 나타난 것과 달리, 보통주 수익률은 어떤 흐름도 따르지 않는다. 이것은 대형주 수익률의 계열상관이 0.01임을 나타내는 **표 3-1**을 보면 알 수 있다.

이것을 증명한다. 동전 하나를 100번 던져서 앞면과 뒷면이 나오는 유형을 기록해보라. 실험이 끝날 무렵 당신은 앞면 또는 뒷면이 나오는 것이 아주 우연한 일임을 알게 될 것이다. 동전 던지기의 본질에 대해 알게 됨으로써 당신은 앞면 또는 뒷면에 대해 예언 가능한 흐름이 있다는 식의 부적절한 가정은 하지 못할 것이다. 각각의 시행은 이전의 시행과 독립적이다.

우리는 보통주의 수익률 형태를 검토할 때 똑같은 현상을 보게 된다. 동전 던지기 실험에서 앞면이 연이어 나온 것은 평균 이상의 주식 수익률이 실현된 기간으로 나타낼 수 있다. 뒷면이 연이어 나온 것은 평균 이하의 주식 수익률이 실현된 기간에 해당한다. 1973년에서 1974년까지 꽤 긴 약세장에서, 우리는 가격이 떨어지기 시작하자마자 약세장이 계속될 것임을 알았어야 했다고 결론내린 다음 스스로를 꾸짖는 경향이 있다. 경제 신문이나 저녁 뉴스가 주식시장 하락 규모와 관련해 기죽이는 해설을 계속 퍼붓기 때문에 투자자는 이렇듯 자책에 빠지기 쉽다.

반면 역사상 가장 큰 강세장 가운데 하나가 나타나기 이전, 1982년 여름에 보통주 가격은 바닥에서 벗어났다. 사람들은 과거를 돌이켜보며 1982년 여름에 주가가 낮았고 이후 크게 오를 것임을 알았어야 했다고 결론짓는 경향이 있다. 그러나 사실 전체 투자자들은 주식가격이 아주 낮았음을 몰랐다. 그렇지 않았다면 그들이 먼저 사서 얻음으로써 주식가격이 그렇게 싸지지는 않았을 테니까. 동전 던지기 실험에서처럼 강세장과 약세장의 시기와 기간은 미리 예측할 수 없는 것이다.

효율적 시장은 알려진 관련 정보뿐 아니라 알려지지 않은 정보에 대한 합치된 기대도 모두 현재의 증권가격에 포함시킨다.

따라서 단기적인 주식시장의 움직임을 예상할 때, 전쟁 중인가 평화시기인가, 백악관을 공화당이 잡고 있는가 민주당이 잡고 있는가, 경기 확장기인가 경기 수축기인가를 아는 것은 아무런 가치가 없다. 그렇다면 무엇이 시장을 움직이는가? 시장은 이전에 알려지지 않았던 투자자산 가격과 관련한 정보에 따라 움직인다. 본질적으로 그것은 시장에서 새로운 균형을 만들기 위해 가격을 움직이는, 다가올 것을 아무도 알지 못하는 뜻밖의 사실이다. 이러한 뜻밖의 사실 자체가 무작위의 사건들이다. 때때로 뜻밖의 나쁜 사실보다 뜻밖의 좋은 사실이 더 많으면 강세장이 되고, 또 다른 시기에 그 반대 현상이 나타나면 약세장이 된다. 언제나 강세장 또는 약세장이 있지만, 그 전환점을 예상할 수 있는 일관된 방법이 있다는 증거는 없다.

시장예측에 대한 조사 연구를 살펴보기 전에, 트리니티투자관리회사의 연구 보고서에 요약된 주식시장 순환에 대한 몇 가지 통계 숫자를 살펴보는 것이 도움이 될 것이다. 데이터는 제이차 세계대전 이후의 아홉 차례에 걸친 정점에서 정점까지의 순환을 다루고 있다. 첫 번째 순환은 1946년 5월 29일에 시작했고, 마지막 순환은 1987년 8월 25일에 끝났다.[2] 트리니티 사는 다음과 같이 설명했다.

---

2 어떤 분석가들은 약세장이 1990년 7월 16일에서 1990년 10월 11일까지 있었다고 주장하면서 그동안 S&P 500이 –19.9% 하락으로 고전했다고 한다. 약세장은 6개월의 투자기간에 걸쳐 가격만 적어도 20% 하락한 경우로 정의된다. 손실 기준이나 투자기간 기준을 충족하지 않았기에 이러한 하락은 1987년 12월 4일에 시작된 강세장의 조정으로 분류된다. 1998년 말 현재, 이 강세장은 여전히 그대로이며 20세기 가장 긴 강세장이 되었다.

1. 상승한 달이 하락한 달의 약 1.7배다(309대 187).
2. 강세장에서는 평균 104.8% 상승했고, 약세장에서는 평균 −28% 하락했다.
3. 강세장은 약세장보다 3배 정도 오래 유지되었다(41달 대 14달).
4. 심지어 약세장에서도 10달 가운데 평균 3~4달은 상승한다.

그외에도 트리니티 사는 강세장 동안 획득한 총 수익의 60% 이상이 평균적으로 단 8달(평균 41달 동안 지속되는 강세장 중에서) 동안에 달성되었음을 추가로 관측했다.

분명히 강세장에서 평균적인 이득은 전형적인 약세장에서의 손실을 충분히 회복하고도 남았다. 약세장에서 10달 가운데 3~4달은 상승한다는 사실은, 이후에 그것을 되돌아볼 때까지는 종종 약세장이 진행되고 있음을 알기 어렵게 한다. 윌리엄 샤프의 연구 보고서에 다음과 같은 글이 있다.

시장을 예측하고 싶은 관리인은, 단지 그렇지 않은 경쟁자의 전체 실적과 경쟁하기 위해 보통 4번 가운데 3번은 정확해야만 한다. 만약 그렇게 자주 맞추지 못한다면, 그의 실적은 상대적으로 저조할 것이다. 여기에는 두 가지 이유가 있다. 첫째, 그 관리인은 상승시장에서 높은 수익을 내는 주식에 투자하는 대신 종종 자신의 펀드를 현금등가물로 보유할 것이다. 둘째, 그는 포지션을 변경하기 위해 거래비용을 발생시키는데, 그러한 포지션 변경의 상당수가 이익을 저해할 것이다.

시장예측에서 얻는 잠재적인 이득에 관해서 샤프는 다음과 같이 결론지었다.

대공황과 유사한, 정말로 절망적인 시장하락을 제외하면, 정말 예측을 잘하는 관리인의 시장예측에서 기껏해야 매년 4% 정도의 이득을 기대할 수 있을 것 같다.[3]

또한 로버트 제프리의 연구는 다음과 같이 결론내리고 있다.

그 누구도 장기에 걸친 시장의 등락과 초과 보상 획득에 따른 위험을 예측할 순 없다.

계속해서 그는 말한다.

직업적인 주식 투자자가 되려는 이유는, 대부분의 시간에 총 수익이 양(+)이 되는 시기가 음(−)이 되는 시기보다 많다는 데 있는 것이 아니라, '수익을 내는 움직임'의 대부분이 단지 몇 시기에 집중되어 있는데, 바로 그것이 (심술궂지만 이해할 만하게도) 주식에 특히 불리했던 시기 이후에 나타나는 경향이 있다는 데 있다.[4]

1926년에서 1998년까지의 증권 수익률에 대한 이봇슨어소시잇 츠 사의 검토를 참고하여, 보통주 투자자가 보통주에게 가장 좋 았던 7년을 놓치고 대신 그 시기에 재무성 단기채권에 투자했다 고 가정해보자. 전체 기간에서 이같이 중요한 10%의 시기에 이 투자자가 방관자로서 현금등가물에 투자했기 때문에, 1925년 말

---

3 William F. Sharpe, "Likely Gains from Market Timing," *Financial Analysts Journal*(March~April 1975), pp.60~69.
4 Robert H. Jeffrey, "The Folly of Stock Market Timing," *Harvard Business Review*(July~August 1984), pp.102~110.

주식에 처음 투자한 1달러는 대형주에 계속 투자했을 때 2,351달러를 얻을 수 있었겠지만, 가장 좋았던 7년을 놓쳤던 결과 단 202달러에 불과하게 되었다.

보통주에서 얻는 대단한 수익률은 일정한 방식으로 생기지 않는다. 오히려 그것은 몇몇 갑작스런 힘의 폭발 시기에 일어난다. 이렇듯 급상승은 종종 비관론이 아주 팽배할 때 발생함을 관찰하는 것은 흥미롭다. 비관론이 최고조에 달했을 때 시장이 바닥에 도달하기 때문에 이 예상이 맞아떨어진다. 잠재적인 매도자들이 주식을 처분했던 것도 그 시점으로, 시장은 더 이상 올라가는 것 외 달리 갈 데가 없다. 그렇지만 역시 이러한 시장의 전환점은 오로지 과거를 되돌아볼 때에만 확인할 수 있다는 점을 강조해야 한다.

예를 들어 1990년 말에는 투자자와 투자관리인 모두 비관적이었다. 보통주는 거의 10년 만에 처음으로 손실을 입어 −3.71%라는 음의 수익률을 기록했다. 설상가상으로 불경기가 겹쳤고 페르시아의 걸프 전쟁이 임박해 있었다. 내가 자문해주던 투자관리회사를 포함해 상당수의 고객들이 주식시장에서 빠져나가야 할 적절한 시기이며, 돈은 안전하게 재무성 단기채권에 둬야 한다고 주장했다. 나는 투자를 유지하라고 주장했다. 왜냐하면 시장이 상승할 준비가 되어 있다고 믿어서가 아니라 주식투자로부터 특별한 보상을 받는 시기가 언제일지 알 수 없었기 때문이다. 이후 드러난 것처럼, 1991년이 그런 해였고 30.55%의 상승을 기록했으며[5] 그 수익률의 상당 부분이 페르시아 걸프 전쟁이 시작된

---

[5] 연 수익률이 30%를 넘은 적은 지난 40년 동안 7번뿐이었다.

직후에 바로 실현되었다. 두려움과 비관론으로 주식을 팔고 그 수입을 현금에 묻어두고서 자신을 보호하려고 했던 투자자는 엄청난 시장의 상승을 놓치고 말았던 것이다.

예측능력이 50 : 50 — 맞는 만큼 틀린 — 인 시장예측가를 생각해보자. 어느 해에 틀렸는가에 따라 그의 투자실적은 아주 다를 것이다. 만약 시장예측가가 운이 좋다면 재무성 단기채권과 S&P 500의 수익률 차이가 크지 않을 때 잘못된 시기 잘못된 장소에 있었을 것이고, 따라서 실수 때문에 그다지 큰 고통을 받지 않았을 것이다. 그러나 수익률 차이가 아주 큰 시기 동안에 실수를 자주 저질렀다면 그 결과는 치명적일 수 있다. 1926년에서 1982년까지의 자본시장 경험을 토대로 제프리는 다음과 같은 결론을 내렸다.

시장예측의 비효율성에 대해 이론가들의 말이 옳다면(즉 일반적으로 기회의 50%만 정확하다면), 있을 수 있는 결과 가운데 가장 좋은 경우 실제수익률은 S&P 500에 계속 투자했을 때 얻을 수 있는 것의 약 2배를 넘는다. 반면 가장 안 좋은 경우 대략 100배의 손실을 입는다!

이러한 통계의 핵심은, 시장예측가는 극복해야 할 엄청난 태생적 문제점을 갖고 있으며, 대상 기간이 길어지거나 예측의 빈도가 많아지면 이러한 문제점이 기하급수적으로 증가할 것이라는 걸 강조할 뿐이다. 아마 포트폴리오 소유자 입장에서 잠재적인 시장예측가와 상담할 때보다 매수자 위험부담[6]이란 말이 더 적절하게 들어맞는 상황은 없을 것이다.

시장예측과 관련한 많은 문제들은, 강세장에서 얻는 총 이익 가운데 많은 부분이 불균형적으로 시장회복의 초기에 아주 빠르게 발생하는 경향이

---

6 매수자 위험부담이란 매수자가 매수 후 상환청구권을 갖지 않으므로 불리한 계약을 하지 않도록 주의해야 한다는 경고를 말한다—옮긴이 주.

있다는 사실에 따른 것이다. 만약 시장예측가가 이렇게 중요한 시기에 방관자로서 현금으로 보유한다면, 그것 때문에 너무 많은 것을 잃을 것이다.[7]

또 다른 연구에서 제스 추아와 리처드 우드워드는 시장예측으로 얻는 낮은 실적이 약세장을 피하는 능력의 부족 때문인지, 시장회복의 초기를 놓치는 경향 때문인지 확인하려고 새로운 각도에서 그 주제에 접근했다. 그들은 다음과 같이 결론지었다.

전체적인 실적은 약세장보다 강세장을 정확하게 예측하는 것이 더 중요하다는 점을 보여준다. 만약 투자자가 강세장을 정확하게 예측할 가능성이 50%밖에 안 된다면 시장예측을 하지 말아야 한다. 비록 약세장을 완전하게 예측했다 하더라도 평균 수익률은 매수 후 보유전략의 수익률보다 못할 것이기 때문이다.

이들은 시장예측에 대해 다음과 같이 결론을 내렸다.

투자자들에겐 적어도 다음과 같은 정도의 예측 정확성이 필요하다.
80%의 강세장과 50%의 약세장
70%의 강세장과 80%의 약세장
60%의 강세장과 90%의 약세장[8]

전문적인 시장예측가들은 아주 빈번히 자신이 제공하는 서비

---

7 Robert H. Jeffrey, "The Folly of Stock Market Timing," pp.107~108.
8 Jess H. Chua and Richard S. Woodward, *Gains from Stock Market Timing*, Anthony Saunders(ed.), *Monograph Series in Finance and Economics*(New York: Salomon Brothers Center for the Study of Financial Institutions, 1986), pp.12~13.

스의 주된 효용으로서 자본의 보전과 약세장을 피하는 능력을 강조하기 때문에 이와 같은 내용은 특히 흥미롭다.

찰스 엘리스는 훌륭한 저서 『투자정책(*Investment Policy*)』에서 100개의 대형 연금펀드에 대한 미발표 연구를 언급하며 다음과 같이 말했다.

> 시장예측을 이용한 그들의 투자경험을 살펴보면, 모든 펀드가 적어도 얼마간 시장예측에 전념했지만, 시장예측에 힘쓴 결과 그 펀드 가운데 어느 하나도 수익률을 개선하지 못했음을 알 수 있다. 사실 100개 가운데 89개가 '예측' 결과 손실을 입었는데, 그들의 손실은 5년에 걸쳐 자그마치 평균 4.5%나 되었다.[9]

시장예측에서 얻는 장기적 실적은 그럴 것 같진 않지만, 단기적인 경우 시장예측에서 긍정적인 실적을 달성하는 투자자들이 항상 있을 것이다. 이것은 어느 기간에 어떤 투자자는 아주 잘하고 어떤 투자자는 아주 못하는 등 투자실적이 폭넓게 분포되어 있기 때문이다. 통계학적으로 우리가 기대하는 것이 이것이다. 위험한 것은 시장예측에 따른 대단한 실적이 탁월한 예측능력에 기인한 것이라고 가정하는 논리의 비약이다. 전체적으로 시장예측은 제대로 작용하지 않았으며 대부분 투자자들의 실적은 음수였고 앞으로도 그럴 것이다. 그러나 최근에 좋은 실적을 보였던 시장예측가들이 금융 관련 서적에서도 언급되고 텔레비전 인터뷰에도 등장한다. 이는 약세장의 고통은 피하면서 강세장의 이익을 얻는 방법이 존재하길 바라는 사람들의 염원에 불을 지핀다.

9 Charles D. Ellis, *Investment Policy*(Irwin, 1985), p.13.

한편 고객들이 새롭게 확인된 시장예측의 달인에게로 옮겨가려고 자신의 포트폴리오에 남은 자금을 청산함에 따라 시장예측에 성공하지 못한 시장예측 전문회사들은 사라지게 된다.

많은 투자자들이 시장예측이 과연 가능한 것인지 비판적으로 검토하기보다는, 아리스토텔레스가 "그럴 듯한 불가능성이 의문스러운 가능성보다 항상 더 선호된다"라고 말했듯이 잘못된 희망을 가지고 살아가기를 원한다. 시장예측이 가능한 것인가에 대한 질문에 직면함으로써 투자자들은 주기적으로 발생하는 약세장의 고통을 감내해야만 하거나 아니면 보통주 투자를 피함으로써 실질적인 자본성장의 가능성을 포기해야만 한다는 것을 알게 된다. 인간은 자신의 경험을 선입관에 맞추어 재해석하는 경향이 있다. 시장예측에서도 종종 그러한데, 언젠가 누군가가 약세장을 안전하게 피하면서 강세장을 지속적으로 붙잡을 수 있을 거라는 믿음이 끊임없이 샘솟는다.

시장예측에 대한 대안은 단순히 보통주를 매수해 계속 보유하는 것이다. 윌리엄 샤프는 다음과 같이 지적했다.

> 언제나 자금을 주식에 투자하는 관리인은 낙관적인 시장예측가와 같다. 그의 행위는 매년을 좋은 해로 예측하는 투자정책과 일치한다. 그런 예측이 약 3년 가운데 한 해는 틀릴 것임을 그 관리인이 알고 있을지라도 그러한 태도는 대부분의 시장예측가가 얻은 실적보다 더 우수한 실적을 이끌어내는 것 같다.[10]

이 장은 찰스 엘리스의 말을 인용하면서 시작했다. 나는 다음과

---

10 William F. Sharpe, "Likely Gains from Market Timing," p.67.

같은 그의 또 다른 말을 인용하면서 이 논의를 마치려고 한다.

투자관리에서 우수한 결과를 얻는 실제적인 기회는 시장의 실적을 앞서려고 애쓰는 데 있는 것이 아니라 장기에 걸친 적절한 투자정책 —장기적인 주력 장비를 갖추고 시장에 참여함으로써 포트폴리오 이익을 얻으려는 정책 —을 수립하고 그것을 고수하는 데 있다.[11]

11 Charles D. Ellis, *Investment Policy*, pp.22~23.

5장 투자기간

만약 당신에게 지금까지 우리가 검토했던 모든 투자수단들을 각각의 특성에 따라 두 그룹으로 나누는 과제를 부여한다면 어떻게 하겠는가? 한 가지 방법은 그것들의 역사적 수익률을 기준으로 순서를 매겨 자연스럽게 구분하는 방법일 것이다. 표 3-1에 나타난 정보를 참조할 때, 역사적 수익률이 가장 큰 차이를 보이는 것은 장기회사채와 대형주 사이임을 알 수 있다. 이에 따라 하나의 투자 그룹은 이자발생형 투자수단인 재무성 단기채권, 중기국채, 장기국채, 장기회사채로 구성되며, 두 번째 그룹은 높은 역사적 수익률을 나타낸 지분형 투자수단인 대형주와 소형주로 구성될 것이다.

만약 우리가 이 과제를 수행하려고 역사적 표준편차로 측정한 변동성에 기초해 투자수단의 순서를 매겼다면, 정확하게 똑같은 곳 ― 이자발생형 투자수단과 지분형 투자수단 사이 ― 에 자연스러운 구분선을 긋게 될 것이다. 이제 이 광범위한 두 집단의 특성을 비교해보자.

이자발생형 투자는 지정된 만기일에 원금상환을 약속하며 이자지급의 형태로 수익을 제공하는 대여금이다. 이런 종류의 투자가 갖는 기본적인 장점은 현금의 흐름 ― 이자지급과 원금상환 ― 이 미리 정해져 있다는 점이다. 주요한 단점은 이런 투자가 인플레이션에 아주 민감한 경향을 보인다는 것이다. 역사적으로 이자발생형 투자수단들은 구매력을 유지하면서 일련의 수입을 제공하지는 못했다.

이에 비해 대형주와 소형주는 기업에 대한 주식소유자의 지분이다. 지분형 투자는 배당 또는 자본이득의 형태로 수익을 제공한다. 거기에는 지정된 만기일도 없으며 원금이 어느 날 상환될 것이라는 약속도 없다. 그렇지만 가능한 수익에 대한 상한선도 없다. 지분형 투자의 기본적인 장점은 실질적인(즉 인플레이션 조정된) 장기 자본성장에 대한 기대다. 지분형 투자의 주요한 단점은 원금가치에 있는 높은 단기변동성이다.

본질적으로 이자발생형 투자와 지분형 투자라는 두 가지 범주는 돈이 일하는 두 가지 대조적인 방법을 나타낸다. 그것은 '대여자냐 아니면 소유자냐' 하는 전통적인 구분이다. 낮은 수익률은 좀더 예측 가능한 결과로서 이득을 취하려는 '대여자'에게 지급되는 대가다. 원금의 단기변동성은 지분으로 가능한 장기 자본성장을 원하는 '소유자'에게 지급되는 대가다. 이것은 투자수단들 사이의 변동성 / 수익률 관계를 간단하게 나타낸 것이다. 우리는 앞에서 다양한 위험에 대해 논의했다. 하지만 내 판단으로는 투자관리상의 위험 가운데 가장 중요한 두 가지는 다음과 같다:

1. 인플레이션: 이자발생형 투자에게 가장 위험한 것.
2. 변동성: 지분형 투자에서 가장 두드러진 것.

논의를 집중시키기 위해 이자발생형 투자의 대표로 재무성 단기채권을, 지분형 투자의 대표로 대형주를 예로 들겠다. 요약하면 다음과 같다.

	재무성 단기채권	대형주
장점	원금가치의 안정	실질적인 장기 자본성장
단점	인플레이션에 민감	수익률의 변동성

지분형 투자에 대한 높은 수익률로 보건대, 투자자가 인플레이션보다는 주식시장의 변동성을 더 두려워한다고 결론지을 수 있다. 안정적인 원금가치를 위해 기꺼이 재무성 단기채권에 투자해 더 낮은 수익률을 얻으려 한다는 것이 그 증거다. 많은 투자자들은 보통주 수익률의 변동성에 지나친 관심을 보이지만, 인플레이션이 갖는 해악에는 별 관심이 없다. 여기에는 몇 가지 이유가 있다.

첫째, 인플레이션에는 장기에 걸쳐 조금씩 요금을 걷는 교활한 면이 있기 때문이다.

둘째, 시간 경과에 따른 인플레이션 효과를 잘 모르는 투자자들은 외형적인 관점에서 투자실적을 보려는 경향이 있다. 따라서 일반적으로 이자발생형 투자수단들을 더 선호한다. 예를 들어 1979년에서 1980년 사이에 인플레이션이 12~13%로 절정에 달했을 때, 재무성 단기채권의 수익률은 역사상 가장 높은 10~11% 였다. 당시 재무성 단기채권 투자자들은 이처럼 높은 명목수익률이 인플레이션 효과를 보상하기에 불충분하다는 사실을 무시하고, 이자의 축적이란 면만 보려는 경향이 있었다. 많은 투자자들은 여전히 1979년과 1980년을 자금시장 수익률이 높았던 '좋았던 옛 시절'로 여기며, 1980년대에 걸쳐 이자율이 하락함에 따라 더 낮은 한 자리 숫자의 수익률을 갖게 되었음을 한탄한다. 그러나 이 투자자들은 실제로 더 낮은 이자율 환경에서 형편이 훨씬 나았다. 실질적인 관점에서 볼 때 수익률은 1979~1980년보다 더 높았다. 만약 재무성 단기채권 투자자들이 그들의 수익률을 인플레이션이 조정된 관점에서 보고 받았다면 그들의 인식이 어떻게 변했을까 알아보는 일도 흥미로울 것이다.

셋째, 보통주의 변동성은 비교적 단기적으로 더 많은 손해를 끼칠 수 있다. 예를 들어 보통주가 1987년 10월 19일 단 하루 만에 20% 이상 떨어졌는데, 이것은 연 단위 물가상승률이 가장 높았던 1979년의 13%와 비교된다. 불행하게도 많은 투자자들이 너무 좁은 단기간에 초점을 맞추고선 보통주의 손실이 영원하다는 잘못된 결론을 내렸다. 1973~1974년의 약세장에서 보통주로 손실을 봤던 어떤 투자자들은 거의 바닥에서 주식을 팔았고, 이에 따라 현세기 최고로 좋았던 강세장 가운데 하나를 놓쳤다. 그들은 낙담하며 스스로에게 "주식? 다시는 안 해!"라고 말했던 것이다. 단기적으로는 주식시장 변동성 때문에 생길 수 있는 음(−)의 실적은 인플레이션으로 입는 손실보다 훨씬 더 클 것이다.

보통주의 변동성에 대한 두려움은 정당한 것일까? 어떤 상황에서는 그렇지만 다른 상황에서는 아마 그렇지 않을 것이다. 미래를 연구할 때, 우리가 의지할 수 있는 두 가지 사실이 있다. 첫째, 보통주의 단기수익률은 예상할 수 없으며 항상 변한다. 둘째, 사람들은 불확실성에 대해서도 예측할 수 있기를 바란다. 예를 들어 다음 투자수단들 가운데 선택한다고 생각해보자. 투자수단 A는 7%의 기대수익률과 2%의 표준편차를 가진다. 투자수단 B는 7%의 기대수익률과 4%의 표준편차를 가진다. 두 가지 투자수단은 같은 기대수익률을 제시하지만 투자수단 B는 투자수단 A보다 2배나 큰 변동성이 있다. 이성적인 투자자는 변동성을 싫어한다. 이러한 투자수단들이 있을 때, 이성적인 투자자들은 투자수단 A를 선택할 것이다. 투자수단 B의 높은 변동성을 감수해야 할 아무런 이유가 없다.

경제학자들은 이처럼 변동성을 싫어하는 데 대한 설명의 기초로서 '부의 한계효용체감'을 언급한다. 즉 추가적으로 얻는 각각의 돈은 항상 사람의 부를 증가시키지만 그 증가율은 하락한다는 것이다. 당신이 백만장자일 때보다 당신의 재산이 1,000달러뿐일 때 추가로 얻는 100달러에 더 많은 의미가 있다. 즉 투자라는 맥락에서 실적이 좋을 때 추가로 획득한 돈은 실적이 나쁠 때 잃은 돈만큼의 가치가 없음을 뜻한다. 실제로 투자자는 투자수단 A를 사기 위해 투자수단 B를 팔려고 한다. 그렇게 함으로써 A의 가격은 오르고 B의 가격은 내릴 것이다. 균형 상태에서 투자수단 B는 그것의 더 큰 변동성을 보상해주기 위해 더 높은 기대수익률을 제시하게 될 것이다.

재무성 단기채권과 보통주의 비교에서도 마찬가지다. 시장 내

투자자들의 매매행위에서 보통주는 변동성에 대한 보상으로 재무성 단기채권보다 더 높은 수익률을 제공하도록 가격이 매겨진다. 바로 앞 장에서 우리는 시장예측이 제대로 작용하지 않음을 보여주는 증거를 제시했다. 하지만 만약 주식시장을 예측할 수 있는 쉬운 방법이 있다면 어떤 일이 일어날지 생각해보라. 투자자는 시장이 오르기 전에 주식을 살 것이고 시장이 하락하기 전에 주식을 팔 것이다. 그러나 이 매매행위는 시장의 상승과 하락을 완만하게 해서 미래의 주가 움직임을 변화시킬 것이다. 거기에는 오직 한 가지 문제만 남는다. 보통주의 변동성이 사라질 때 그것을 보유한 데 따른 보상도 사라진다! 그래서 나는 보통주가 단기적으로 예측할 수 없는 변동성을 가진 세계를 선호한다. 그것은 보통주가 장기적으로 높은 수익률을 제공하는 하나의 근거가 된다. 시장예측가의 세계관에는 변동성이 있지만 보통주에서 돈을 벌 수 있다는 관념이 내재되었다. 이에 비해 여기서 제시하려는 세계관은 변동성 때문에 보통주에서 돈을 벌 수 있다는 관념에 기초한 것이다.

이제 질문은 '어떤 조건일 때 변동성을 감수할 만한가?'로 바뀐다. 만약 우리가 1년 365일 내내 7.4% 주식 위험 프리미엄을 할당한다면, 재무성 단기채권과 비교해 보통주의 일일 실적에 따른 이점이 실제로 사라질 것이다. 어느 특정한 날에 보통주가 재무성 단기채권의 실적을 능가할 가능성은 기본적으로 50대 50이다. 보통주에 항상 존재하는 변동성을 가정한다면, 하루라는 투자기간으로 볼 때 주식 위험 프리미엄에 대한 동기는 없다. 보통주에 대한 1개월간의 투자나 일 년간의 투자에 있어서도 마찬가지다. 대형주의 표준편차는 역사적으로 20.3%였다(표 3-1 참조).

이것은 보통주를 보유할 때 우리가 평균적으로 기대하는 주식 위험 프리미엄보다 훨씬 더 크다. 단기에서는, 비록 우리가 보통주에서 더 높은 수익률 실현을 기대할지라도 높은 변동성은 주식 위험 프리미엄에 대해 인식조차 못하게 할 것이다. 이 점은 변동성이 불합리한 시장에 대한 증거라고 혼동하는 멋모르는 투자자들에게 특히 문제가 된다.

시간은 투자관리 과정에서 가장 중요한 요소 가운데 하나다. 또한 그것은 종종 투자자들이 가장 이해하지 못한 부분이기도 하다. 투자수단을 평가할 때 투자기간이 투자수단의 적정성 여부를 결정한다. 만약 투자자가 다음 달에 차를 사기 위해 2만 달러가 필요할 것이라고 예상한다면 머니마켓펀드(MMF)가 그에 합당한 투자다. 미래에 고정된 명목상 채무(즉 인플레이션 조정 급부 조항이 없는)를 부담하는 연금플랜은 그 채무의 듀레이션과 유사한 듀레이션의 채권으로 조화를 이룰 것인지 아니면 면역화 전략을 구사할 것인지를 결정해야 한다.

그러나 대부분의 장기투자는 명목상 정한 미래 요구 사항에 대한 목표가 없다. 인플레이션의 방향과 크기에는 너무도 많은 불확실성이 있다. 따라서 실제적인 면에서 부의 보전이나 축적에 목표를 두는 경우가 많다. 이 점이 주식투자를 활용하도록 요구한다. 우리는 단기에서 주식의 변동성이 기대되는 보상에 비해 너무 크다고 결론지었지만, 이 점은 투자기간이 길어짐에 따라 변화한다. 이봇슨어소시잇츠 사의 자본시장 자료에 기초할 때, 1926년부터 1998년까지 73년 동안 47년간, 즉 전체 기간의 64%에서 대형주 실적은 재무성 단기채권의 실적을 능가했다. 그러나 만약 우리가 5년, 10년, 20년이라는 더 긴 단위 기간의 실적을 비교한다면, 전체 기간의 81%, 84%, 100%에 있어서 대형주 실적이 재무성 단기채권 실적을 각각 압도했음을 알 수 있다.

잠시 우리가 안정된 인플레이션과 이자율 환경에 있다고 가정해보자. 투자기간이 길어질수록 보통주에서 얻는 기대수익률은 변하지 않겠지만 보유기간의 복리 수익률의 변화는 급격하게 줄어들 것이다. 보유기간이 길어질수록 복리 수익률의 범위가 중앙쪽으로 모이면서 실적이 좋은 해가 실적이 나쁜 해를 상쇄할 기회가 많아질 것이다.

표 5-1에서는 1년, 5년, 10년, 20년의 보유기간에 대해 물가상승률과 대형주, 장기회사채, 장기국채, 재무성 단기채권의 복리 수익률을 비교했다. 1년의 보유기간에 대한 정보를 검토하면, 73년 동안에 47세간(전 기간의 59%) 대형주가 나머지 세 가지 투자수단들보다 실적이 나았음을 알 수 있다. 그러나 수익률의 범위는 −43.3%에서 54.0%까지 걸쳐져 있다. 따라서 비록 우리는 어떤 특정 연도에 대형주가 나머지 세 가지 투자수단들보다 실적이 더 나을 것이라고 예상할지라도 실적이 저조할 때의 벌금 또한 아주 클 수 있다. 다른 투자수단들의 수익률 범위는, 그것들에 있는 더 낮은 표준편차에서 예상되듯 더욱 좁다.

우리가 투자기간을 10년으로 늘리면 대형주는 64개 기간 가운데 50개 기간, 즉 전체 기간의 78%에서 다른 투자수단들을 능가한다. 대형주에 투자한 것이 옳았다는 우리의 확신이 더 강해질 뿐 아니라 나쁜 결과에 따른 벌금도 상당히 줄어들 것이다. 10년간의 대형주 투자경험 가운데 최악의 경우에는 −0.9%의 복리 수익률을 실현했다. 이러한 기초 위에서는 1만 달러를 투자한 것이 수입을 전부 재투자했을 때 9,136달러로 하락한다. 10년의 보

표 5-1 다양한 보유기간에 따른 투자실적 비교(1926~1998)

	대형주	장기회사채	장기국채	재무성 단기채권	물가 상승률
보유기간 1년(73개)					
연 수익률 최고	54.0	42.6	40.4	14.7	18.2
연 수익률 최저	-43.3	-8.1	-9.2	-0.0	-10.3
음(-)의 수익률 기간 수	20	16	20	1	10
수익률이 최고인 기간 수	43	11	7	12	—
수익률이 최고인 기간비율	59	15	10	16	
보유기간 5년(69개)					
연 수익률 최고	24.1*	22.5	21.6	11.1	10.1
연 수익률 최저	-12.5	-2.2	-2.1	0.1	-5.4
음(-)의 수익률 기간 수	7	3	6	0	7
수익률이 최고인 기간 수	52	10	3	4	—
수익률이 최고인 기간비율	75	15	4	6	—
보유기간 10년(64개)					
연 수익률 최고	20.1	16.3	15.6	9.2	8.7
연 수익률 최저	-0.9	1.0	-0.1	0.1	-2.6
음(-)의 수익률 기간 수	2	0	1	0	6
수익률이 최고인 기간 수	50	8	0	6	—
수익률이 최고인 기간비율	78	13	0	9	—
보유기간 20년(54개)					
연 수익률 최고	17.7*	10.9*	11.1*	7.7	6.4
연 수익률 최저	3.1	1.3	0.7	0.4	0.1
음(-)의 수익률 기간 수	0	0	0	0	0
수익률이 최고인 기간 수	51	3	0	0	—
수익률이 최고인 기간비율	94	6	0	0	—

* 가장 최근의 보유기간이 1926년 이후 가장 높은 복리 수익률을 실현한 경우.
자료: Ibbotson, Inc., *Stocks, Bonds, Bills and Inflation*(Yearbook, 1999)을 이용해
Gibson Capital Management에서 산출.

유기간 가운데 98%는 결과가 이보다 더 좋았다!

마지막으로, 20년의 보유기간에서는 대형주가 54개 기간 가운데 51개 기간, 즉 전체 기간의 94%에서 다른 세 가지 투자수단의 실적을 능가했음을 알 수 있다. 비록 이것은 거의 전체 기간의 100%에 가깝지만, 장기회사채가 대형주의 수익률보다 우월한 수익률을 달성했던 20년의 기간이 세 번 있었다는 것을 인식하는 것이 중요하다. 이것들은 1928, 1929, 1930년에 시작된 20년 동안이었다. 대공황을 수반한 극적인 시장상황이 이렇게 보기 드문 결과를 낳았다. 표 5-1에 나타나지는 않지만 우리가 보유기간을 25년으로 늘리면 대형주가 나머지 세 가지 투자수단들을 전체 기간의 100%에서 압도하고 있음을 알 수 있을 것이다.

의심할 여지도 없이 보통주의 변동성은 단기간에는 적이지만, 더 높은 기대수익률의 기초가 되기도 한다. 장기투자자에게 시간은 이러한 단기적인 적을 친구로 변화시킨다.

표 5-1에서 우리는 투자자의 실적이 보유기간이 시작하는 연도에 따라 다양하다는 데 주목했다. 그러나 한 해가 시작할 때 정확하게 투자 포지션을 설정하는 사람은 거의 없다. 연도별 수익률 데이터를 이용하는 것은 다양한 보유기간에 대한 수익률의 범위를 줄잡아서 말하는 것이다. 그림 5-1은 다양한 보유기간에 대한 출발점을 연도가 아니라 달로 바꿈으로써 재무성 단기채권과 대형주의 수익률 범위에 대해 좀더 포괄적으로 비교해준다. 이 그래프는 1926년부터 1998년 사이의 데이터를 이용해 12개월(1년)에서 240개월(20년)까지 보유기간에 대한 수익률의 범위를 비교하고 있다. 12개월에서 60개월까지의 짧은 보유기간에 대형주 투자에 대해 잠재적으로 많은 벌금이 부과된 점

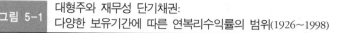

그림 5-1 대형주와 재무성 단기채권:
다양한 보유기간에 따른 연복리수익률의 범위(1926~1998)

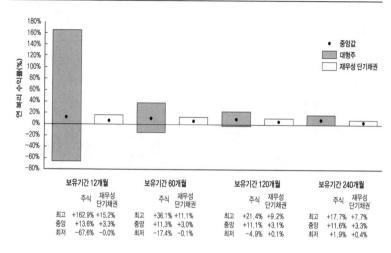

자료: Ibbotson, Inc., *Stocks, Bonds, Bills and Inflation*(Yearbook, 1999)을 이용해
Gibson Capital Management에서 산출.

을 살펴보라.

그러나 보유기간이 길어짐에 따라 연복리 수익률의 범위는 급
격하게 중앙으로 모인다. 240개월의 보유기간이 모두 양(+)의 연
복리 수익률을 실현했음에 주목하라. 대형주의 수익률 중앙값이
12개월, 60개월, 120개월, 240개월 보유기간에 걸쳐 거의 같음을
관찰하는 것은 흥미로운 일이다. 물론 재무성 단기채권의 수익률
중앙값은 비교적 일정하지만, 대형주의 수익률 중앙값보다 훨씬
낮다.

그림 5-2A와 그림 5-2B는 같은 메시지를 다른 형태로 전하고
있다. 여기에서 다양한 보유기간에 따른 상대적인 수익률을 동시

그림 5-2A 대형주 대 재무성 단기채권:
다양한 보유기간에 따른 연복리 수익률(1926~1998)

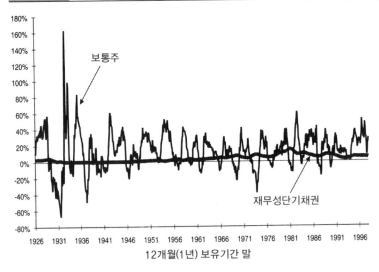

12개월(1년) 보유기간 말

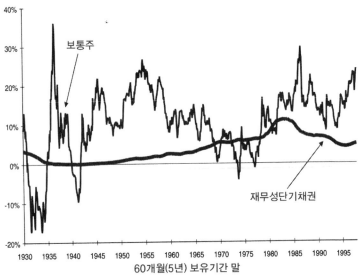

60개월(5년) 보유기간 말

자료: Ibbotson, Inc., *Stocks, Bonds, Bills and Inflation*(Yearbook, 1999)을 이용해
Gibson Capital Management에서 산출.

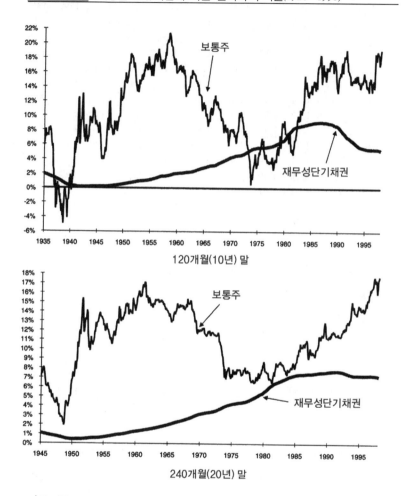

그림 5-2B 대형주 대 재무성 단기채권:
다양한 보유기간에 따른 연복리 수익률(1926~1998)

자료: Ibbotson, Inc., *Stocks, Bonds, Bills and Inflation*(Yearbook, 1999)을 이용해
Gibson Capital Management에서 산출.

표 5-2 수익률별 1달러의 성장

연수	4%	5%	6%	7%	8%	9%	10%	11%	12%	13%
1	1.04	1.05	1.06	1.07	1.08	1.09	1.10	1.11	1.12	1.13
2	1.08	1.10	1.12	1.14	1.17	1.19	1.21	1.23	1.25	1.28
3	1.12	1.16	1.19	1.23	1.26	1.30	1.33	1.37	1.40	1.44
4	1.17	1.22	1.26	1.31	1.36	1.41	1.46	1.52	1.57	1.63
5	1.22	1.28	1.34	1.40	1.47	1.54	1.61	1.69	1.76	1.84
6	1.27	1.34	1.42	1.50	1.59	1.68	1.77	1.87	1.97	2.08
7	1.32	1.41	1.50	1.61	1.71	1.83	1.95	2.08	2.21	2.35
8	1.37	1.48	1.59	1.72	1.85	1.99	2.14	2.30	2.48	2.66
9	1.42	1.55	1.69	1.84	2.00	2.17	2.36	2.56	2.77	3.00
10	1.48	1.63	1.79	1.97	2.16	2.37	2.59	2.84	3.11	3.39
11	1.54	1.71	1.90	2.10	2.33	2.58	2.85	3.15	3.48	3.84
12	1.60	1.80	2.01	2.25	2.52	2.81	3.14	3.50	3.90	4.33
13	1.67	1.89	2.13	2.41	2.72	3.07	3.45	3.88	4.36	4.90
14	1.73	1.98	2.26	2.58	2.94	3.34	3.80	4.31	4.89	5.53
15	1.80	2.08	2.40	2.76	3.17	3.64	4.18	4.78	5.47	6.25
16	1.87	2.18	2.54	2.95	3.43	3.97	4.59	5.31	6.13	7.07
17	1.95	2.29	2.69	3.16	3.70	4.33	5.05	5.90	6.87	7.99
18	2.03	2.41	2.85	3.38	4.00	4.72	5.56	6.54	7.69	9.02
19	2.11	2.53	3.03	3.62	4.32	5.14	6.12	7.26	8.61	10.20
20	2.19	2.65	3.21	3.87	4.66	5.60	6.73	8.06	9.65	11.52
21	2.28	2.79	3.40	4.14	5.03	6.11	7.40	8.95	10.80	13.02
22	2.37	2.93	3.60	4.43	5.44	6.66	8.14	9.93	12.10	14.71
23	2.46	3.07	3.82	4.74	5.87	7.26	8.95	11.03	13.55	16.63
24	2.56	3.23	4.05	5.07	6.34	7.91	9.85	12.24	15.18	18.79
25	2.67	3.39	4.29	5.43	6.85	8.62	10.83	13.59	17.00	21.23

에 직접 비교할 수 있다. 또다시 우리는 주식시장의 변동성이 병이라면 시간이 치료제임을 알 수 있다.

시간의 경과에 따라 대형주의 우월성이 높아지는 추세 속에서도 '복리의 기적'은 작동한다. 크지 않아 보였던 7.4%의 주식 위험 프리미엄이 장기간에 걸쳐 부의 축적에 커다란 차이를 발생시켰다. 1926년부터 1998년까지 7.4%의 추가수익률을 보인 대형주의 수익률은 재무성 단기채권에 의한 부의 축적보다 157배 이상 많은 부의 축적을 가능케 했다. 이제 재무성 단기채권의 수익률이 5%이고, 이에 상응한 대형주의 추정 복리 수익률이 12%라고 가정해보자. 표 5-2에서 우리는 불과 11년 만에 대형주 투자에서 축적된 부가 재무성 단기채권 투자로 인한 것의 2배가 됨을 알 수 있다. 17년이 지나면 대형주는 재무성 단기채권에 투자한 가치의 3배가 될 것이다.

요약하면, 변동성은 단기적으로는 보통주로부터 기대되는 수익을 제거해 보통주를 투자할 가치가 없는 위험한 것으로 만든다. 그러나 장기적으로는 복리의 기적을 통해 보통주의 더 높은 기대수익률 쪽으로 평균수익률을 수렴시키기 때문에 결국 보통주가 승자가 된다.

투자기간은 포트폴리오에서 이자발생형 투자와 지분형 투자의 적절한 균형을 정하는 데 있어 핵심 변수다. 이것을 다음과 같이 요약할 수 있다.

	이자발생형 투자	지분형 투자
장점	낮은 변동성	장기적인 실질자본 성장
단점	인플레이션에 민감	높은 변동성
활용	투자기간이 단기인 경우	투자기간이 장기인 경우

일반적으로 투자자들은 관련한 투자기간에 대해 낮게 평가하는 경향이 있다. 예를 들어 남편과 아내 둘 다 60세인 새로운 고객이 투자기간을 논의할 때 다음과 같이 말한다고 생각해보자. "지금 우리는 둘 다 일하고 있지만 65세에 은퇴하기를 원합니다. 은퇴까지 5년밖에 안 남았기 때문에 우리가 투자할 기간은 아주

짧습니다. 주식은 젊어서 은퇴자금을 마련하기엔 괜찮았지만, 지금은 은퇴가 가까워오기 때문에 은퇴 후 생활비를 위해 이자를 사용할 수 있도록 돈을 주식에서 양도성예금증서나 채권으로 옮겨야 합니다."

이 부부는 그들의 은퇴 전 기간과 포트폴리오의 투자기간을 혼동하고 있다. 후자가 훨씬 더 길다. 만약 그들이 은퇴기간 내내 그들을 부양할 수 있는 포트폴리오에 의존할 계획이라면 그들의 투자기간은 그들 가운데 생존자가 사망할 때까지 연장된다. 평균적인 건강상태인 60세 남자와 여자에게 후사망자의 평균여명은 25년 이상이다. 우리가 살펴봤듯이 25년이란 투자기간에서는 인플레이션 위험이 보통주가 갖는 변동성 위험보다 크다. 따라서 그들의 포트폴리오에는 주식이 의미 있게 포함되어야 한다.

투자자들이 자신의 투자기간을 낮게 평가하는 경향은 포트폴리오의 주식 비중을 부적절하게 감소시키고 이에 따라 인플레이션에 지나치게 노출시킨다. 이러한 경향은 분기별로 또는 연 단위로 실적을 평가하려는 고객의 욕구에 따라 더욱 강화된다. 이러한 평가 주기는 현실적으로 장기적인 목표 달성 과정을 평가하기엔 너무 짧다.

투자과정과 관련한 투자기간을 제대로 이해할 경우 변동성 허용수준은 급변하게 된다. 다음 장에서는 포트폴리오 성과에 영향을 미치는 가장 중요한 의사결정 — 이자발생형 투자와 지분형 투자 사이의 균형 — 과 관련해 고객을 인도해줄 간단한 모델을 보여줄 것이다.

6장 포트폴리오 균형 결정을 위한 모델

> 모든 것은 더 이상 단순하게 할 수 없을 만큼
> 최대한 단순화해야 한다.
>
> ─ 알베르트 아인슈타인

    고객과 상담사의 관계는 자료수집 단계에서부터 시작된다. 이 과정의 목적은 고객을 알기 위한 것이다. 요구되는 정보의 많은 부분은 그 본질상 사실적이며 객관적으로 정할 수 있는 것들이다. 개인 고객의 경우 이 정보는 자산과 부채의 가치, 수입과 지출의 원천, 세금 상황, 가족 구성, 직업 정보 등을 포함한다. 세제 적격 퇴직연금제도나 기부금과 같은 단체 고객의 경우 이 정보는 투자 포지션 목록, 예상되는 포트폴리오의 편입과 인출, 법적 또는 규정상의 제한에 대한 설명 등을 포함한다.

    정보수집의 또 다른 영역은 본질적으로 주관적이며 좀더 질적인 접근을 필요로 한다. 여기에는 고객의 심리, 희망과 꿈, 투자에 관한 의견과 선호도, 다양한 형태의 위험에 대한 감수수준 등이 포함된다. 고객을 평가할 때 포함되는 다음의 과제들을 좀더 구체적으로 논의해보자.

- 명확한 재무목표
- 투자목표
- 투자지식
- 위험
- 변동성 허용수준

명확한 재무목표

개인 투자관리 고객의 목표로는 다음과 같은 것들이 있다.

- 조기은퇴
- 자녀의 대학교육
- 별장 구입
- 건강이 나빠진 연로한 부모를 위한 준비

단체 투자관리 고객의 목표로는 다음과 같은 것들이 있다.

- 세제적격 플랜 참가자에 대한 퇴직연금 지급
- 자선기금 마련을 위한 자금 조성

종종 이러한 목표들이 명확하게 표현되지 않는 경우도 있다.

상담사는 고객이 목표를 더 상세하게 계획하도록 도와야 한다. 예를 들어 조기은퇴가 50세를 의미하는가 아니면 55세나 60세를 의미하는가? 은퇴 후 고객은 어떤 생활양식을 원하며, 그것을 유지하기 위해 얼마 정도의 수입이 필요할 것인가? 만약 고객이 세 자녀를 대학에 보내고자 한다면, 그 자녀들을 비용이 많이 드는 사립대학에 다니게 할 것인가 아니면 비용이 덜 드는 공립대학에 다니게 할 것인가? 장학금을 받을 가능성이 있는가? 자녀들 스스로 필요한 비용을 마련하기 위해 일자리를 구할까? 만약 자녀들이 어리다면 그 사이 수업료는 얼마나 오를까?

별장 구입이 단기목표인가 아니면 장기목표인가? 고객은 대략 얼마의 가격 범위를 고려하고 있는가? 별장 구입과 관련한 비용은 어떤 것이 있는가? 사용하지 않을 때 별장을 임대할 것인가? 임대 수입은 어떤 형태로 받을 것인가?

연로한 부모가 생존해 있다면 현재 고객이 그들을 부양하고 있는가? 부모가 현재 얻고 있는 수입으로는 어떤 것이 있는가? 그리고 필요한 추가 자금을 충당하기 위해 처분할 수 있는 자산이 있는가? 부모가 어떤 종류의 건강보험에 가입했으며, 의료비 지급 또는 여타 수입 니즈에 대해 어떤 형태의 정부보조를 받을 자격이 있는가? 미래의 급부 조달에 대한 정량적 니즈를 가진 단체 고객을 위해서도, 마찬가지로 명확한 목표들을 개발할 수 있다.

투자목표

고객의 목표가 명기되고 난 다음 단계는 그 목표에 부합하는 투자목표를 개발해야 한다. 이것의 상당 부분은 비교적 수월한 방법에 따라 수학적으로 기술할 수 있다. 예를 들어 합당한 가정 아래 미리 정한 미래의 자금을 모으기 위해 명시된 증가율을 활용해 필요한 연 단위 투자액을 산출할 수 있다.

그러나 고객의 목표는 현실적으로 달성할 수 있는 것보다 더 거창한 경우가 아주 많다. 나는 은퇴하기 몇 년 전부터 자신의 은퇴목표에 대해 진지하게 고민하고 있는 투자자들을 알고 있다. 그들은 안락한 은퇴생활을 보장받기 위해 투자자금을 건드리지 않도록 생활양식을 필요한 만큼 조절할 준비가 되어 있다. 그러나 대개 은퇴 시점에 비로소 실제 가능한 생활양식이 결정된다. 만약 그 생활양식이 아주 부적절한 것이 아니라면 아마 실질적으로 그것을 개선하기 위해 할 수 있는 것은 거의 없을 것이다.

사람의 욕구는 그것을 위한 자금 조달 수준을 넘어서는 경향이 있다. 따라서 투자목표를 개발함에 있어 재무목표가 우선되어야 하며, 현재의 상황에서 현실적으로 가능한 것을 결정하는 과정에 타협하기도 해야 한다. 건전한 투자목표는 자본시장이라는 현실적 가정 위에서 설정해야 하며, 고객이 활용할 수 있는 수입과 자원의 한계를 반영해야 한다.

투자지식

훌륭한 고객은 투자관리의 일반원칙과 여러 가지 투자수단의 특성을 이해하고 있다. 투자관리 과정의 장기적 성공은 상당 부분 포트폴리오가 어떻게 구성되고 어떻게 움직이는가를 고객이 이해하는지 여부에 달려 있다. 자료수집 과정에서 투자 활동 가운데 좋았던 경험과 나빴던 경험을 고객이 표현해보도록 하는 것은 도움이 된다. 그 표현에서 그들에게 있는 지식의 깊이와 넓이를 알 수 있다. 종종 상담사는 서로 다른 많은 형태의 투자수단들을 빠짐없이 열거한 질문서를 사용한다. 고객에게 각 투자수단에 대해 자신이 알고 있는 것, 선호하는 것, 우선적으로 사용할 것 등을 표시하도록 요청한다. 나는 이러한 질문서의 주된 목적을 깨닫고 그것이 갖는 한계를 아는 것이 중요하다고 생각한다.

질문서에 보통주에 대해 그들이 알고 있는 것, 선호하는 것 등을 표시한 고객이 반드시 그것의 활용과 관련해 정통한 결정을 내릴 만큼 충분히 이해하고 있는 것은 아니다. 기껏해야 그러한 질문서들은 고객을 의미 있게 끌어들이기 위한 교육과정의 출발점일 뿐이다. 그러한 질문에 대한 답변을 변동성 허용수준 추론이나 포트폴리오 구성부문 선택을 위한 기초로 사용하는 것은 상당히 위험하다. 채권에 투자한 적도 없고 그것을 활용하는 것도 좋아하지 않는다고 말한 고객은 단지 그것에 대해 모르고 있음을 표현한 것일 수도 있다. 그 대답에 기초해 채권을 제외시킨 포트폴리오를 개발함은 적절하지 못한 행동이다.

복통이나 여타 다른 통증으로 내과 의사에게 진찰을 받는 사람을 생각해보라. 내과 의사는 고객이 알고 있는 여러 가지 치료제에 따라 일련의 처치를 권하진 않을 것이다. 투자수단의 선호는 종종 불완전하거나 잘못된 정보에 기초하므로 포트폴리오 전략이나 변동성 허용수준 평가의 근거로 사용해서는 안 된다.

위험

투자관리에서 위험은 종종 기대수익률 주변의 실현 가능한 수익률을 의미하는 불확실성(변동성 또는 표준편차)과 동일시된다. 그러나 일반적으로 고객은 기대수익률과 표준편차의 관점에서 생각하지 않는다. 오히려 고객은 사전에 정의된 것 — 손실 가능성 — 과 같이 위험을 생각한다. 많은 투자상담사들은 고객이 전형적으로 '위험을 싫어한다'라기보다 '손실을 싫어한다'고 생각하는 것이 더 정확하다는 데 동의한다. 예를 들어 해가 바뀔 때 고객이 경험하는 수익률 변화가 음의 수익률만 아니라면 특별히 문제될 것이 없다. '손실을 싫어한다'라는 심리 뒤에는 음의 수익률이 자본손실을 나타낸다고 생각하는 몇몇 투자자의 믿음이 숨어 있다.

손실을 싫어하는 심리의 또 다른 문제는 고객들이 실질수익률보다 명목수익률의 관점에서 생각하는 경향이 있다는 점이다. 예를 들어 많은 투자자들은 12%의 인플레이션 환경에서 세후 5%를 얻는 것이 4%의 인플레이션 환경에서 세후 1%를 잃는 것보다 더 좋을 것이다. 이 예에서 5%라는 명목상 양인 수익률은 비록 12% 인플레이션으로 조정되지만 더 좋은 것이라는 착각을 불러일으킨다. 그러나 7%의 실질손실을 입은 것이다. 실제로 4%인 인플레이션 환경에서 1%를 잃는 것이 실제로 더 작은 5%의 손실을 보는 것이므로 더 나은 것이다.

많은 고객들이 주식투자를 꺼린다. 그들과 함께 일할 때, 우리의 과제는 그들을 '위험회피자'에서 '위험수용자'로 변화시키는 것이 아니다. 앞서 결론지었듯이 위험을 싫어하는 것은 매우 합리적이다. 오히려 우리의 과제는 고객이 직면하는 모든 위험에 스스로 민감하게 만드는 것이고 현재 상황에서 그 위험이 갖는 상대적인 곤경에 대해 우선순위를 매기는 것이다. 이것이 우리가 투자관리 과정에 투자기간이 미치는 영향을 자세하게 살펴본 이유이기도 하다.

변동성과 인플레이션 가운데 어느 것이 더 큰 위험인지 결정할 수 있는 것은 투자기간과 관련한 경우에 한한다. 장기 투자자들에게 주요 위험은 변동성이 아니며 인플레이션이다. 위험은 투자기간에 따라 다르기 때문에, 투자시장의 상승과 하락을 견딜 수 있는 투자자의 능력을 논할 때 나는 변동성 허용수준(volatility tolerance)이라는 표현을 사용한다. 이것이 애매한 표현인 듯이 보이겠지만 중요하다.

때때로 전통적인 투자 용어는 투자자를 혼란시킨다. 비록 사람들이 불확실성보다 안정성을 선호하고 '변동성을 싫어하지만', 변동성이 투자자가 직면하는 주요 위험이라는 것은 반드시 맞는 말은 아니다. 따라서 위험과 변동성이라는 단어를 상호 교환적으로 사용하는 것은 잘못이다. 이러한 구분은 주식 지향적인 장기 투자자들을 위험수용자로 분류하는 것을 방지한다! 내 판단으로는, 투자기간이 장기 주식 지향적인 투자자는 자신이 직면한 가장 큰 위험인 인플레이션을 방어해주는 포트폴리오를 유지함으로써 저위험전략(low-risk strategy)을 구사하는 것이다!

대부분의 고객은 옆에서 안내해주지 않으면, 그들이 직면하는 위험을 현실적으로 평가할 줄 모른다. 게으름 때문에 그들은 낯익고 편안한 길이 안전하고, 낯설고 불편한 길은 틀림없이 위험할 거라고 생각하는 경향이 있다. 나는 자신이 위험을 아주 싫어하므로 보통주 투자를 꺼린다고 생각하는 여러 명의 부동산

전문가들과 함께 일한 적이 있다. 그러나 그들은 높은 금융 레버리지를 이용해 부동산(또 다른 지분형 투자)에 과도하게 투자하고 있다. 그들에게 그렇게 높은 레버리지의 지분형 투자에 있는 위험을 지적하면 흔히들 다음과 같이 답한다. "거기엔 위험이라곤 없어요. 나는 부동산을 잘 알고 있고 그것에 관한 한 편안하답니다."

변동성 허용수준

투자상담사들은 변동성을 허용하는 고객의 수준을 평가하기 위해 여러 가지 방법을 사용한다. 위험과 변동성이라는 용어를 호환적으로 사용하는 것은, 고객들에게 단순히 그들이 위험회피자인지 위험수용자인지를 표현하도록 요구하는 것으로는 분명히 타당하지 못하다. 그러한 선택이 있을 때 합리적인 투자자라면 대개 위험회피자라고 대답할 것이다. 실질적인 문제는 고객이 허용할 수 있는 변동성의 크기다. 어떤 투자상담사는 고객의 직업과 개인적인 생활양식에 기초해 변동성 허용수준의 단서를 찾는다. 예를 들어 평생토록 한 직장에서 일하는 안정성을 좋아하고 레크리에이션으로 편자 던지기 놀이를 즐기는 사람은, 경력 향상을 위해 상대적으로 자주 직업을 바꾸고 주말에 고공낙하를 즐기는 사람보다 변동성을 더 싫어한다고 판단하는 것이다.

이러한 접근방법의 문제는 너무 주관적이어서 변동성 허용수준의 측정으로는 부적절하다. 고객의 현재 투자 포트폴리오에 대한 검토는 몇 가지 단서를 제공하기도 한다. 그러나 마찬가지로 이것이 변동성 허용수준의 기준이 된다기보다 다양한 투자에 대해 고객이 알고 있는 것과 편안해하는 것을 나타낸 것일 수도 있다.

변동성 허용수준을 평가하기 위해 사용한 접근방법이 무엇이든지 그것이 남은 평생을 푸른색으로 살아가야 하는 푸른 눈동자처럼 확정되고 세습된 특징은 아니라는 점을 명심하는 일이 중요하다. 따라서 그 해석이 얼마나 정확한지를 고려하지 않고, 변동성 허용수준에 대한 최초의 평가에 기초해 투자전략을 개발하는 것은 위험하다. 부적절하게 그렇게 하는 것은 고객이 자신에게 가장 이로운 것이 무엇인지 안다고 미리 가정하는 것과 같다. 만약 위험 인식이 부정확하다면 고객은 현명한 결정을 내릴 수 없다. 투자상담사의 임무는 고객이 자신의 상황 속에서 위험을 정확하게 인식하도록 준거 기준을 제시하는 것이다. 놀랍게도 고객의 변동성 허용수준은 투자관리 과정에 대한 이해가 증진됨에 따라 꽤 넓은 범위에서 변할 수 있다. 변동성 허용수준의 적절한 조절은 고객에 대한 투자상담사의 주요 책임 가운데 하나이자 자신의 가치를 높이는 커다란 기회이기도 하다. 변동성 허용수준의 조절은 종종 고객들이 긴 투자기간 주식투자에 더 편안해하도록 도와주는 형식을 취한다. 그러나 다른 경우 투자기간이 짧다면 고객은 보통주에서 기대되는 추가수익률이 수익률의 변동성을 보상하기에 충분치 않다고 인식하게 될 것이다. 이러한 고객의 경우 그들이 좀더 현실적으로 인식함으로써 이에 상응해 주식투자를 축소할 것이고, 결국 변동성 허용수준도 적절히 낮출 것이다.

그림 6-1은 재무성 단기채권 대 대형주의 수익률 / 변동성 특성을 시각적으로 비교한 것이다. 재무성 단기채권의 양인 연간 총

그림 6-1 재무성 단기채권 대 대형주(1926~1998)

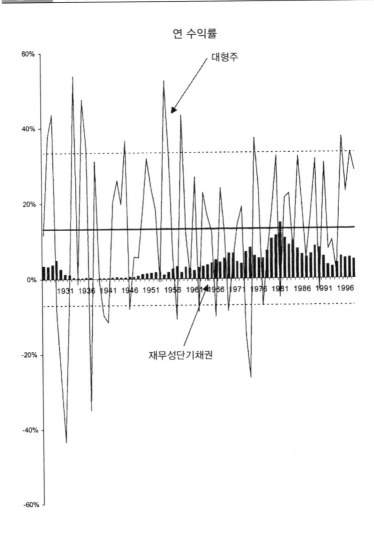

연 수익률

자료: Roger Gibson, *Asset Allocation and the Rewards of Multiple-Asset-Class Investing* (1998).

수익률의 안정된 유형은 대도시의 스카이라인처럼 보인다. 그 위에 있는 것이 급격히 변동하는 대형주 연간 총 수익률의 유형이다. 진한 수평선이 그래프를 가로질러 그려져 있는데, 이것은 13.2%인 산술평균을 나타낸 것이다. 73년 동안 유일하게 1981년만 재무성 단기채권의 수익률이 대형주의 산술평균 수익률 13.2%를 초과한 해라는 사실은 흥미롭다. 그러나 그것이 짧은 투자기간의 보통주 투자를 정당화하지는 않는다. 3분의 1이 넘는 시간에 걸쳐서 대형주의 수익률이 재무성 단기채권의 수익률에 미치지 못했으며, 종종 그 정도가 아주 심했다.

그림 6-1에서 대형주가 특히 저조했던 해를 찾는 건 쉽다. 그리고 2년 또는 3년 동안 저조했던 시기를 찾는 것도 꽤 쉽다. 그러나 실적이 좋았던 해들이 늘 저조했던 해들과 함께 평균을 구성하므로, 5년 또는 10년 동안 저조했던 시기를 찾기는 꽤 어렵다. 따라서 시간의 경과는 주식 위험 프리미엄이 수익을 증대시키는 기회를 제공한 반면 변동성에 따른 위험은 완화시켰다.

대형주의 높은 변동성은 표 3-1에서 20.3%라는 표준편차에 의해 양적으로 나타나 있다. 대형주 수익률이 정규분포를 이룬다고 단순하게 가정한다면 대충 연 수익률 관측치의 3분의 2는 13.2%라는 산술평균에서 ±20.3% 범위 내에 있어야 한다. 그림 6-1에서 점으로 그려진 수평선이 대형주의 산술평균인 13.2%의 위와 아래에 1의 표준편차인 각각 33.5%와 −7.1%를 나타낸다. 위와 아래에 있는 이 점선들은 연 수익률 관측치의 대략 3분의 2를 포함한 범위를 나타낸다. 전체 수익률 관측치의 나머지 다른 3분의 1은 그 범위 밖에 있다.[1] 1의 표준편차가 정의한 상대적인 범위는 40.6%포인트로 넓다. 역사적으로 이러한 변동성을 보유하는

데 대한 보상은 재무성 단기채권의 안정된 원금가치에서 얻을 수 있는 것보다 7.4% 높은 복리 수익률이었다. 자, 어떤 숫자가 더 큰가? 40.6%포인트의 상대적 변동성인가 아니면 7.4%포인트의 보상인가?

이 두 숫자 사이의 관계는 고객의 기대를 적절히 관리하는 데 큰 의미가 있다. 변동성 위험을 보유한 데 대한 보상은 변동성의 수준에 비해 작다. 따라서 주식투자로 얻으려는 더 높은 평균 수익률을 고객이 단기간에 인식한다는 것은 언제나 불가능할 것이다. 보통주 수익률의 높은 변동성은 단기적인 기대보상을 손쉽게 제거할 것이다. 이같은 관측의 결론은 진정한 장기투자자들에겐 단기적인 보통주 실적이 큰 의미가 없다는 것이다. 분기별 또는 연도별 '실적 보고서'는 변동성으로 가려져, 장기 성장경로에 따른 변동성을 측정하지 않는 것처럼 수익률도 측정하지 않는다. 이러한 성장경로는 오직 투자기간이 종료되고 나서 고객이 회고할 때만 분명해질 것이다.

포트폴리오 균형 모델

'기대수익률과 표준편차'라는 투자관리인의 세계와 '위험 없이 많은 돈을 벌고 싶은' 고객의 세계 사이에는 확실한 차이가 있다. 이 책의 앞부분에서 다양한 투자수단들의 장기적이고 역사적 실

---

1 정규분포에서 관측치의 약 3분의 2는 산술평균의 1 표준편차 범위 안에 있고 관측치의 약 95%는 산술평균의 2 표준편차 범위 안에 있다.

적을 논의했다. 이 정보에 기초해 우리는 이러한 투자수단들과 관련한 장기 연복리 수익률과 위험을 평가하는 간단한 모델들을 개발했다. 이처럼 자본시장을 개관하며 고객을 안내할 때 그들의 인식과 기대는 좀더 현실적으로 되고 투자결정 능력도 발달한다. 이러한 과정 없이 스스로 올바른 결정을 내릴 준비가 된 고객은 거의 없을 것이다.

고객이 내려야 할 가장 중요한 결정은 이자발생형 투자와 지분형 투자 사이에 포트폴리오 자산을 배분하는 것이다. 이러한 결정은 포트폴리오의 기본적인 변동성 / 수익률 특성을 파악하고 재무목표를 실현할 수 있는 실적 범위를 정량화한다. 이때 고객이 변동성과 수익률 사이의 교환관계를 현실성 있게 다루도록 하는 방법이 필요하다. 우리가 개발할 모델은 단순한 가정을 사용한다. 비록 이러한 단순함 때문에 어떤 정밀한 것을 놓칠지라도, 궁극적으로 고객이 변동성 / 수익률의 교환관계를 효과적으로 이해할 수 있도록 돕는가 그렇지 못한가에 따라 모델의 효용을 판단해야 한다. 만약 고객이 더 나은 의사결정을 내리고 좀더 큰 확신으로 적절한 장기 전략을 고수한다면, 그 모델은 목적을 달성한 것이다.

우리는 5장에서 투자의 세계를 두 가지 범주 — 이자발생형 투자와 지분형 투자 — 로 나눴고, 각 범주에 근본적인 장단점이 있다고 결론지었다. 이자발생형 투자는 이자와 원금의 지급을 보장하지만 인플레이션의 결과 구매력이 감소되기 쉽다. 이와 대조적으로 지분형 투자는 역사적으로 자본의 성장과 함께 구매력을 유지할 수 있지만 높은 변동성을 갖는 단점이 있다.

이러한 차이를 강조하기 위해 일반적으로 이자발생형 투자를 대표하는 것으로 재무성 단기채권을, 지분형 투자를 대표하는 것으로 대형주를 선택했다. 우리는 기본적으로 투자기간이 재무성 단기채권 대 대형주의 적정 비율을 결정한다고 결론 내렸다. 장기인 경우에는 인플레이션이 주식시장의 변동성보다 더 큰 위험을 부과하며, 따라서 포트폴리오는 보통주나 여타 다른 형태의 지분형 투자에 더 많이 할당되어야 한다. 단기인 경우에는 주식시장의 변동성이 인플레이션보다 더 위험하므로 포트폴리오에는 예상 가능한 수익률을 가진 재무성 단기채권이나 여타 다른 형태의 이자발생형 투자가 더 많아야 한다.

재무성 단기채권 수익률에 7.4%라는 역사적 주식 위험 프리미엄을 더함으로써 우리는 대형주의 연복리 수익률에 대한 미래 추정치를 이끌어냈다. 보통주가 갖는 높은 변동성을 가정할 때, 우리는 실제로 나타나는 주식 위험 프리미엄 또한 폭넓게 변할 것임을 알고 있다(그림 3-1을 참조하라. 5년 단위로 주식위험 프리미엄의 역사적 변동성을 보여준다). 유감스럽게도 실제 주식 위험 프리미엄은 직접 측정하기 쉽지 않다.

어떤 예측가는 주식 위험 프리미엄을 더 정확하게 예측하기 위해 거시경제 모델을 사용한다. 물론 그는 거시경제 자료를 조심스럽게 분석하고 조작하는 것이 전체 자본시장 참가자들이 놓쳤던 특별한 통찰력을 제공한다고 가정한다. 아주 효율적인 시장에서 이것을 달성하기란 정말 어려운 것이다. 다른 예측가는 현재의 경제 환경을 평가하고 자본시장이 어떤 기능을 할 것인지 제대로 예측하기 위해 또 다른 역사적 시점에서 유사한 상황을 찾으려고 한다. 인플레이션이 가속화될 것이라고 전망하려 한다면 인플레이션 가속화를 경험했던 역사상 다른 시점의 역사적

수익률을 검토하는 것이다. 이와 같이 역사를 선택적으로 사용하는 것은 무엇이 시장을 과거와 같이 움직이도록 하는지 과거를 회고해봄으로써 파악할 수 있으며, 현재의 시장 움직임을 똑같은 인과관계가 결정할 수 있다고 가정했기 때문이다. 하지만 이것이 성공하기란 쉽지 않다.

쉬운 해결책이 최선의 해결책일 수도 있다. 이것은 그냥 단순히 7.4%라는 역사적인 주식 위험 프리미엄이 주식 위험 프리미엄에 대한 정당한 추정치라고 가정하는 것이다. 이것은 전쟁과 평화의 시기, 경제적 확장과 수축의 시기, 높은 인플레이션과 낮은 인플레이션의 시기, 공화당 정권과 민주당 정권의 시기 등을 포함한 긴 투자기간에 주식 위험을 보유한 데 대해 부여된 역사적인 보상이었다. 거기에는 항상 평범하지 않은 사건들이 있었을 것이고, 따라서 장기적인 경험에 기초해 추정하는 것이 가장 안전한 접근일 것이다. 이와 같이 주식 위험 프리미엄에 대한 추정의 정확도는 두 가지 이유로 그다지 중요하지 않다. 첫째, 단기에는 보통주 수익률의 높은 표준편차가 항상 주식 위험 프리미엄에 대한 인식을 저해할 것이다. 따라서 실제 주식 위험 프리미엄이 7%인가 8%인가는 큰 차이가 없다. 둘째, 방법론상의 목적은 미래수익률에 대한 정확한 추정치를 끌어내는 것이 아니라 변동성/수익률의 교환관계를 인식하는 광범위 포트폴리오 균형 결정을 위한 체계적인 방법을 개발하는 것이다.

이같이 포트폴리오 성과에 영향을 미치는 가장 중요한 투자정책을 결정할 때 고객을 안내하기 위한 우리의 방법론에 포함될 각 단계들을 논의해보자.

표 6-1 재무성 단기채권과 대형주의 변동성 / 수익률 특성

모델 수익률	변동성*	특기사항
재무성 단기채권 5%	±0%	5%의 모델 수익률은 《월스트리트》지에 나온 1년짜리 채권 이자율이다. 변동성은 수익률이 불확실성 없이 고정되어 있기 때문에 ±0%로 나타난다.
대형주 12%	±20%	12%의 모델 수익률은 현재의 재무성 단기채권의 수익률 5%에다 7%의 역사적 주식 위험 프리미엄을 합쳐서 산출하였다. ±20%의 변동성은 1926년부터 1998년까지 대형주 수익률의 역사적 표준편차다.

* 실제 수익률이 모델 수익률에 변동성을 가감한 범위 내에 있을 확률은 3분의 2다.

1단계: 고객이 재무성 단기채권과 대형주의 변동성 / 수익률 특성을 충분히 이해하고 있는지 확인하라(그림 6-1과 표 6-1을 참조).

2단계: 위험과 이자발생형 투자 대 지분형 투자의 적정성을 평가할 때 고객과 함께 투자기간의 중요성을 살펴보라.

3단계: 고객의 전체 투자 포트폴리오에서 현재가치를 결정하라. 여기에는 다음 사항이 포함된다.

A: 모든 유동성투자와 비유동성투자(부동산투자). 비록 후자를 쉽게 현금으로 전환할 수 없다 할지라도 포함한다.

B: 고용주가 지원하는 은퇴 플랜의 가치. 비록 고객은 펀드 투자에 대한 재량권이 없다고 할지라도 포함한다.

C: 연금 수입의 현재가치. 비록 이것이 정상적인 투자자산으로 여겨지지도 않고 대차대조표에 좀처럼 반영되지도 않지만 포트폴리오를 구성하는 데 고려되어야 할 중요한

경제적 자산이다.

세 번째 단계는 고객이 가장 광범위한 관점에서 자신의 포트폴리오를 생각하도록 돕고 고객의 관심을 '큰 그림'에 집중시킨다.

4단계: 고객이 투자 포트폴리오 전부를 현금으로 전환했다고 가정하라. 이러한 가정은 고객에게 과거의 투자결정으로 생긴 망령을 제거하고 타성을 극복할 수 있도록 한다.

5단계: 오직 두 가지 투자수단 — 재무성 단기채권과 대형주 — 만 있는 투자세계를 가정해 표현하라. 이 두 가지 투자수단 사이에 투자 포트폴리오를 정리해 확보한 현금을 배분하도록 고객에게 요구하라. 이렇게 하는 과정에서 고객은 마음속으로 각 투자수단이 갖는 변동성 / 수익률 특성과 이와 관련한 투자기간을 염두에 둬야 한다.

고객이 사용할 수 있는 선택 범위를 검토할 때 완전히 재무성 단기채권으로만 구성된 포트폴리오를 먼저 고려하라. 모든 가능한 대안들 가운데 이 포트폴리오가 가장 낮은 모델 수익률을 나타낸다. 이것은 단기 변동성을 제거하기 위해 지급된 대가다. 우리가 대형주에 돈을 배분하기 시작할 때, 결과적으로 나타나는 포트폴리오의 변동성은 주식에 투자된 비율에 직접 비례해 증가한다. 표 6-2는 100%의 재무성 단기채권에서부터 50%의 재무성 단기채권과 50%의 대형주를 거쳐서 100%를 대형주에 투자한 것에 이르는 다섯 가지 포트폴리오의 변동성 / 수익률 특성을 보여준다.

투자의사는 불확실성의 관점에서 결정된다. 이런 이유로, 모델 수익률을 중심으로 한 전형적인 범위라는 점에서 포트폴리오의

표 6-2 포트폴리오 선택 예시

	포트폴리오 균형		포트폴리오 성과 모델		
	재무성 단기채권	대형주	모델 수익률*	변동성*	전형적인 결과의 범위**
1	100(%)	0(%)	5.0%	±0.0%	5.0%
2	70	30	7.1	±6.0%	1.1% ~ 13.1%
3	50	50	8.5	±10.0%	-1.5% ~ 18.5%
4	30	70	9.9	±14.0%	-4.1% ~ 23.9%
5	0	100	12.0	±20.0%	-8.0% ~ 32.0%

* 재무성 단기채권과 대형주의 모델 수익률과 변동성은 가중평균치로 계산되었다. 예를 들어 위의 재무성 단기채권 70%, 대형주 30%로 구성된 포트폴리오 2의 경우, 포트폴리오 모델 수익률=0.70(5%)+0.30(12%)=7.1%이고, 포트폴리오 변동성=0.70(0%)+0.30(20%)=6.0%다.

** 실제 수익률이 모델 수익률에 변동성을 가감한 범위 내에 있을 확률은 3분의 2다.

주의: 대형주의 비중이 증가함에 따라 포트폴리오 변동성은 모델 수익률보다 훨씬 빠르게 증가한다. 투자기간이 길수록 높은 수준의 단기변동성을 허용하는 것에 더 많은 의미가 있다. 투자 펀드를 어떻게 재무성 단기채권과 대형주로 나눌지 결정할 때, 고객은 변동성 / 수익률의 교환관계를 인식하고 다뤄야만 한다.

결과를 예측하는 것이 더 낫다. 예를 들어 포트폴리오 2가 7.1%의 모델 수익률을 나타낸다고 단순하게 얘기하기보다는 실제 수익률이 모델 수익률인 7.1%의 ±6% 내에 있을 확률이 대략 3분의 2라고 말하는 것에 훨씬 더 큰 의미가 있다. 이것은 전형적인 결과의 범위가 1.1%에서 13.1%까지임을 의미한다.

고객 / 상담사 관계 속에서 고객은 다양한 투자수단들의 수익률과 변동성 수준에 관한 자신의 기대를 나타낸다. 종종 고객은 여기에서 제시하는 것보다 더 낮은 변동성에서도 목표수익률을 쉽게 달성할 수 있다고 믿는다. 그런 고객은 표 6-2에 제시된 포트폴리오 가운데 선택할 때 힘들어한다. 만약 그렇다면 잘된 일이다. 만약 변동성/수익률의 교환관계의 본질에 대해 씨름해야 한다면, 투자결정 과정상 이 시점에서 이것을 다루는 게 가장 좋다. 다른 대안들은 또 다른 투자관에 따라 70년 이상 된 역사적 관계를 거부하는 것이므로 고객들은 일반적으로 이러한 구조를 수용할 것이다.[2]

대형주의 표준편차 20%를 주식 위험 프리미엄으로 가정한 7%로 나누어봄으로써 포트폴리오의 모델 수익률이 1% 증가할 때마다 포트폴리오 변동성이 대략 ±2.9% 증가함을 알 수 있다. 예를 들어 포트폴리오 1은 재무성 단기채권에 자산의 100%를 투자하며, 5%의 모델 수익률을 나타낸다. 모델 수익률을 단 2.1% 더 올리기 위해 포트폴리오의 30%를 재무성 단기채권에서 대형주로 옮겨야 한다. 그러나 그렇게 하는 것은 포트폴리오 변동성을 ±6%로 증가시키는 것이 된다!

이러한 교환관계에 대해 알게 됨으로써 고객은 단기 포트폴리오 변동성을 허용할 수 있는 수준에 더 많은 관심을 두게 된다. 전체적인 포트폴리오 균형을 결정할 때 요구수익률보다는 변동성 허용수준에 집중하는 것이 더 중요하기 때문에 이 과정은 건전하다 하겠다. 대부분의 고객은 모든 목표를 이루기 위해 아주 높은 수익률을 요구한다. 자본시장하에서는 그렇게 높은 수익률이 현실적으로 불가능하다. 비록 가능하다고 해도 고객이 관련된

---

2 다양한 범주의 자산을 활용하는 포트폴리오에서는, 이렇게 단순한 '두 가지 투자수단의 세계'가 실현하는 것보다 더 낮은 변동성으로 추가수익률을 획득할 수 있다는 점을 나중에 살펴볼 것이다. 하지만 고객과 함께 일할 때 의사결정 과정상 이 지점에서는 그러한 희망을 갖지 않도록 하는 것이 좋다.

변동성을 허용할 객관적·주관적 능력을 갖추지 않고 있다면 이를 추구해선 안 된다.

자본시장의 역사적인 실적을 개관했기에, 고객은 주식투자로부터 얻는 더 높은 수익률이 예상되는 변동성과 서로 교환되어 얻는 보상이라는 것을 알게 되었을 것이다. 이런 구조에서 고객의 변동성 허용수준이란 단순히 모델 수익률 추가 1단위에 대한 대가로 고객이 얻으려는 변동성 증분이다. 만약 고객의 변동성 허용수준에 따른 최대수익률이 고객의 목표를 실현시키는 데 불충분하다면, 고객의 목표를 수정하거나 그렇지 않으면 거의 실현 불가능한 것임을 인정해야만 할 것이다. 고객의 변동성 허용수준 상한선의 수익률이 목표들을 달성하는 데 필요한 수익률 이상이라면, 고객이 원하는 한 더 안정적인 포트폴리오로 끌어내리는 것은 쉬운 일이다.

만약 최종 실적이 먼 미래에 발생하는 것이라면 심리적으로 변동성을 허용하기가 쉽다. 그러므로 투자기간에 대한 적절한 이해는 장기 투자자의 변동성 허용수준을 증가시킨다. 그러나 유감스럽게도 자본시장의 변화는 증권가격을 지속적으로 수정하며 단기 실적에 대한 인식을 강화시킨다. 만약 실적이 진정으로 장기적인 투자기간과 관련한 것이라면, 단기 실적치에 너무 많은 의미를 부여하지 않는 것이 한 가지 요령이다.

표 6-2는 그것만으로도 시간의 경과가 포트폴리오 복리 수익률의 범위를 좁히는 데 미치는 영향을 고객에게 직관적으로 올바로 이해시킬 때 활용할 수 있다. 다른 고객들에게는 시간 경과에 따라 각 포트폴리오의 수익률 범위를 좀더 자세하게 표시된 것이 필요할 것이다. 그들에게는 시간이 포트폴리오 균형 선택에

그림 6-2 포트폴리오 1

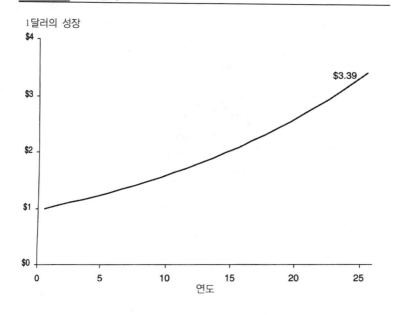

1달러의 성장

미치는 영향을 알려주기 위해서 그림 6-2 내지 그림 6-6을 표 6-2와 함께 사용할 수 있다. 그래프를 좋아하는 사람을 위해 포트폴리오 2에서 포트폴리오 5까지 1년의 투자기간에 대한 수익률 분포를 그림 6-3A 내지 그림 6-6A로 나타냈다. 이러한 분포는 포트폴리오 1에 대해서는 나타내지 않았는데, 그것은 5%로 고정된 연 수익률을 나타내기 때문이다. 그림 6-3B 내지 그림 6-6B는 1년, 3년, 5년, 10년, 15년, 25년의 투자기간에 따라 다양한 수익률을 실현할 가능성을 표현한 '포트폴리오 연 수익률 분포'를 표로 나타냈다. 마지막으로 그림 6-2와 그림 6-3C 내지 그림 6-6C는 다섯 가지의 포트폴리오 각각에 대해 시간 경과에

그림 6-3 포트폴리오 2

A. 수익률 분포: 투자기간 1년

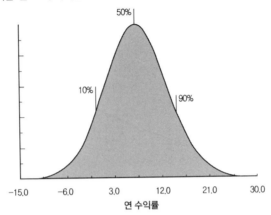

B. 포트폴리오 연 수익률 분포

기간	1번째(%)	10번째(%)	25번째(%)	50번째(%)	75번째(%)	90번째(%)	99번째(%)
1	-6.12	-0.47	2.97	6.93	11.04	14.89	21.80
3	-0.81	2.59	4.63	6.93	9.29	11.46	15.28
5	0.88	3.55	5.14	6.93	8.75	10.42	13.34
10	2.62	4.53	5.66	6.93	8.22	9.39	11.43
15	3.40	4.97	5.90	6.93	7.98	8.93	10.59
25	4.18	5.41	6.13	6.93	7.74	8.48	9.75

C. 1달러의 성장

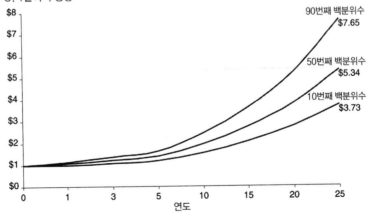

그림 6-4 포트폴리오 3

A. 수익률 분포: 투자기간 1년

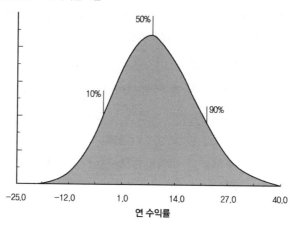

연 수익률

B. 포트폴리오 연 수익률 분포

기간	1번째(%)	10번째(%)	25번째(%)	50번째(%)	75번째(%)	90번째(%)	99번째(%)
1	-12.77	-3.97	1.55	8.04	14.95	21.56	33.81
3	-4.51	0.93	4.24	8.04	11.98	15.65	22.25
5	-1.82	2.49	5.09	8.04	11.08	13.89	18.89
10	0.97	4.09	5.94	8.04	10.18	12.15	15.60
15	2.24	4.80	6.33	8.04	9.79	11.38	14.18
25	3.52	5.52	6.71	8.04	9.39	10.62	12.76

C. 1달러의 성장

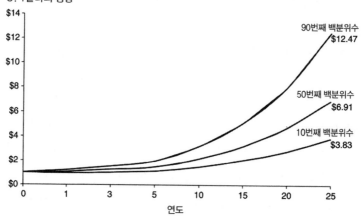

연도

따른 부의 축적 경로를 복리 수익률의 10번째, 50번째, 90번째 백분위수로 표시한 것이다.

그림 6-4B에서 포트폴리오 3에 대한 포트폴리오 연 수익률의 분포를 살펴보면, 1년의 투자기간에 대한 10번째 백분위수가 -3.97%로 나타났음을 알 수 있다. 이것은 실제수익률이 -3.97%보다 높을 가능성이 90%이고 낮을 가능성이 10%임을 의미한다. 그러나 5년의 투자기간에 있어서는 10번째 백분위수 열 아래 2.49%라는 값을 볼 수 있다. 즉 5년의 보유기간에 이 포트폴리오가 2.49%를 초과한 연복리 수익률을 실현할 가능성이 90%인 것이다. 25년의 투자기간에는 연복리 수익률이 5.52%보다 높을 가능성이 90%다. 이것은 재무성 단기채권에서 얻는 수익률이 5%라는 것을 고려할 때 흥미로운 결과다. 다시 말해, 25년의 투자기간에 재무성 단기채권과 대형주를 50 : 50으로 섞은 경우 재무성 단기채권으로만 구성된 포트폴리오의 실적을 능가할 가능성이 10 가운데 9라는 것이다. 예상한 것처럼 더 장기적인 투자기간에서 좋은 해와 나쁜 해는 서로를 상쇄시킬 수 있는 기회가 더 많다. 그로 인해서 결과 범위가 더 좁아지고 변동성이 부여하는 하락 위험은 더 완화된다.

25번째의 백분위수 열은 덜 엄밀하지만 포트폴리오의 하락 위험에 대해 좀더 그럴 듯한 그림을 보여준다. 예를 들어 25번째 백분위수 열 아래에서 우리는 1년의 투자기간에 대해 1.55%라는 값을 보게 된다. 그것은 포트폴리오 수익률이 1년의 투자기간에 있어 1.55%를 초과할 가능성이 4분의 3임을 나타낸다.

만약 우리가 포트폴리오 2와 포트폴리오 3을 비교한다면, 포트폴리오 2가 수익률의 중앙값(50번째 백분위수)이 더 낮으며, 그에 상응해 어떤 투자기간을 비교하더라도 가능한 결과 범위에 있어 포트폴리오 2가 더 작음을 알 수 있을 것이다. 대조적으로 포트폴리오 4는 더 넓은 결과범위를 보이는데 이에 상응해 수익률의 중앙값(50번째 백분위수)이 더 높을 것이다.[3]

이러한 비교는 대형주에 배분된 포트폴리오의 비율에 따라 단기 변동성이 변한다는 걸 보여준다. 또한 그것은 시간의 경과가 각 포트폴리오 복리 수익률의 범위를 급격하게 좁힌다는 것을 분명하게 보여준다. 이것은 투자기간의 중요성을 다룬 5장에서의 결론과도 일치한다.

투자목표는 일반적으로 최초의 정보수집 기간에 고객으로부터 수집된다. 때때로 고객이 '위험이 거의 없거나 아예 없는 12% 복리 수익률'이라는 목표를 제시하는데, 이것은 질적으로 '안정된 원금가치를 유지하는 매우 높은 수익률'로 표현할 수 있다. 이것은 하나의 투자목표가 아니다. 이것은 두 가지 상반된 목표이며, 하나의 목표를 추구하는 한 다른 한 가지는 희생되어야만 한다. 이 말은 단순히 표 6-2의 선택들 사이에 함축된 변동성 / 수익률의 교환관계를 의미한다.

이제 우리는 고객들을 교육시키고 그들이 훌륭한 결정을 하도록 의사결정의 배경을 제공하는 것이 필요하다고 인식하게 되었다. 찰스 엘리스에 따르면, 포트폴리오 균형의 결정은 타인

---

3 정규분포에서 수익률의 범위는 기대수익률 중심으로 대칭적으로 분포한다. 실제로 증권수익률은 오른쪽이 더 긴 로그정규분포에 의해 더 잘 표현된다. 이것은 돈을 버는 것은 무한하지만 100% 이상 잃는 것은 불가능하기 때문이다. '오른쪽이 긴' 로그정규분포에서 범위는 기대수익률을 중심으로 대칭적으로 분포되지는 않는다. **그림 6-3** 내지 **그림 6-6**의 그래프와 표는 좀더 현실적인 로그정규분포를 가정한 것이다.

그림 6-5 포트폴리오 4

A. 수익률 분포: 투자기간 1년

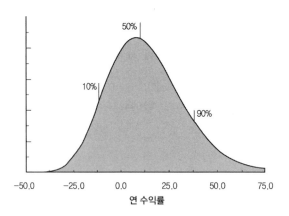

B. 포트폴리오 연 수익률 분포

기간	1번째(%)	10번째(%)	25번째(%)	50번째(%)	75번째(%)	90번째(%)	99번째(%)
1	-26.98	-12.15	-2.15	10.26	24.24	38.37	66.49
3	-13.09	-3.29	2.91	10.26	18.13	25.71	39.87
5	-8.30	-0.39	4.52	10.26	16.30	22.04	32.57
10	-3.22	2.61	6.17	10.26	14.50	18.47	25.60
15	-0.87	3.98	6.91	10.26	13.71	16.92	22.63
25	1.53	5.36	7.65	10.26	12.92	15.38	19.73

C. 1달러의 성장

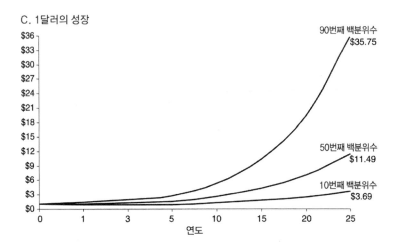

그림 6-6 포트폴리오 5

A. 수익률 분포: 투자기간 1년

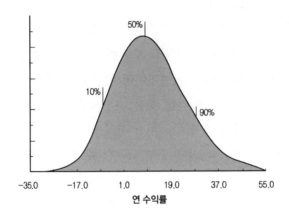

B. 포트폴리오 연 수익률 분포

기간	1번째(%)	10번째(%)	25번째(%)	50번째(%)	75번째(%)	90번째(%)	99번째(%)
1	-18.84	-7.35	0.08	9.02	18.75	28.28	46.44
3	-8.06	-0.75	3.77	9.02	14.54	19.75	29.27
5	-4.46	1.37	4.93	9.02	13.27	17.24	24.40
10	-0.69	3.55	6.11	9.02	12.01	14.77	19.68
15	1.02	4.54	6.64	9.02	11.45	13.70	17.65
25	2.77	5.53	7.17	9.02	10.90	12.62	15.65

C. 1달러의 성장

에게 위임할 수 없는 고객 책임의 투자정책 결정이다. 개발된 틀 내에서 표 6-2의 포트폴리오에 대한 고객의 선택이 변동성 허용 수준에 대한 간접적 척도다.

이 모델에도 결점이 있다. 표준편차 개념은 대부분의 고객이 잘 이해하지 못한다. 이런 이유로 모델은 가능한 단순하고 간결하게 설계해야 한다. 너무 가설적이어서 고객이 현실성이 없는 선택을 할 위험도 있다. 이러한 것은 자본시장의 역사적인 경험, 예를 들어 보통주의 주가가 40% 이상 하락했던 1973~1974년의 약세장에 대한 구체적인 논의를 통해 극복할 수 있다. 그러한 시장 하락은 과거에도 일어났고 분명 미래에도 또다시 발생할 것이다. 고객이 이것을 예상할 수 있도록 교육해야 한다.[4]

광범위 포트폴리오 균형 결정을 위한 이러한 실행은 고객과 함께 정기적으로 진행되어야 한다. 시간이 지남에 따라 그들의 투자경험은 변할 것이고, 그들의 반응은 처음에 기대했던 것과 달라질 것이다. 예를 들어 보통주 변동성에 대해 완전히 이해하고 그것을 견딜 수 있다고 생각하는 몇몇 고객은 1987년 10월의 주

---

4 이 모델의 또 다른 딜레마는 표준편차를 기술적으로 복리 수익률보다는 산술평균 수익률을 기준으로 산출해야 한다는 점이다. 하지만 모델에서 산술평균 수익률을 사용하는 것은 고객으로 하여금 자기 돈이 그 비율에 따라 복리로 증가할 것이라고 오해하게 만들 수도 있다(3장 부록에서 논의했던 것처럼 산술평균 수익률은 그에 상응한 수익률 변화 유형에 따른 복리 수익률보다 항상 더 높다). 복리 수익률을 사용하는 경우 이러한 문제를 피할 수 있다. 내 생각에는 기술적으로 부정확하다 할지라도 고객의 개념적 이해를 더욱 중시해야 한다고 여겨진다. 투자기간이란 맥락에서 고객들은 자연스레 복리 수익률을 생각하겠지만, 그들이 변동성을 경험할 때까지는 오랜 시간이 걸리지 않는다. 이 문제에 대한 좀더 충분한 논의는 9장 포트폴리오 최적화에서 언급한다.

식시장 붕괴에 대한 자신의 의견을 조정할 것이다. 변동성 허용 수준을 변화시키는 삶의 다양한 사건들이 일어날 수도 있다. 가족 구성의 변화, 일 또는 직업의 변화, 건강 문제 등이 그 예다.

이러한 변화 속에서도 이 의사결정모델은 포트폴리오의 모델 수익률을 증대시키기 위해 기꺼이 변동성의 증가를 받아들여야만 한다는 사실을 계속해 강조할 것이다. 고객이 해야 할 가장 중요한 투자결정은 재무성 단기채권으로 대표되는 이자발생형 투자와 대형주로 대표되는 지분형 투자 사이에 균형을 선택하는 것이다. 동시에 그것은 포트폴리오의 일반적인 변동성 수준과 수익률 특성을 모두 결정한다. 이러한 광범위 포트폴리오 균형 결정에 따라서 상담사는 여러 가지 자산군들을 활용해 더 분산된 포트폴리오를 설계해나갈 수 있다.

7장 분산투자: 삼차원

가끔 받는 지폐보다 꾸준히 받는 동전이 낫다.

— 무명씨

단순한 의미의 분산투자는 모든 계란을 한 바구니에 담지 말라는 것이다. 분명히 수없이 많고 다양한 투자자산의 위험을 평균화하는 것도 가치 있는 일이지만, 분산투자는 이것보다 더 효과적이고 교묘하다. 이 장에서는 분산투자의 개념을 알아보고, 변동성과 수익률[1] 관점에서 투자를 설명했던 이전의 이차원적 세계가 부적절한 것임을 알려줄 것이다. 우리는 앞으로 분산효과 (diversification effect)라고 부르게 될 삼차원에 따라 투자를 설명해야 한다.

---

1 이 장에서 수익률이라는 용어는 한 기간의 기대수익률 또는 다년간의 단순평균 수익률을 말한다.

그림 7-1

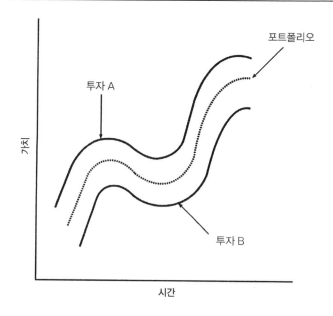

그림 7-1은 각각 유사한 변동성 / 수익률 특성을 띤 A와 B의 두 가지 투자를 보여준다. 그것들은 정해진 방식으로 함께 움직인다. 투자 A가 상승하면 투자 B도 상승하고, 투자 A가 하락하면 투자 B도 하락한다. 통계학자는 이러한 관계를 '완전한 양의 교차상관 (cross correlation)'의 하나로 표현한다. 만약 우리가 돈의 절반을 투자 A에, 나머지 절반을 투자 B에 배분한다면 그림 7-1의 점선으로 표시된 포트폴리오 결과를 얻을 것이다. 이 포트폴리오 수익률은 간단히 포트폴리오를 구성하는 두 가지 투자의 수익률 가중평균이 될 것이다. 마찬가지로 포트폴리오의 변동성도 그들이 정한 방식으로 함께 움직이기 때문에 두 가지 투자의 변동성 가중평균이 될 것이다. 이 예에서 우리는 오로지 변동성 평균을 취하게 된

그림 7-2

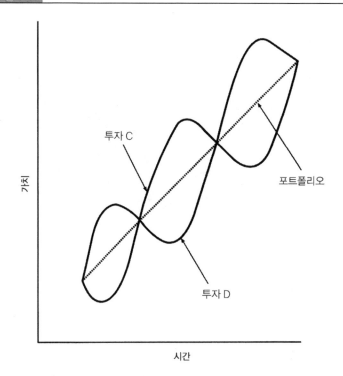

다. 계란을 한 바구니가 아니라 두 개의 바구니에 담은 것이다.
나중에 용어에 대한 정의를 내리겠지만, 포트폴리오 구성을 위해
결합된 이 자산에는 분산효과가 없다.

그림 7-2에서 우리는 또다시 두 가지 투자 C와 투자 D를 제시
했다. 그림 7-1과 마찬가지로 이들은 수익률 특성이 동일하다.
또한 표준편차로 측정한 변동성도 동일하다. 그러나 **그림 7-1**의
상황과는 달리 투자 C와 투자 D는 상반된 주기로 움직인다. 투
자 C가 이득을 얻을 때 투자 D는 손실을 입는다. 그 반대도 마찬

그림 7-3

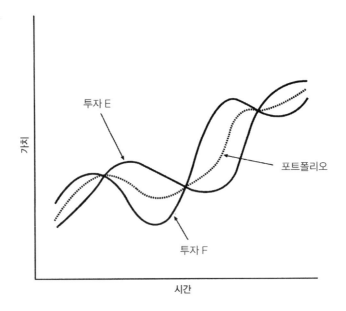

가지다. 이것은 '완전한 음(-)의 교차상관'이다. 돈의 절반을 투자 C에, 나머지 절반을 투자 D에 배분한다면 이 상반된 주기로 생긴 수익률 형태는 그림 7-2의 점선으로 나타난 것과 같이 놀라운 포트폴리오 결과를 얻게 된다.

  포트폴리오 수익률은 포트폴리오를 구성하는 두 가지 투자 수익률의 단순한 가중평균이지만, 변동성은 그림 7-1에서 본 것처럼 단순히 평균한 것이 아니라 그림 7-2에서 보듯이 포트폴리오 변동성을 완전히 제거했다. 이러한 자산들이 포트폴리오 구성을 위해 결합될 때 분산효과는 극대화된다. 일반적으로 완전히 음의 상관관계에 있는 투자들은 실제 세계에서 존재하지 않는다. 만약 그것들이 존재한다면, 두 가지 변동성 있는 자산을 사서 이러한 방법으로 결합시켜 안정적인 8% 수익률을 올릴 수 있음에도 5% 수익률에 불과한 변동성 없는 재무성 단기채권을 살 사람은 아무도 없을 것이다.

그림 7-3에서는 유사한 변동성 / 수익률 특성을 지닌 두 가지 투자 E와 F를 제시했다. 이 두 가지 투자는 완전히 양의 상관관계도, 완전히 음의 상관관계도 아닌 중간의 상관관계를 나타낸다. 투자들이 함께 움직이는 경향을 보이는 때 분산효과가 적으며, 또 다른 시기에는 이 투자들이 다른 방향으로 움직이는 경향을 보이는 때 포트폴리오상 분산효과가 더 크다는 점을 알 수 있다. 이것이 현실적인 투자 상황을 더 잘 나타낸다. 앞의 두 가지 예에서와 같이, 포트폴리오 수익률은 포트폴리오를 구성하는 투자의 수익률 가중평균이다. 그러나 유사하지 않은 수익률 형태에 따른 분산효과는 포트폴리오 변동성 수준을 투자 E와 투자 F의 변동성 가중평균보다 낮게 만들었다. 외관상 이러한 분산효과는 포트폴리오에 대해 조금 평평하고 넓은 수익률 형태를 만들어 낼 것이다.

통계학자들은 하나의 수익률에 대해 아는 것이 다른 수익률의 움직임에 대한 정보를 얼마나 제공하는지 나타내기 위해 두 가지 투자 사이의 수익률 교차상관(또는 단순히 상관관계)이라고 부르는 척도를 사용한다. 예를 들어 그림 7-1의 투자 A와 투자 B 사이에서 보이는 것과 같은 완전한 양의 상관관계는 +1.0의 상관관계로 표시된다. 그림 7-2의 투자 C와 투자 D 사이의 완전히 음의 상관관계는 −1.0의 상관관계로 표시된다. 상관관계 측정치는 모두 이 두 가지 양 극단의 범위 안에 있다. 서로에 대해 아무 관련이 없는(즉 양도 아니고 음도 아닌 상관관계) 수익률 형태들

은 거의 0의 상관관계를 띤다.[2]

앞의 예에서 포트폴리오 수익률은 포트폴리오를 구성하는 투자자산의 수익률을 단순히 가중평균한 것이다. 투자자산의 수익률 형태와 상관없이 항상 그러하다. 그러나 포트폴리오 변동성은, 투자자산들 사이에 완전히 양의 상관관계가 있는 보기 드문 경우를 제외하고는 포트폴리오를 구성하는 각 자산의 변동성 수준 가중평균보다 작을 것이다. 이것은 수익률 형태들이 부분적으로 서로를 상쇄시키는, 그래서 포트폴리오 변동성을 조금 완화시키는 분산효과 때문이다.

분산투자는 계란을 한 바구니에 담지 않는 것 이상의 효과가 있다. 포트폴리오를 구성하기 위해 투자자산들을 결합할 때 무슨 일이 일어나는지 이해하게 되면 개별 투자의 변동성과 수익률 특성에 따른 척도가 왜 부적절한지 명백하게 알 수 있다. 투자자산들 사이의 수익률 상관관계로 측정된 분산효과는 투자자산의 평가에 있어 제3의 차원에 해당한다.

이러한 개념이 현실 세계에서는 어떻게 적용될까? 대형주와 장기회사채의 다양한 결합으로 만들어지는 여러 가지 가능한 포트폴리오를 생각해보라. 다양한 주식 / 채권 포트폴리오 배분의 변동성과 수익률 특성을 자세하게 나타내기 위해서는, 대형주와 장기회사채 둘 다 기대수익률과 표준편차에 대한 평가는 물론, 둘 사이의 수익률 형태의 상이성 정도를 측정한 상관관계 통계치가 필요하다. 3장에서 1926년부터 1998년까지 대형주는 20.3%의 표

---

2 두 가지 투자의 수익률 공분산(covariance)은 기대수익률을 벗어난 수익률 편차의 곱의 가중평균이며, 이때 편차의 확률이 가중치로 사용된다. 두 가지 투자의 수익률의 교차상관은 공분산을 표준편차의 곱으로 나눈 것이다.

그림 7-4 회사채 / 보통주 포트폴리오 결과 가능범위

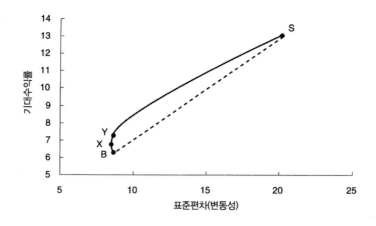

준편차와 13.2%의 산술적인(단순평균) 연 수익률을 보였고, 장기
회사채는 8.6%의 표준편차와 6.1%의 단순평균 연 수익률을 나타
냈음을 살펴봤다. 같은 시기의 채권 수익률과 주식 수익률 사이의
상관관계는 +0.26이다. 미래에도 과거와 같을 것이라고 가정한다
면(나중에 알게 되겠지만 이것은 중요한 가정이다), 대형주와 장기회사
채를 사용해 만든 포트폴리오의 발생 가능한 범위는 그림 7-4에
진한 곡선으로 표시된다. 점 B는 모두 채권인 포트폴리오를 나타
내고, 점 S는 모두 주식인 포트폴리오를 나타낸다. 점 B와 점 S를
연결한 점선은 주식과 채권이 완전히 양의 상관관계에 있을 때 포
트폴리오의 가능한 실적을 나타낸다. 이러한 상황에서 우리가 정
의한 '분산효과'는 없다. 이때 포트폴리오 변동성은 그것을 구성
하는 요소들의 변동성 수준의 가중평균과 같다.

그러나 주식과 채권은 완전히 양의 상관관계가 아니기 때문에,

각각의 주식 / 채권 포트폴리오 배분은 그것을 구성하는 요소의 가중평균 변동성보다 더 낮은 변동성이 있다. 그 결과 포트폴리오의 가능한 영역은 곧은 점선 바깥쪽의 활처럼 굽은 진한 선으로 나타난다. 점선과 진한 곡선 사이의 수평거리는 포트폴리오에 유용한 분산효과의 척도다. 이 그림은 +0.26이라는 상대적으로 낮은 주식 / 채권 상관관계에 의한 분산효과를 나타낸 것이다.

놀랍게도 최소 변동성 포트폴리오는 그 전부가 장기회사채로 구성된 것이 아니다! 그래프의 점 X는 최소 변동성 포트폴리오에 해당한다. 이것의 배분은 채권 93%, 주식 7%다. 그것은 장기회사채의 표준편차 8.6%보다 더 낮은 8.5%의 표준편차를 보유한다. 그리고 이것의 기대수익률 6.6%는 0.5%가 더 높다! 분산투자의 힘에 대해 알지 못하는, 극히 보수적인 투자자들은 종종 재산을 전부 채권에 배분하는 포트폴리오를 유지한다. 이 사례는 그러한 투자자들이 주식에 약간만 분산투자함으로써 기대수익률을 높이는 동시에 변동성 위험도 낮출 기회를 만들 수 있음을 나타낸다. 그들이 만약 전부 채권으로 된 포트폴리오의 변동성 수준에 이미 만족하고 있다면, 그들은 채권에 85%, 주식에 15% 배분되는 포트폴리오 Y를 선택할 수도 있을 것이다. 그 표준편차는 8.6%로 모두 채권인 포트폴리오와 같지만 그것의 기대수익률은 7.1%로 채권보다 1%나 더 높다. 이것이 분산투자의 힘을 보여는 사례다.

앞에서 서술된 변동성 / 수익률 특성과 주식과 채권 사이의 상관관계는 1926년에서 1998년까지 전체 73년의 기간에 기초한 것이다. 그러나 과거에도 그랬듯이 앞으로도 상대적인 실적치에 상당한 변화가 있을 것이라는 점을 깨닫는 것이 중요하다. 예를 들어

그림 7-5 보통주와 회사채: 연복리 수익률(1926~1998)

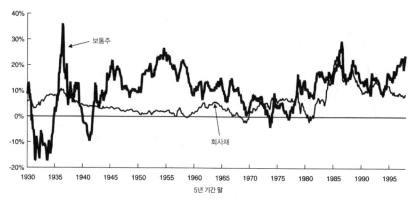

자료: Ibbotson, Inc., *Stocks, Bonds, Bills and Inflation*(Yearbook, 1999)을 이용해 Gibson Capital Management에서 산출.

그림 7-5는 대형주와 장기회사채의 60개월(5년)의 연복리 수익률을 매월 비교한 것이다. 보통주가 회사채에 비해 수익률이 더 높다는 사실이 아주 뚜렷하게 나타나지만, 또한 5년처럼 짧은 기간에서는 보통주의 높은 변동성 때문에 보통주의 수익률이 채권의 수익률보다 뒤지는 경우도 여러 차례 발생할 것이다.

이것은 다양한 투자수단의 기대수익률 사이의 장기적인 관계에 많은 관심을 두면서도 그러한 관계의 불확실성을 동시에 고려하지 않았을 때 발생하는 위험을 강조한다. 이것은 높은 표준편차 때문에 장기실적과는 상당히 다른 단기 또는 중기 실적을 실현하는 짧은 기간에서 특히 그러하다. 따라서 상담사들이 투자수단들 사이 장기적인 관계에 대한 모델을 개발해 고객을 안내할 때, 단기실적의 변동성이 아주 크다는 사실을 함께 알려주는 것이 중요하다.

그림 7-6 보통주와 회사채: 수익의 표준편차(1926~1998)

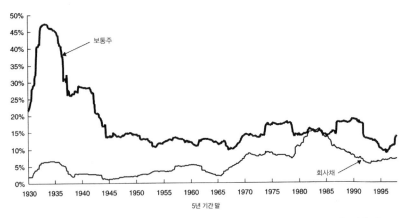

자료: Ibbotson, Inc., *Stocks, Bonds, Bills and Inflation*(Yearbook, 1999)을 이용해 Gibson Capital Management에서 산출.

그림 7-6은 대형주와 장기회사채 수익률의 60개월(5년) 표준편차를 월별로 그래프에 나타낸 것이다. 앞의 표 3-1에서 1926년에서 1998까지 전체 기간의 수익률 표준편차가 대형주의 경우 20.3%였고 장기회사채의 경우 8.6%였음을 이미 지적했다. 그러나 그림 7-6에서 보듯이 주식과 채권 모두 변동성이 시간에 따라 다름을 알 수 있다. 보통주는 제이차세계대전 이전 시기에 가장 높은 변동성을 보였다. 반면, 채권은 1960년대 중반까지 낮은 변동성을 보였고 그때 이후 빠르게 변화하는 이자율 환경에 따라 채권 변동성은 1980년대까지 급격하게 증가했다.

대형주 수익률과 장기회사채 수익률 사이의 60개월(5년)의 상관관계는 그림 7-7에서 월별로 그래프에 나타나 있다. 73년 동안 상관관계는 +0.26이었지만, 실제로는 높게는 +0.62에서 낮게는

그림 7-7 보통주와 회사채: 수익의 교차상관(1926~1998)

자료: Ibbotson, Inc., *Stocks, Bonds, Bills and Inflation*(Yearbook, 1999)을 이용해
Gibson Capital Management에서 산출.

−0.28까지 다양했음을 알 수 있다. 하나의 포트폴리오 안에 두 가지 투자를 할 때, 투자자들에게 변동성 감소라는 큰 이익을 제공하며 강력한 분산효과를 나타내는 것은 음의 상관관계가 있는 기간이다.

다음 장에서 우리는 '이상적인 자산배합'을 확인하는 포트폴리오 최적화의 계산방식을 컴퓨터 프로그램의 입력요소에 기초해 논의할 것이다. 그러한 프로그램의 출력내용은 입력요소에 아주 민감하다. 우리가 그림 7-5에서 그림 7-7까지 검토한 목적은 이러한 컴퓨터 프로그램이 의존하고 있는 입력요소에 내재된 불확실성을 인식하는 데 있다. 역사적인 자료는 기껏해야 투자자산의 변동성 / 수익률 특성과 관계를 이해하는 데 도움이 될 뿐이다. 그러나 기본적으로 데이터를 조작하는 불확실한 과정으로부터 '진실'을 이끌어낼 수는 없다. 정확한 답은 절대로 불가능하다.

우리가 단 두 가지 투자자산을 사용한 포트폴리오의 실현 가능 범위를 검토할 때, 각 포트폴리오 기대수익률 수준은 그에 따른 유일한 자산배분과 결합된다. 이것은 세 가지 또는 더 많은 투자 수단을 사용하는 포트폴리오의 실현 가능범위를 검토할 때는 맞지 않다. 자산배분은 여러 형태로 있을 수 있는데, 그 모두는 같은 포트폴리오 기대수익률을 나타내지만 다른 수준의 변동성이 있을 수도 있다. 분명히 특정 포트폴리오 기대수익률을 위한 최적의 자산배분은 포트폴리오 변동성을 최소화하는 한 가지 방법 밖에 없다. 다른 자산배분들은 불필요하게 높은 변동성 때문에 바람직하지 않다. 기대수익률에서 포트폴리오 변동성을 최소화시키는 포트폴리오(마찬가지로 변동성 수준에서 포트폴리오 기대수익률을 최대화하는 포트폴리오)는 효율적이라고 정의된다. 만약 우리가 투자자산의 집단에 대해 효율적인 포트폴리오를 모두 결합한다면, 이른바 효율적 투자선(efficient frontier)이라 불리는 것을 형성하게 된다.

직관적으로 우리는 모든 계란을 한 바구니에 담지 않는 지혜를 알고 있다. 우리가 사용하는 각 바구니의 변동성 / 수익률 특성을 이해하는 것이 중요하다는 점을 안다. 이 장의 앞부분에서 우리는 분산효과를 통해 포트폴리오의 변동성을 감소시키기 위해서는 다양한 바구니들이 어떻게 상호 작용하는가를 고려하는 것 또한 중요함을 알게 되었다. 이제 효율적인 포트폴리오를 구성하기 위해 각 바구니마다 적정량을 결정하는 것도 마찬가지로 중요하다는 점을 강조하는 다음 단계로 나아간다.

이 마지막 부분에 대한 인식이 함축하는 것은 중요하다. 어떤 포트폴리오 내에도 적절한 자산배분과 적절하지 못한 자산배분이 있는데, 우리의 목표는 효율적 투자선상에 위치한 포트폴리오를 보유하도록 자산을 배분하는 것이다. 이러한 포트폴리오들은 동등한 기대수익률의 다른 포트폴리오보다 낮은 변동성이 있거나 동등한 변동성의 다른 포트폴리오보다 더 높은 기대수익률이 있다.

비효율적인 포트폴리오들은 적절한 자산 재배분을 통해 변동성을 감소시킬 수 있으므로 기피해야 한다. 때때로 비효율적인 포트폴리오라는 개념은 우리가 6장에서 기술하고 설명하려고 그토록 애썼던 변동성/수익률의 교환관계라는 개념과 상반되는 것처럼 들린다. 앞에서 우리는 기대수익률을 증가시키는 유일한 방법은 더 높은 수준의 변동성을 가정하는 것이라고 결론지었다. 그런데 이제는 비효율적인 포트폴리오에서는 변동성의 증가 없이도 기대수익률을 증가시킬 수 있음을 알게 되었다. 이것이 모순일까? 아니다. 변동성과 수익률의 교환관계는 효율적 투자선상에 존재하는 것으로 적절하면서도 현실적이다. 다시 말해 당신이 효율적인 포트폴리오를 보유하고 있다면, 기대수익률을 증대시키는 유일한 방법은(특정한 투자수단들로 한정되어 있다) 포트폴리오의 변동성을 증가시키는 것이다.

비효율적인 포트폴리오라는 개념에 대해 있을 수 있는 또 다른 반응은 경제적으로 공짜 점심이 분명히 존재한다는 점이다. 즉 공짜로 추가수익을 획득할 기회가 있다는 뜻이다. 그러나 효율적인 시장에서는 공짜 점심이라곤 없다. 비효율적인 포트폴리오를 공짜 점심으로 여기기보다는 아무런 보상 없이 변동성을 불필요하게 초래하거나 또는 추가수익을 쓸데없이 희생시키는

그림 7-8 세 가지와 네 가지 투자수단의 효율적 투자선 비교

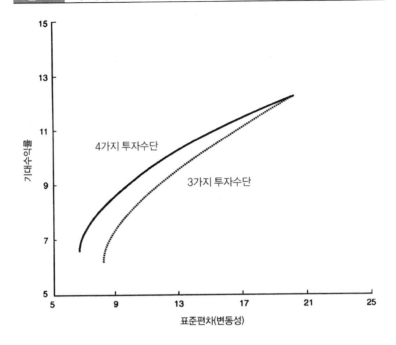

상황으로 다루는 것이 좀더 적절할 것이다.

만약 우리가 앞의 세 가지와 다른 변동성 / 수익률 특성을 보이는 네 번째의 투자자산을 추가해 투자를 분산시킨다면, 포트폴리오 구성에 있어 고려해야 할 더 많은 선택권이 있는 셈이다. 새로운 투자자산은 다양한 기대수익률 수준에서 포트폴리오 변동성을 한층 더 감소시킬 수 있는 가능성을 제공한다(새로운 투자자산의 추가가 그것의 활용에 따른 타당성을 보장하지 않기 때문에 나는 가능성이란 말을 강조한다). 만약 이 네 번째 투자자산의 변동성 / 수익률 특성이 다양한 기대수익률 수준에서 변동성이 더 낮은 포트폴리오 구성방법을 제공해준다면, 새로운 효율적 투자선이 그림 7-8에서

나타나는 것처럼 이전보다 위에 그려질 것이다.

　허용할 수 있는 변동성수준이 어떠하든 포트폴리오의 구성요소로 활용되는 투자자산의 종류를 확대함으로써 좀더 높은 수익률을 달성할 더 많은 기회를 얻을 수 있다. 마찬가지로 우리는 투자자산의 수를 늘림으로써 얻으려는 기대수익률 수준이 어떠하든 변동성을 감소시킬 더 많은 기회를 기대할 수 있다. 결론은 분명하다. 상황 속에 제기된 모든 투자자산을 활용하는 것이 항상 권할 만한 일은 아닐지도 모르지만, 선택할 수 있는 투자자산을 적게 갖는 것보다는 많이 갖는 편이 항상 더 낫다. 인위적으로 투자자산을 제한하는 경우에는 투자자가 그렇지 않았다면 가능했을 것보다 더 낮은 효율적 투자선을 따라 제한된 선택을 할 위험이 언제나 초래된다.

　비록 일반적으로 분산효과를 변동성 감소라는 관점에서 고려하지만, 수익증대라는 관점에서도 마찬가지로 고려할 수 있다. 이 점은 적극적인 투자자들이 종종 분산투자가 수익률을 해칠 것이라고 믿고서 분산투자 전략을 논의하는 데 그다지 관심을 두지 않기 때문에 더 중요하다. 분산투자가 반드시 그런 것은 아니다! 본질적으로 분산효과는 좀더 공격적인 투자자가 주식투자에 더 많은 비중을 투자하게 함으로써, 그렇지 않았다면 서로의 수익률을 부분적으로 상쇄시키는 완화효과가 없이 얻었을 수익률보다 더 높은 수익률을 획득할 수 있게 한다.

　만약 우리가 포트폴리오의 변동성을 최대한 제거하려고 한다면, 논리적인 귀결로서 포트폴리오 안의 주요한 투자자산을 모두 포함한 분산투자를 해야 할 것이다. 이것이 투자수단들 사이 서로 다른 수익률 형태를 상호 부분적으로 상쇄시킬 가장 큰 기회를 제공한다. 그러나 이것이 모든 포트폴리오 변동성을 제거할까? 아니다. 분산투자에도 불구하고 남아 있는 변동성이 존재하며, 우리는 이것을 분산불가능 변동성(indiversifiable volatility)이라고 부른다. 피할 수 없는 변동성을 보유할 때 우리는 그에 맞는 보상을 기대한다. 예를 들어 6장에서 우리는 오직 두 가지 투자자산 — 재무성 단기채권과 대형주 — 으로 구성된 가설적인 세계를 제시했었다. 이 세계에서 기대수익률을 높이는 유일한 길은 주식의 변동성을 높이는 것뿐이다. 그렇기 때문에 피할 수 없는 변동성을 보유한 것에 대해 보상받으려고 한다.

그런데 분산투자를 통해 쉽게 제거할 수 있는 변동성으로는 어떤 것이 있을까? 우리는 이것을 분산가능 변동성(diversifiable volatility)이라고 부른다. 이것을 보유함으로써 보상을 받게 될까? 소방수라는 직업에 내재된 위험 때문에 충분한 보상을 받을 만한 어느 소방관을 생각해보자. 어느 날 그는 한 아이를 구출하려고 불타는 건물 안으로 용감하게 뛰어들었다. 이 일뿐 아니라 유사한 다른 용기 있는 행위와 능력 때문에 소방관은 임금이 오르고 승진도 한다. 또다시 불이 났을 때 소방관은 아이의 비명소리를 듣자마자 방화복을 벗고 내의만 걸친 채 뛰어들어 아이를 구한다. 다음 날 그가 아이를 구할 때 훨씬 큰 위험을 무릅썼다는 이유로 임금인상을 요구한다면 소방서장은 뭐라고 대답할까?

현대 포트폴리오 이론이 주는 커다란 교훈 가운데 하나는 효율적인 시장에서 쉽게 피해갈 수 있는 변동성을 보유한 데 대해서는 아무런 보상도 주지 않는다는 점이다. 따라서 분산 가능한 변동성은 보상 받을 이유도 없고 보상받지도 못한다. 예를 들어

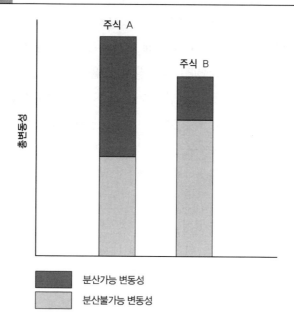

그림 7-9

주식 A

주식 B

총변동성

■ 분산가능 변동성
□ 분산불가능 변동성

그림 7-9는 두 개의 주식 A와 주식 B의 변동성 특성을 보여준다. 처음에는 총변동성이 더 큰 주식 A가 주식 B보다 더 큰 기대수익률을 제공하도록 가격이 설정될 것이라고 쉽게 생각할 수도 있다. 그러나 이 예에서 주식 B가 주식 A보다 더 큰 분산불가능 변동성이 있기 때문에 시장에서 주식 A보다 더 높은 기대수익률이 생기도록 가격이 설정되리라고 우리는 알고 있다!

우리의 논의가 아주 실제적으로 함축하는 내용 가운데 하나는, 부적절하게 한 가지의 투자 포지션에 자신의 포트폴리오 상당 부분을 투자한 사람이 설정한 불필요한 변동성이다. 공개시장에서 거래되는 대형주 한 종목에 자신의 투자 포트폴리오의 90%를 배분한 고객을 고려해보라. 그는 분명히 시장이 보상할 가격조차 설정하지 않은 분산가능 변동성을 상당히 보유하고 있다. 이것은 화염 속에서 아이를 구하기 위해 방화복을 벗은 채 불타는 빌딩 안으로 뛰어든 소방관과 같다. 실제 효율적인 시장의 가격결정 메커니즘은 투자자들이 광범위한 분산투자를 통해 분산가능 변동성을 제거할 만큼 아주 지적이라고 가정한다. 분산하지 않는 사람은 쓸데없이 높은 수준의 변동성에 해당하는 가격을 지불한다. 하나의 주식에 과도하게 집중하지 않도록 고객의 포트폴리오를 분산해야 한다는 주장은 단순히 계란을 하나의 바구니에 담지 말라는 개념을 분명히 넘어선 것이다.

부록은 이 장에서 논의한 개념에 대해 좀더 자세히 알고 싶어 하는 독자들을 위해 마련한 것이다. 상세한 설명에 관심이 없는 사람은 그냥 바로 다음 장으로 넘어가도 된다.

부록: 분산투자 개념에 대한 세부 설명

두 가지 투자 X와 투자 Y의 기대수익률과 표준편차로 측정된 변동성이 다음과 같다고 가정해보자.

투자	기대수익률	표준편차
X	10%	18%
Y	8%	10%

그림 7-10은 변동성 / 수익률의 좌표 위에 그려진 두 가지 투자를 보여준다. 처음에는 두 가지 투자를 이용해 만든 투자 포트폴리오들이 X점과 Y점을 잇는 직선을 따라 구성될 것이라고 생각할지도 모른다. 이것이 맞을 수도 있다. 그러나 이것은 그림

그림 7-10

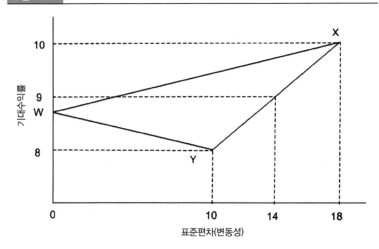

7-1의 두 가지 투자에서 보였던 것처럼, X와 Y의 수익률이 양의 상관관계를 보일 때만 그러하다. 예를 들어 9%의 기대수익률을 얻기 위해 14%의 변동성 수준을 받아들일 수도 있다(이것은 9%의 기대수익률에서 그은 수평선이 X점과 Y점을 잇는 직선과 만나는 점에 대응하는 수평축상의 점을 확인함으로써 알 수 있다).

이와 정반대가 되는 것은 그림 7-2에서의 두 가지 투자와 유사한 형태로 투자 X와 Y가 완전히 −1의 상관관계에 있는 경우다. 포트폴리오의 100%를 투자 Y에 투자한 Y점에서 시작해보자. 우리가 얼마간의 돈을 투자 X에 재배분함에 따라 Y점과 W점을 연결하는 선을 따라 포트폴리오가 움직이게 된다. W점에서는, 대략 돈의 64%를 투자 Y에 두고 있고 나머지를 투자 X에 두게 된다. 이러한 자산배분에서는 순환주기가 완전히 반대되는 수익률의 패턴이 특정 포트폴리오 수준에서 변동성을 완전히 제거시킨다. 포트폴리오 W는 변동성이 전혀 없이 8.7%의 기대수익률을 갖는다! 만약 투자 X에 배분되는 포트폴리오의 비율을 더 늘리면, 투자 X에 포트폴리오의 100%가 투자되는 X점에 도달할 때까지, 포트폴리오는 W점과 X점을 연결하는 선을 따라 움직이게 된다.

그림 7-11에서 점 Y와 X를 연결하는 곡선은 완전히 양(+1)도 완전한 음(−1)도 아닌 상관관계를 갖는 좀더 전형적인 상황을 나타낸다. 예를 들어 투자 X와 Y로 구성된 포트폴리오에서 9%의 기대수익률을 원한다고 가정해보자. 수직축의 9% 점에서 그은 수평선은 11% 변동성 수준에 대응하는 점에서 곡선과 만난다. 이 수평선이 14% 변동성 수준에서 Y점과 X점을 잇는 직선과도 만나고 있음에 주목하라. 본질적으로 14% 변동성 수준—

그림 7-11

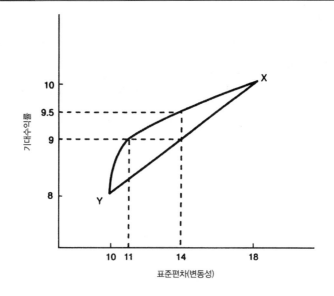

이것은 분산효과가 전혀 없는 완전한 양(+1)의 상관관계를 가정한 것이
다 ― 과 곡선상의 11% 변동성 수준 사이의 차이는 분산효과에
따른 포트폴리오 변동성의 감소를 보여준다.

대개의 경우 분산효과가 변동성 감소의 관점에서 고려되지만,
마찬가지로 수익증대의 관점에서 고려될 수도 있다. 예를 들어
그림 7-11로 돌아가서, 만약 우리가 14%의 변동성 수준을 감수
하려고 한다면, X와 Y가 완전하게 양(+1)의 상관관계에 있는 한
9%의 기대수익률을 받아들여야 했을 것이다. 그러나 그렇지 않
기 때문에 우리는 9.5%의 기대수익률을 얻을 수 있다. 이것은
14%의 변동성 수준에서 그려진 수직선이 곡선과 만나는 점의 높

이다. 기대수익률에 있어 이 0.5%란 추가수익률 역시 분산효과에서 기인한 것이다.

지금까지 두 가지 투자라는 면에서 분산투자를 논의했다. 여기에서 두 가지 투자의 혼합으로 구성된 각각의 포트폴리오는 고유한 기대수익률과 연결된다. 예를 들어 **그림 7-11**에서 9%의 기대수익률은 단 하나밖에 없는 투자 X와 투자 Y의 특수한 결합과 연결되어 있다. 투자 X에 배분되는 비율을 낮추면 포트폴리오의 기대수익률도 더 낮아지는 반면, 투자 X에 배분되는 비율을 높이면 기대수익률도 높아진다.

이제 다음과 같은 변동성 / 수익률 특성을 보이는 X, Y, Z라는 세 가지 투자자산을 포함했을 때의 분산투자를 고려해보자.

투자	기대수익률	표준편차
X	10%	18%
Y	8%	10%
Z	6%	2%

세 가지 투자자산에 대해, 우리는 세 가지 상관관계를 확인해야 한다. 이것은 일반적으로 상관관계 매트릭스의 형태로 나타낸다.

	X	Y	Z
X	1.00		
Y	0.50	1.00	
Z	0.10	0.30	1.00

세 가지 또는 그 이상의 투자자산이 있는 경우, 우리는 더 이상 다양한 기대수익률과 연관된 유일한 해법을 찾지 못한다. 예를 들어 8%의 기대수익률을 얻기 위해 서로 다른 투자 포트폴리

오를 여럿 만들 수 있다. 몇 가지 예를 들어 보면 다음과 같다.

포트폴리오	투자비중			포트폴리오 기대수익률	포트폴리오 표준편차
	X	Y	Z		
1	0	100	0	8	10.0
2	50	0	50	8	9.2
3	30	40	30	8	8.3
4	25	50	25	8	8.4

포트폴리오 표준편차로 측정할 때 위의 네 가지 선택방안 가운데 포트폴리오 3이 가장 낮은 변동성으로 8%의 기대수익률을 나타내기 때문에 가장 좋다. 이 포트폴리오가 더 나아질 수 있을까? 더 낮은 변동성으로 똑같은 8%의 기대수익률을 보일 수 있는 다른 자산배분이 있을까? 비록 8%의 기대수익률을 산출할 수 있는 무한한 수의 포트폴리오 배분들이 있겠지만 포트폴리오 변동성을 최소로 만들 수 있는 특수한 배분은 오직 하나뿐이다. 투자 X의 최대수익률 10%와 투자 X, Y, Z를 기본 구성부문으로 한 변동성이 가장 낮은 포트폴리오의 기대수익률 사이의 특정 기대수익률에 대해서도 마찬가지다. 이처럼 변동성이 가장 낮은 포트폴리오는 분산효과 때문에 투자 Z보다 더 낮은 변동성으로 더 높은 기대수익률을 보일 수 있다! 그 범위 내 어떤 특정 기대수익률을 산출할 수많은 포트폴리오 배분이 있을 수 있지만, 최소의 포트폴리오 변동성으로 특정 기대수익률을 최적화해 만들어 낼 수 있는 배분은 오직 하나뿐이다.

기대수익률에 대해 포트폴리오 변동성을 최소로 하는 특수한 배분을 최적이라고 한다. 정의상 이 최적의 포트폴리오들은 효율적이라고 일컫는다. 같은 기대수익률을 보이지만 변동성이 더 큰

그림 7-12

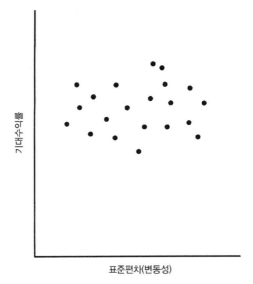

기대수익률

표준편차(변동성)

다른 포트폴리오들은 비효율적이라고 일컫는다. 만약 우리가 각각의
발생 가능한 기대수익률 수준과 관련한 최적의 포트폴리오들을 연
결한다면 효율적 투자선이라고 부르는 것을 만들 수 있다.

　이제 분산투자란 주제를 또 다른 방향에서 접근해보자. 우리가
변동성 자산으로 만든 큰 규모의 포트폴리오를 보유하고 있다고
생각해보라. 그림 7-12는 변동성 / 수익률 특성이란 관점에서 좌
표에 나타낸 각 자산을 보여준다. 우리가 변동성 / 수익률의 교환
관계의 본질을 감안할 때, 아마 이 자산들이 우상향하는 형태를
이룰 것이라 예상할 수 있다. 그러나 그러한 형태를 찾아볼 수는
없다. 그 이유는 나중에 밝혀질 것이다.

그림 7-13

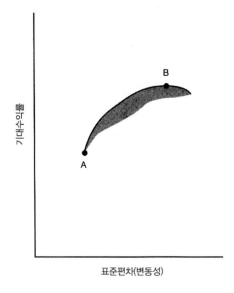

표준편차(변동성)

이제 이러한 변동성 자산들의 다양한 조합과 비중에 기초해 포트폴리오 가능성을 생각해보자. 그림 7-13에서 왼쪽 위의 A점과 B점을 이은 효율적 투자선과 접하고 있는 음영 부분이 가능한 포트폴리오들을 나타낸 것이다. 우리는 기대수익률에 대해 포트폴리오를 구성하는 자산조합에 있어 좋은(효율적인) 방법과 나쁜(비효율적인) 방법이 있음을 또다시 분명하게 알 수 있다. 만약 우리가 포트폴리오를 구성하면서 이와 같은 변동성 자산들만 선택해야 한다면, A점과 B점을 연결하는 곡선인 효율적 투자선을 따라 어딘가 놓여 있는 어떤 포트폴리오를 선택해야만 한다.

만약 투자자들이 돈을 빌릴 수 있고 이를 무변동성 이자율 R_f

그림 7-14

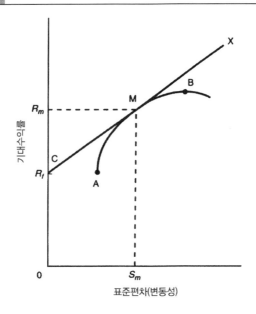

로 투자하도록 허용한다면 어떻게 될까? 그림 7-14는 수직축의
R_f에 대응하는 C점에서 효율적 투자선상의 접점 M까지 그은 선
을 보여준다. 이때 모든 투자자들에게 자신의 변동성 허용수준에
따라 무변동성 이자율로 빌리거나 빌려줌으로써 최적의 변동성
을 지닌 포트폴리오 M을 보유하는 것이 유지하게 된다.

　변동성을 싫어하는 투자자들은 자신의 돈 일부를 무변동성 이
자율에 투자하고서 변동성이 있는 포트폴리오 M에 의한 균형을
유지하려 할 것이다. 무변동성 이자율에 투자된 비율에 따라 그
들의 포트폴리오는, 무변동성 이자율에 해당하는 C점과 최적의

변동성을 지닌 포트폴리오 M점을 연결하는 직선 위 어딘가에 놓일 것이다. 변동성 허용수준이 더 높은 투자자들은 최적의 변동성을 지닌 포트폴리오 M에 더 많은 투자를 할 추가자금을 위해 무변동성 이자율로 돈을 빌림으로써 MX선상의 투자 포트폴리오를 보유하려 할 것이다. 자금의 차입 또는 대여의 가능성이 추가됨으로써 CMX선상에 나타나는 포트폴리오들은, 자금의 차입 또는 대여가 불가능한, A점과 B점을 이은 이전의 효율적 투자선상의 포트폴리오들보다 더 위에 있으며 따라서 더 우월하다는 점에 주목하라.

이것이 1960년대 중반 윌리엄 샤프가 다른 연구원들과 함께 개발한 자본자산가격결정모델(CAPM)에 대한 논의로 이어지게 한다.[3] 이것은 효율적인 자본시장 내 변동성과 기대수익률 간의 관계를 훌륭하게 설명해준다. 대부분의 모델에서 그러하듯이, 모델화하고 싶은 관계의 핵심 사항을 추출하려고 가정을 단순화했다. CAPM의 몇 가지 가정은 아래와 같다.

1. 모든 투자자들이 똑같은 투자정보로 미래에 대해 동일하게 기대하고 있다.
2. 시장은 완전 경쟁적이다.
3. 증권을 사고파는 데 거래비용이 수반되지 않는다.
4. 투자자들에게 세금이 부과되지 않는다.
5. 투자자들은 똑같은 무변동성 이자율로 투자하거나 빌릴 수 있다.
6. 투자자들은 변동성을 싫어한다.

---

3 나는 '위험' 대신 '변동성'이라는 용어로 대체했다. CAPM을 논할 때 일반적으로 사용하는 용어와 다르게 했는데, 이것은 내가 의도적으로 이 책 전반에 걸쳐 용어 사용의 맥락에 있어 일관성을 유지하려고 하기 때문이다.

그림 7-15

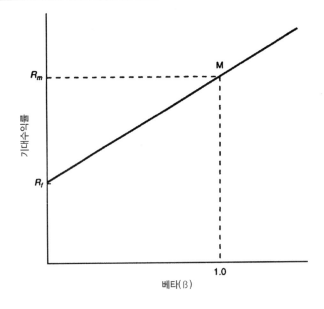

이 세계에서는 모든 투자자들이 똑같이 변동성 자산으로 구성된 효율적인 포트폴리오를 만들고 유지하려 할 것이다. 이것을 시장 포트폴리오라고 부르는데, 여기에는 모든 변동성자산이 시장가액의 비중에 따라 포함되어 있다. 변동성 허용수준에 대한 개인적 차이에 따라 투자자들은 시장 포트폴리오 보유와 더불어 무변동성 이자율로 빌리거나 빌려줄 수 있을 것이다. 이제 그림 7-14에 있는 M점을 시장 포트폴리오라고 정의해보자. 시장 포트폴리오와 관련한 변동성은 전체 시장에 내재된 분산불가능 변동성이다. 이 변동성은 수평축 위의 거리 OSm으로 측정된다. 시장에서의 기대수익률은 수직축 위의 Rm으로 표시된다. 직선 CMX

는 자본시장선(Capital Market Line)으로 알려져 있다. 이것은 이 선 위에 놓여 있는 효율적인 투자전략들의 변동성과 기대수익률 간 의 관계가 우상향함을 보여준다. 자본시장선의 기울기는 변동성 단위당 얻으려 하는 보상으로 여겨질 수 있다.

시장 포트폴리오에서 각 변동성 자산의 전체 변동성(표준편차) 은 분산가능 요소와 분산불가능 요소로 분리될 수 있다. CAPM 의 한 가지 결론은 오직 후자, 즉 전체 변동성 가운데 분산불가 능 요소만이 정당하게 추가 보상을 받는다는 것이다. 베타(β)는 시장 포트폴리오와 관련해 어떤 자산의 분산불가능 변동성에 대 한 척도다. 이것을 시장 포트폴리오의 수익률과 어떤 자산의 수 익률 패턴에 대한 통계적 비교로 계산한다.

이제 우리는 그림 7-12에서 변동성 자산들이 왜 우상향하는 형태를 띠지 않는지 설명할 수 있다. 만약 분산될 수 있는 변동 성이 시장으로 보상되지 않는다면, 그림 7-12에 나타난 것처럼 전체 변동성이 아니라 분산불가능 변동성(β)에 따라서 기대수익률 을 표시해야 한다. 이 새로운 관계를 나타낸 선이 그림 7-15에서 보이는 증권시장선(SML)이다. 증권시장선은 R_f에서 시작해 시장 포 트폴리오에 해당하는 M점을 지난다. 효율적인 자본시장의 균형상 태에서는 투자자들의 매매행위가 증권가격을 매길 때 그것들이 증권시장선상에 위치하도록 한다. 정리하자면, CAPM에 따를 경우 증권의 기대수익률은 무변동성 이자율, 시장의 기대수익률, 베타 로 측정되는 분산불가능 변동성의 작용이다. 이것을 수학적으로 표현하면 $R_i = R_f + (R_m - R_f)\beta_i$이다.

S&P 500과 같은 주가지수가 매우 자주 시장 포트폴리오를 대

신해 사용된다. 이러한 맥락에서 베타는 특정 개별 주식의 수익률이 S&P 500의 등락에 따라 어떻게 변하는가에 대한 척도다. 그러나 S&P 500은 분명히 시장 포트폴리오를 대표하기에는 너무 제한되어 있다. 그 정의상 시장 포트폴리오에는 시장가격이라는 면에서 각각 비중이 매겨진, 모든 변동성 투자자산들이 포함되어야 한다. 따라서 국내 주식과 해외 주식, 채권, 부동산, 기타 주요한 투자자산군들을 포함해 전 세계적 관점에서 시장 포트폴리오를 기술함이 좀더 적절할 것이다. 이러한 시장 포트폴리오는 그림 1-1과 유사하게 나타날 것이다. 이런 맥락에서, 베타는 세계시장 포트폴리오와 비교된 각 투자자산의 수익률 형태에 대한 척도가 될 것이다. 의미상으로는 모든 투자자들에게 동일한 세계시장 포트폴리오가 있어야 하고, 무변동성 이자율로 빌리거나 빌려줌으로써 변동성 허용수준의 차이를 조정해야만 한다.

1960년대 중반 이후 원래의 CAPM의 다양한 변형 모델들은 물론 증권 가격결정에 대한 새로운 모델들이 개발되었다. 예를 들어 차익거래 가격결정이론(Arbitrage Pricing Theory)은 시장 변동성 외에도 여러 가지 요소들이 증권 가격결정에 포함되어야 한다고 주장한다. CAPM은 비현실적인 가정에 근거해 실제 증권가격에 대해 정확하게 설명하지 못한다는 점에서 비판을 받아왔다. 그렇지만 이것은 여전히 분산투자의 중요성, 분산불가능 변동성과 증권의 기대수익률 사이의 관계를 강조하는 강력한 모델로 남아있다.

8장 다자산군 투자에 따른 보상

25년 전 세계 주식시장과 자금시장에서는 미국 주식과 미국 채권이 대부분을 차지했다. 미국 자본시장은 가장 컸을 뿐 아니라 가장 활발하고 효율적이었다. 미국 경제는 광범위하게 분산되어 역동적이고 탄력적이었다. 따라서 전통적으로 미국 투자자들이 주로 미국 주식과 미국 채권으로 구성된 포트폴리오를 유지해왔다는 점은 놀라운 일이 아니다. 투자자가 더 광범위하게 분산된 투자전략을 취했다 하더라도 결국 거의 같은 결과를 얻었을 것이다.

한 회사는 전 세계적으로 투자할 수 있는 반면 다른 회사는 미국의 주식과 채권에만 투자할 수 있다는 점을 뺀 모든 면에서 유사한, 서로 경쟁관계에 있는 두 개의 투자기관이 있다고 가정해보자. 각 회사는 조사연구를 훌륭히 해낼 수 있는 아주 유능한 전문가들을 두고 있다. 위험 조정된 실적이라는 면에서 어느 회사가 더 나은 결과를 실현할까? 다른 조건이 같다면 더 광범위한 투자기회를 가진 전 세계적인 회사가 더 우수한 실적을 올릴 가능성이 많을 것이다. 전 세계적인 자산관리회사에게 최악의 경우는 미국 밖에서 매력적인 투자기회를 찾지 못할 때다. 일어날 것 같지 않은 이러한 상황에서도, 미국의 주식과 채권에 제한된 자산관리회사의 실적을 능가할 가능성은 50대 50이다. 그러나 만약 국내의 자산관리회사가 활용할 수 없는 매력적인 투자기회를 찾는다면 더 우수한 실적을 보이리라 예상된다.

그림 1-1은 1998년 말 세계의 전체 투자가능 자본에 대한 평가액을 나타낸다. 이제 미국 외 자본시장은 미국 자본시장만큼 크고 그만큼 중요해졌다. 왜 분산투자를 당연한 논리적인 귀결로 받아들이지 않겠는가? 그리고 왜 세계적인 주요 자산군 모두를 사용해 포트폴리오를 설계하지 않겠는가? 이렇게 하면 한 가지 자산군의 등락이 부분적으로 다른 자산군의 등락을 상쇄시킬 수 있는 더 많은 기회를 제공할 것이다. 다자산군 포트폴리오는 투자자들에게 원하는 수익률과 감소시키려고 하는 변동성 간의 더 나은 관계를 제공해줄 것이다.

해외 채권

이자발생형 투자부터 시작해, 국내 채권 포트폴리오에 미치는 국제적인 분산투자의 영향을 검토해보자. 그림 8-1은 100% 미국

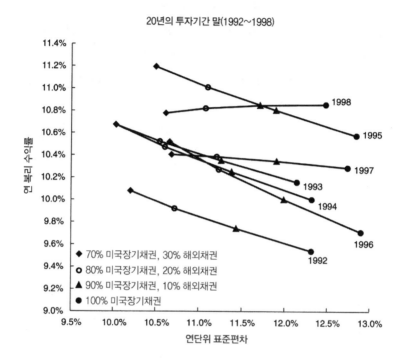

그림 8-1 채권 포트폴리오의 국제적 분산

20년의 투자기간 말(1992~1998)

장기회사채 포트폴리오와 해외 채권 배분을 10%, 20%, 30%로 한 포트폴리오들에 대한 20년의 투자기간에 걸친 실적을 비교해 그래프로 그린 것이다. 이 그래프에 사용된 해외 채권지수 실적 치는 살로몬브라더즈 사가 제공했다. 이 수치는 여러 나라에서 발행한 대표적인 채권의 총 수익률을 측정한 것이다.

그림 8-1에는 일곱 개의 선이 있는데, 각각 1992년에서 1998년 으로 끝나는 20년의 투자기간에 해당하는 것이다. 1998년으로 끝 난 20년을 제외하면, 해외 채권의 비중이 10%에서 30%로 증가함

에 따라 채권 포트폴리오 수익률은 높아지고 변동성은 감소했다. 1998년으로 끝난 시기에는, 국제적인 분산투자의 결과 채권 포트폴리오 수익률이 다소 하락했다. 그렇지만 채권 포트폴리오 변동성이 꽤 크게 감소됨으로써 이를 상쇄시켜 줬다.

역사적으로 해외 채권은 미국 채권과 맞먹는 수익률을 실현해 왔다. 그러나 투자자들은 몇몇 해외 채권의 아주 높은 표면금리가 확실히 실현가능하지는 않다는 걸 깨달아야 한다. '이자율 평형이론(theory of interest rate parity)'이 이것을 잘 설명해준다. 이 이론은 더 높은 외국의 이자율이 종종 더 높은 외국의 물가상승률과 관련해 있음을 보여준다. 이것은 달러 대비 외국 통화의 가치를 하락시키고 따라서 실현되는 수익을 감소시킨다. 결국 달러로 조정된 몇몇 해외 채권의 이자율은 높은 표면금리로 제시된 것만큼 많은 이익을 제공하지 않을 수 있다. 그러나 미국 채권 포트폴리오의 국제적 분산투자는 장기 변동성조정 수익률을 향상시킬 것이다.

해외 주식

지난 20년간 해외 주식 투자가 과감하게 이루어짐으로써 그 금액이 엄청나게 증가했다. 이것은 여러 가지 요인으로 촉발되었다. 첫째, 세계의 총생산량과 세계 자본시장에서 해외 시장이 20년 전보다 더 많은 부분을 차지하게 되었다. 둘째, 세계의 주요 기업 가운데 상당수가 미국 회사가 아닌데, 이들이 특정 시장에서 의미 있는 기회를 제공하였다. 예를 들어 캐나다, 남아프리카

그림 8-2 주식 포트폴리오의 국제적 분산

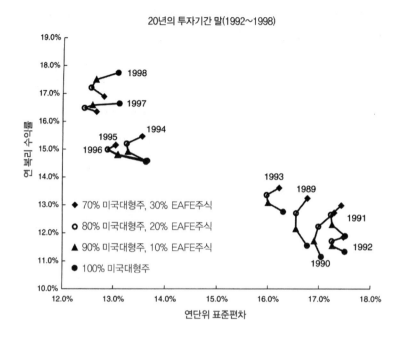

20년의 투자기간 말(1992~1998)

◆ 70% 미국대형주, 30% EAFE주식

○ 80% 미국대형주, 20% EAFE주식

▲ 90% 미국대형주, 10% EAFE주식

● 100% 미국대형주

공화국, 오스트레일리아에는 주요 천연자원과 관련한 회사들이 있고, 독일, 일본, 스웨덴에는 주요 자동차 제조회사들이 있다. 다른 많은 나라들이 저축, 자본형성, 경제성장에서 더 높은 성장률을 나타내고 있다. 몇몇 나라에서는 근로의식 또한 아주 강한데, 태평양 연안 국가들이 특히 더 그렇다. 해외 주식시장의 실적이 미국 주식시장을 앞지르는 시기도 있었는데, 미국과 해외 시장의 수익률 간 상대적으로 낮은 상관관계는 충분한 분산효과를 제공했으며, 포트폴리오의 변동성을 감소시켰다.

그림 8-2는 국내 보통주 포트폴리오에 대한 국제적 분산의 효

과를 조사한 것이다. 모건스탠리캐피탈인터내셔널 사가 이 그래프에 사용된 EAFE 국제주가지수 실적 통계를 제공했다. EAFE 지수는 20개 유럽과 태평양 연안 국가의 시장을 대표하는 기업의 보통주 전체 수익률을 측정한 것이다. 해외 보통주 수익률 자료는 해외 채권 자료보다 3년 먼저 시작된다. 즉, 우리는 10개의 20년간 투자를 검토할 것이다. 20년간의 투자 가운데 둘을 제외한 모든 경우에 있어 0%에서 30%로 국제적 분산투자의 비중이 증가함에 따라 포트폴리오 수익률도 점차 높아졌다. 눈에 띄는 예외는 1997년과 1998년에 끝나는 20년간의 투자였다. 이 기간에는 국내 주식 포트폴리오에 해외 주식을 추가했을 때 국내 주식 수익률이 해외 주식 수익률보다 더 높았기 때문에 포트폴리오 수익률이 다소 감소했다.[1] 이것이 국제적 분산에 반하는 증거는 아니다. 오히려 이러한 예외는 국내 주식이 해외 주식보다 더 나은 수익률을 보일 때가 있다는 점을 강조한다. 그러나 어떤 자산군에 투자하는 것이 더 나은 실적을 실현할 것이라고 예측할 수 있는 시장예측기술이 없는 경우라면 분산접근방식이 가장 나은 전략이다. 20년간의 투자 모두에서 10% 내지 20%의 해외 주식을 보유한 경우, 포트폴리오 변동성이 더 낮았다. 또한 거의 모든 시기에서 국내 보통주만의 포트폴리오와 비교할 때 30%를 해외 투자할 경우 변동성이 더 낮게 유지되었다.

---

1 더 낮은 수익률을 보이는 자산군으로 분산투자한다고 반드시 포트폴리오 수익률이 더 낮아지는 것은 아니다. 수익률 차이의 크기와 포트폴리오 구성요소들 간의 상관관계에 따라 더 낮은 수익률의 자산군으로의 분산투자가 실제 포트폴리오 수익률을 증가시킬 수 있다. 이 장의 후반부의 '다자산군 투자'에서 이에 대한 몇 가지 사례들을 살펴볼 것이다.

그러나 해외 투자는 그만의 특수한 문제점이 있다. 외국의 회계처리는 미국과 달라 종종 불완전한 정보를 제공한다. 많은 해외 시장은 미국의 주식시장만큼 유동적이지 않고 제대로 관리되지도 않는다. 그래서 종종 많은 거래비용을 초래하고, 증권거래의 결제를 지연시킨다. 어떤 나라들은 정치적 불안을 겪고 있을 수 있는데, 이것이 투자관리 과정에 또 다른 차원의 위험을 보탠다. 또한 외국 정부가 세금을 부과하는 등 다양한 방법으로 투자자본의 흐름을 제한할 수 있다. 달러가치 상승으로 생긴 통화위험은, 그 나라 통화로 증권의 실적이 좋을 때조차도 낮은 달러환산 수익률을 초래할 수 있다. 모든 해외 투자는 본질적으로 두 가지 투자 ― 증권 자체에 대한 투자와 외국 통화에 대한 투자 ― 를 내포하고 있다.

위에서 언급된 위험들은 빠르게 발달하는 제3세계 국가의 자본시장에 대한 투자에서 더 뚜렷하게 나타난다. 그렇지만 신흥시장 투자에 따른 장기적인 보상은 상당할 것이다. 이들 가운데 많은 나라들이 미국의 두 배에 달하는 경제성장률을 보이고 있는데, 이러한 시장으로의 적절한 분산투자가 고려되어야만 한다.

여러 가지 특수한 문제점에도 세계경제가 점점 더 상호의존적으로 됨에 따라, 또한 중요한 투자 형태인 분산투자로부터 얻는 이익 때문에, 해외 보통주 투자는 앞으로 좀더 확대될 것이다.

부동산

부동산은 우리가 앞에서 논의했던 다른 투자 자산들과는 아주 다르다. 각각의 부동산 물건은 지리적 위치, 물리적 구조, 임대비중, 기타 다양한 특성들 때문에 고유하다. 부동산 물건의 매매는 아주 복잡해질 수 있는 협상에 의한 거래다. 부동산시장이 상호교환할 수 없고 독특하며 유동적이지 않은 물건들로 구성되기 때문에 아마 주식시장이나 채권시장보다도 덜 효율적일 것이다. 이러한 비효율성이 숙련된 투자자들에게 우수한 투자실적을 보장하는 이용 가능한 기회를 제공할 것이다. 그 반면 부동산 투자에 포함되는 조사연구비용이나 거래비용은 때때로 다른 투자수단들에 비해 크다.

하나의 지분형 투자로서 부동산의 자본이득은 일반적으로 장기적인 투자기간에 걸쳐 인플레이션에 대한 효과적인 방어수단으로 작용해왔다. 또한 제대로 구입한 부동산은 종종 풍부하면서도 유동성 있는 현금흐름을 제공한다. 많은 투자자들이 돈을 빌려 부동산에 투자하려고 한다. 비록 이것은 투자위험을 증대시키고 현금흐름을 대출기관 쪽으로 전환시키지만, 상승하는 시장에서는 잠재적 이득을 확대시킨다. 과거에는 세금혜택이 부동산 투자의 매력을 더 증대시켰다. 유감스럽게도 1986년의 세제개혁법령에서는 고소득세율 계층의 투자자에 대한 부동산 세제혜택조항 대부분이 삭제되었다. 그렇지만 부동산은 여전히 잘 분산된 포트폴리오에 유의미하게 포함되는 주요한 자산군으로 남아 있다. 각각의 부동산 투자는 고유하며 유동적이지 않기 때문에, 제대로 분산해 부동산에 투자하는 것이 중요하다. 이것은 예를 들어 여러 지역에 사무용 건물, 아파트, 쇼핑센터, 토지 등 다양한 형태의 부동산을 소유함으로써 달성할 수 있다.

부동산투자신탁(REITs)은 부동산 분산투자에 대한 대안을 제시해준다. 지분형 부동산투자신탁은 부동산 물건들로 이루어져 있으며, 폐쇄형 펀드와 유사하다. 자산운용회사들과 마찬가지로 이들은 일종의 매개 역할을 하기 때문에 투자에서 얻는 소득에 대해 법인세를 내지 않는다. 많은 지분형 부동산투자신탁의 주식이 증권거래소에서 거래된다. 유동성과 거래행위로 인해 이 투자수단에 대한 안정된 시장가격이 형성된다. 어떤 사람들은 부동산투자신탁이 직접 부동산에 대한 소유권을 보유한 것이 아니기 때문에 순수한 의미의 부동산 투자가 아니라고 주장한다. 실제로 투자세계에서는 지분형 부동산투자신탁은 '그 누구의 땅도 아닌' 어떤 것이다. 부동산 전문가들은 보통주처럼 거래되기 때문에 이것을 무시하는 반면, 주식 포트폴리오 운영자들은 지분형 부동산투자신탁을 보통주라기보다는 부동산 투자로 고려하기 때문에 종종 무시한다! 그러나 이러한 생각들은, 부동산의 증권화가 진전되고 부동산 소유권의 한 형태로서 부동산투자신탁이 널리 받아들여지면서 변화되기 시작했다.

부동산투자신탁을 이용해 실행하는 분산투자는 투자자들에게 특별한 가치를 지닌다. 직접적인 부동산 소유권과 달리, 부동산투자신탁 투자자는 비교적 적은 자금을 이용해 지리적으로, 그리고 쇼핑센터, 사무용 건물, 아파트와 같이 다양한 부동산 투자 형태로 쉽게 분산투자할 수 있다.

주식시장을 기준으로 할 때, 지분형 부동산투자신탁은 평균 이상의 수익률을 보이며, 소규모로 자본화되는 경향이 있다. 이런 이유로 지분형 부동산투자신탁의 실적을 일반적인 부동산시장이 결정할 뿐 아니라 수익률의 변화와 소형주의 상대적인 실적에 의해서도 영향을 받을 것이다.

그림 8-3 15개의 지분형 포트폴리오(1972~1997)

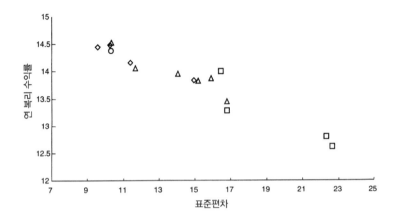

다자산군 투자

이제 좀더 광범위한 지분형 투자라는 맥락에서 다자산군 투자를 살펴보자. 통상 포트폴리오의 지분형 투자 부분이 포트폴리오 수익의 상당 부분을 책임진다. 마찬가지로 포트폴리오의 지분형 투자 부분이 큰 손실의 대부분을 책임진다. **그림 8-3**은 1972년에서 1997년에 걸쳐 15개의 서로 다른 지분형 포트폴리오의 실적을 보여준다. 이 포트폴리오들을 선입견 없이 살펴볼 수 있도록 '눈가리개'를 하듯 일부러 구분 표시를 하지 않았다. 15개의 포트폴리오 가운데 4개는 네모로, 6개는 세모로, 4개는 다이아몬드로, 1개는 원으로 표시했다. 그래프의 오른쪽으로 갈수록 포트폴리오의 변동성은 증가한다. 마찬가지로 아래에서 위로 올라갈수록 수익률은 증가한다. 당신이 믿을 만한 요술 구슬을 하나 가지고 있어 이 포트폴리오들이 1972년부터 1997년에 걸쳐 실현했던 것과 동일한 실적을 이후 26년 동안에도 실현할 것이라는 점을 확실히 알고 있다고 가정해보자. 그리고 다음 질문에 답해보라.

- 만약 네모로 표시된 포트폴리오 가운데 무작위로 선택된 하나와 세모로 표시된 것 중에서 선택해야 한다면 어느 것을 선택하겠는가?
- 만약 세모로 표시된 포트폴리오 가운데 무작위로 선택된 하나와 다이아몬드로 표시된 것 중에서 선택해야 한다면 어느 것을 선택하겠는가?
- 만약 다이아몬드로 표시된 포트폴리오 가운데 무작위로 선택된 하나와 원으로 표시된 것 중에서 선택해야 한다면 어느 것을 선택하겠는가?

나는 이 일련의 질문들을 내 고객들과 강연회에 참가한 청중들에게 던져봤다. 대답은 모두 일치했다. 사람들은 네모보다 세모를, 세모보다 다이아몬드를, 다이아몬드보다 원을 선호했다.

이제 눈가리개를 벗고 **그림 8-4**를 보자. 각 네모는 단일 자산군 포트폴리오다.

- A는 스탠다드앤푸어즈 사의 S&P 500지수다. S&P 500지수는 시가 총액이란 관점에서 측정했을 때 비중이 큰 500개의 미국 대형주를 포함하고 있다. 이 지수는 이 주식들로 형성된 자본가 가운데 주식 바스켓의 총 수익률을 측정한 것으로, 우리의 목표와 관련해 국내 보통주 자산군을 나타낸다.

그림 8-4 다자산군 투자에 대한 보상(1972~1997)

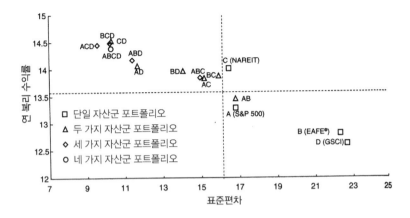

- B는 EAFE(유럽, 오스트레일리아, 극동) 지수인데, 20개의 유럽 과 태평양 연안 국가 시장을 대표하는 회사들의 보통주를 추 출해 총 수익률을 측정한 것이다. 이것은 해외 보통주 자산군 을 나타낸다.

- C는 NAREIT(부동산투자신탁협회)의 지분지수(Equity Index)로 서 지분형 부동산투자신탁의 총 수익률을 측정한 것이다. 지 분형 부동산투자신탁은 부동산으로 되어 있는 폐쇄형 펀드와 유사하다. NAREIT 지분지수는 부동산 자산군을 대표한다.

- D는 골드만삭스 상품지수(GSCI)다. 이 지수는 골드만삭스 상 품지수 선물계약의 거래포지션에 따른 총 수익률을 측정한 것이다. GSCI는 생산자와 소비자가 사용하는 주요 원료나 반 제품의 다양한 교역부문을 나타낸다. 이 지수의 주요 요소로 는 에너지, 농산물, 가축, 산업용 금속, 귀금속 등이 있다.

세모는, 네 가지 자산군(A, B, C, D)을 구성부문으로 해서 투자자들이 구성할 수 있는 두 가지 자산군으로 된 모든 가능한 포트폴리오를 나타낸다. 각 포트폴리오는 자산군들간에 동일한 비중으로 배분되도록 매년 재조정된다. 예를 들어 세모 AB는 S&P 500(국내 주식)과 EAFE(해외 주식)에 똑같이 배분된 포트폴리오의 실적을 나타낸다.

다이아몬드는 투자자들이 네 가지의 자산군을 구성부문으로 해서 세 가지 자산군으로 된 모든 가능한 포트폴리오를 나타낸다. 원은 네 가지 자산군 모두 똑같이 배분해 만든 포트폴리오다.

네모보다 세모의 포트폴리오를 선택하는 투자자는 단일 자산군 포트폴리오보다 두 가지 자산군 포트폴리오를 선호한다. 이러한 결정은 합리적이라 할 수 있는데 두 가지 자산군 포트폴리오가 일반적으로 단일 자산군 포트폴리오들보다 변동성이 낮고 수익률이 높기 때문이다. 마찬가지로 세 가지 자산군 포트폴리오(다이아몬드)는 두 가지 자산군 포트폴리오(세모)보다 더 나은 변동성 / 수익률 특성을 보인다. 네 가지 자산군 포트폴리오(원)는 세 가지 자산군 포트폴리오(다이아몬드) 가운데 무작위로 하나를 선택하는 것보다 더 낫다. 변동성이 더 작은 왼쪽에서부터 그리고 수익률이 더 높은 위쪽에서부터 선택된다.

단일 자산군 포트폴리오에서 네 가지 자산군 포트폴리오로 진행됨에 따라 변동성의 감소가 관찰되리라고 예상할 수 있다. 이것은 포트폴리오 구성요소 사이의 수익률이 일치하지 않기 때문이다. 그러나 수익률이 대체적으로 상승하고 있는 패턴은 놀랄 만한 것이다. 예를 들어 GSCI는 S&P 500보다 상당히 큰 변동성으로 더 낮은 수익률을 보이지만, 두 가지 사이에 동등하게 배분된 포트폴리오는 각 구성요소에서 나타나는 것보다 훨씬 낮은 변동성으로 더 높은 수익률을 보였다. 실제로 여섯 개의 두 가지 자산군 포트폴리오 모두는 그것을 구성하는 단일 자산군 넷 가운데 셋보다 낮은 변동성으로 더 높은 수익률을 보였다.

이 15개의 지분형 포트폴리오의 수익률을 비교할 때, 단일 자산군 포트폴리오가 가장 낮은 수익률 셋을 야기한 반면, 가장 높은 수익률의 포트폴리오는 모두 다자산군 구조로 되어 있었다. 우리가 이 포트폴리오들의 변동성 수준을 비교할 때 가장 변동성이 큰 다섯 가운데 넷이 단일 자산군 구조로 되어 있음을 알 수 있다. 변동성이 작은 투자들은 모두 다자산군 포트폴리오들이다.

잠시 네 개의 단일 자산군으로 돌아가보자. 만약 투자자들에게 그들의 돈을 어디에 투자할지 선택할 기회가 있다면, 또한 각 자산군이 그래프에 나타난 실적을 확실히 올릴 것이라 가정한다면, 그들은 포트폴리오 C, 즉 지분형 REITs를 선택할 것이다.

지분형 REITs는 어떤 다른 자산군들보다도 더 높은 수익률과 더 낮은 변동성을 보인다. 그러나 다른 세 가지 자산군에 똑같이 배분된 포트폴리오는 약 30% 낮은 변동성으로 REITs보다 더 높은 수익률을 나타냈다. 그림 8-4에서 C와 A, B, D의 위치를 비교해보라. 서로 다른 세 가지 자산군이 REITs보다 더 높은 변동성으로 더 낮은 수익률을 올린다는 사실에도 불구하고 이 놀라운 결과가 나타난 것이다.

만약 투자자에게 다자산군 포트폴리오의 구성부문인 네 가지 자산군 가운데 하나를 뺄 것을 요청한다면 아마 D, 즉 골드만삭스 상품지수를 선택할 것이다. 그래프 위의 15개 포트폴리오 가운데 GSCI는 가장 높은 변동성으로 가장 낮은 수익률을 나타냈지만, 수익률이 가장 높은 5개의 포트폴리오는 균등한 구성요소로서 D를 포함하고 있다. 또 변동성이 가장 낮은 7개의 포트폴리오는 균등한 구성요소로서 D를 포함하고 있다. 분명히 **그림 8-4**에는 수익률과 변동성에 대한 통계에 나타난 것보다 더 많은 것들이 진행되고 있다. 우리는 각 자산군의 수익률 형태가 다른 것들과 어떻게 서로 관련되는지에 대한 결정적인 정보를 간과하고 있는 것이다. 예를 들어 GSCI는 다른 자산군들과 가장 이질적인 수익률 형태를 보인다. 따라서 다른 자산군과 결합될 때 그것은 가장 강한 분산효과를 나타낸다.

표 8-1은 15개의 지분형 포트폴리오에 대한 실적 통계다. 여기 자료들은 다자산군 투자에 대한 아주 뚜렷한 사례를 보여준다. 포트폴리오 수익률의 극대화에 일차적으로 관심을 두고 있는 투자자들이 다자산군 투자전략을 단일 자산군 투자전략보다 우위에 둔 이유를 알 수 있을 것이다. 변동성에 관심을 두는 투자자들도 다자산군 투자전략을 더 많이 사용한다. 샤프지수는 각 포트폴리오의 변동성조정 실적을 측정한 것이다.[2] 역시 단일 자산군 투자전략보다 다자산군 투자전략이 더 높은 변동성조정 수익률을 보임을 알 수 있다.

---

2 샤프지수는 변동성에 대한 보상의 척도다. 포트폴리오의 샤프지수는 간단한 스프레드시트 프로그램을 사용해 계산할 수 있다. 포트폴리오 수익률을 한 줄에 기입하고 재무성 단기채권의 수익률을 그 다음 줄에 기입한다. 포트폴리오 수익률과 재무성 단기채권 수익률의 차이는 세 번째 줄에 계산한다. 샤프지수는 세 번째 줄에 있는 차이의 평균을 그 차이의 표준편차로 나눈 것이다. 샤프지수는, 포트폴리오가 변동성을 가정한 데 대해 추가적인 보상이 발생해야 한다는 개념을 강조하고 있다. 그렇지 않다면 단순히 재무성 단기채권을 보유하는 것이 더 나을 것이다.

표 8-1 다자산군 투자에 대한 보상(1972~1997)

15개 지분형 포트폴리오의 실적통계							
연복리 수익률과 1달러의 미래가치 '높은 것부터'			표준편차(변동성) '낮은 것부터'		샤프지수 '높은 것부터'	
	%	$		%		
CD	14.53	34.00	ACD	9.59	ACD	0.77
BCD	14.48	33.67	BCD	10.26	CD	0.74
ACD	14.44	33.36	ABCD	10.30	BCD	0.72
ABCD	14.38	32.89	CD	10.32	ABCD	0.71
ABD	14.16	31.31	ABD	11.40	ABD	0.64
AD	14.06	30.59	AD	11.68	AD	0.63
C	14.01	30.21	BD	14.05	BD	0.53
BD	13.96	29.88	ABC	14.95	ABC	0.51
BC	13.87	29.31	AC	15.18	AC	0.51
ABC	13.84	29.07	BC	15.92	C	0.49
AC	13.83	29.00	C	16.44	BC	0.49
AB	13.45	26.62	AB	16.79	AB	0.44
A	13.28	25.61	A	16.79	A	0.44
B	12.81	22.94	B	22.30	B	0.34
D	12.61	21.95	D	22.66	D	0.34
포함된 자산군의 수에 따른 평균 실적통계						
연복리 수익률과 1달러의 미래가치 '높은 것부터'			표준편차(변동성) '낮은 것부터'		샤프지수 '높은 것부터'	
	%	$		%		
네 가지	14.38	32.89	네 가지	10.30	네 가지	0.71
세 가지	14.23	31.85	세 가지	11.55	세 가지	0.66
두 가지	13.95	29.90	두 가지	13.99	두 가지	0.56
한 가지	13.18	25.18	한 가지	19.55	한 가지	0.40

표 8-1의 아래쪽에, 네 가지, 세 가지, 두 가지, 그리고 한 가지 자산군 접근방식에 대해 비교해 요약한 것이 있다. 아마 이 요약 내용이 다자산군 투자의 정당성을 강하게 뒷받침할 것이다. 우리가 더 광범위한 분산투자로 옮겨감에 따라 수익률은 올라가고 변동성은 내려가며 샤프지수는 개선될 것이다. 네 가지 자산

군 포트폴리오는 각 구성부문의 평균복리 수익률보다 1.2% 더 높은 복리 수익률을 보인다. 즉, 계속 재조정되는 네 가지 구성부문 모두로 형성된 포트폴리오에 투자한 1달러는, 네 가지 각 구성부문에서 평균 25.18달러의 미래가치를 보이는데 반해 32.89달러의 미래가치를 보인다. 네 가지 자산군 포트폴리오는 각 구성부문들의 평균 변동성 수준보다 47%나 낮은 변동성을 나타낸다. 또한 네 가지 자산군 포트폴리오의 샤프지수는 각 구성부문의 평균보다 변동성조정 수익률이 거의 두 배에 달함을 보여준다.

일반적인 분산투자의 사례들은 지분형 투자와 고정수입형 투자를 혼합한 것으로서 종종 광범위한 분산투자로 인해 나타나는 수익률상의 이점을 파악하기 어렵다. 이런 상황에서, 고정수입형 투자의 수익률과 지분형 투자의 수익률 사이의 큰 차이는 포트폴리오 수익률의 증가가 분산효과에 기인한 것인지 여부를 알기 어렵게 한다. 비록 유사한 변동성 수준을 띤 자산군들이 장기적으로 유사한 성장을 보일 것이라고 예상할 수는 있겠지만, 앞의 분석에서 네 가지 지분형 자산군 수익률이 비슷하게 나타났다는 것은 교육목적상 다행스러운 일이다. 결과적으로 분산투자는 변동성을 낮추면서도 수익률을 올리는 긍정적인 효과가 있음을 알 수 있다.

나는 1998년 말까지 이 연구를 진행했는데, 그 결과 1997년이 분석 자료에 포함된 마지막 해가 되었으며, 1972년은 네 가지 지분형 자산군에 대한 자료를 모두 활용할 수 있는 첫해이기 때문에 출발점으로 삼았다. 그리고 1998년은 표 8-2에서 알 수 있듯이 네 가지 자산군의 수익률이 아주 상이하게 나타난 해였다. 수익률의 범위는 S&P 500의 28.58%에서 GSCI의 −35.75% ─ 이것

표 8-2 한 해 동안 이렇게 큰 차이가!

	1998 총 수익률
S&P 500	28.58
EAFE	20.33
NAREIT	-17.50
GSCI	-35.75

은 금세기에 일용품 가격이 가장 많이 떨어진 수치다 — 까지 걸쳐 있었다.

예상했던 것처럼, 1998년 수익률의 두드러진 불균형은 그림 8-5에 나타나 있듯이 변동성 / 수익률 공간 안에 있는 15개의 지분형 포트폴리오들의 배치를 상당히 변경시켰다. 이는 '마지막 부분의 민감성'을 나타낸 훌륭한 사례다. 자료에 한 해를 추가한 결과, REITs는 네 가지 자산군의 수익률에서 첫 번째에서 세 번

그림 8-5 자산군 투자에 대한 보상(1972~1998)

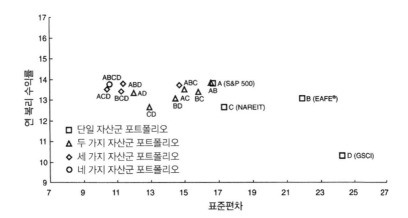

표 8-3 다자산군 투자에 대한 보상(1972~1998)

15개 지분형 포트폴리오의 실적통계

연복리 수익률과 1달러의 미래가치 '높은 것부터'			표준편차(변동성) '낮은 것부터'		샤프지수 '높은 것부터'	
	%	$		%		
AB	13.84	33.13	ACD	10.40	ABCD	0.66
A	13.82	32.92	ABCD	10.55	ACD	0.66
ABD	13.79	32.68	BCD	11.23	ABD	0.62
ABCD	13.77	32.53	ABD	11.36	BCD	0.60
ABC	13.71	32.12	AD	11.98	AD	0.57
ACD	13.51	30.62	CD	12.91	ABC	0.51
AC	13.51	30.60	BC	14.45	CD	0.50
BCD	13.42	29.98	ABC	14.69	AC	0.50
BC	13.39	29.73	AC	14.99	A	0.48
AAD	13.35	29.50	BC	15.83	뮤	0.47
B	13.08	27.61	AB	16.57	BD	0.47
BD	13.07	27.58	A	16.69	BC	0.47
CD	12.65	24.92	C	17.31	C	0.41
C	12.65	24.92	B	21.90	B	0.36
D	10.30	14.10	D	24.25	D	0.25

포함된 자산군의 수에 따른 평균 실적통계

연복리 수익률과 1달러의 미래가치 '높은 것부터'			표준편차(변동성) '낮은 것부터'		샤프지수 '높은 것부터'	
	%	$		%		
네 가지	13.77	32.53	네 가지	10.55	네 가지	0.66
세 가지	13.61	31.35	세 가지	11.92	세 가지	0.60
두 가지	13.30	29.25	두 가지	14.45	두 가지	0.50
한 가지	12.46	24.89	한 가지	20.04	한 가지	0.37

째로 떨어졌고 S&P 500이 첫 번째가 되었다. 15개의 지분형 포트폴리오 가운데 S&P 500이 연복리 수익률에서 13번째 자리에서 두 번째가 되었다! 이것은 자산군의 상대적인 미래 실적을 단순히 이전 자료로 추정할 때 생기는 위험을 보여준다. GSCI의 실적

| 표 8-4 | 투자실적이 가장 나빴던 5년(1972~1997) |

A		B		C		D		ABCD	
S&P 500		EAFE®		MAREIT		GSCI		균등배분	
연도	수익률	연도	수익률	연도	수익률	연도	수익률	연도	수익률
1974	-26.47	1990	-23.19	1974	-21.40	1998	-35.75	1974	-7.63
1973	-14.66	1974	-22.15	1998	-17.50	1981	-23.01	1981	-5.74
1977	-7.18	1973	-14.17	1973	-15.52	1975	-17.22	1990	-3.16
1981	-4.91	1992	-11.85	1990	-15.35	1997	-14.07	1998	-1.08
1990	-3.17	1981	-1.03	1987	-3.64	1993	-12.33	1992	3.71

은 너무도 나빠 그림 8-5의 세로축을 다시 만들어야만 했다 ―
그렇지 않았다면 그래프 밖으로까지 삐져나왔을 것이다.

1998년의 수익률을 포함할 경우, 변동성 / 수익률 공간상의 포
트폴리오 형태는 다소 평평하게 된다. 그러나 이러한 재배치에도
불구하고 분석의 기본적인 결론은 여전히 그대로다. 표 8-3은 15
개의 지분형 포트폴리오 모두에 대한 자료가 포함된 실적 통계
를 나타낸다. REITs와 GSCI의 실적이 아주 나쁜 해였지만 다자산
군 투자전략은 덜 분산된 전략에 비해 상대적으로 더 우수한 변
동성조정 수익률을 보였으며, 샤프지수에서 볼 수 있이 포트폴리
오 ABCD가 가장 나은 실적을 올렸다.

표 8-4는 분산투자의 폭에 의해 달성되는 위험 감소의 또 다
른 그림을 보여준다. 여기에는 1972년부터 1997년 사이 네 가지
자산군 포트폴리오와 비교해 각 단일 자산군에 의해 발생된 투
자실적이 가장 나빴던 5년을 나열했다. 각 단일 자산군 포트폴리
오는 -20% 이하의 수익률을 보였던 해가 1년 이상 있었다. 이와
비교할 때 포트폴리오 ABCD에서 투자실적이 가장 나빴던 해에

그림 8-6 GSCI와 S&P 500

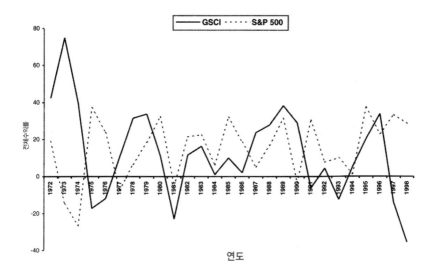

는 −7.63%라는 크지 않은 손실이 있었다. 또한 포트폴리오 ABCD 는 단일 자산군 포트폴리오 가운데 어떤 것보다도 손실을 입은 해가 더 적게 나타났다.

위험 감소는 대부분 골드만삭스 상품지수가 다른 자산군들과 역순환적인 경향을 보이는 데서, 즉 이것은 보통주가 세계적인 약세시장이었던 1973년과 1974년 사이에 높은 실적을 올렸다는 사실에서 기인한다. 그림 8-6은 GSCI와 S&P 500이 역순환적이 라는 사실을 시각적으로 보여준다. 그러나 분석결과는 구성부문 에서 GSCI를 제거할지라도 남아 있는 세 가지 자산군으로도 다 자산군 접근방법이 유효함을 확인시켜 준다.

왜 모든 사람이 다자산군 투자를 하지 않는가

만약 다자산군 투자가 그렇게 훌륭하다면 왜 모든 사람이 그렇게 하지 않는가? 거기에는 세 가지 중요한 이유가 있다.

첫째, 투자자들이 분산투자의 힘을 제대로 알지 못한다. 보통의 투자자는 분산투자가 변동성을 감소시킨다는 점을 이해하지만, 동시에 수익률도 감소시키지 않을까 의심한다. 우리가 살펴봤듯이, 분산투자는 수익을 감소시키는 것이 아니라 증대시키는 경향이 있다. 투자자들은 이 두 가지 이점에 대해 알아야 한다.

둘째, 시장예측에 대한 호기심이다. 투자자들은 자연스레 어느 자산군에 우선 투자해야 할지 예측하는 방법이 있을 것이라고 믿으려 한다. 또한 몇몇 투자관리인들은 그들이 실제로 시장에서 매매시점을 정확히 포착할 수 있다고 주장하고 있다. S&P 500, EAFE, NAREIT, GSCI 중 다음 해에 가장 실적이 좋을 자산군이 어느 것인지 매년 알려줄 수 있는 시장예측가가 옆에 있다고 가정해보자. 만약 그가 1984년부터 1998년까지 15년 동안 실적이 좋았던 자산군을 성공적으로 예측했다면, 그의 조언에 따라 투자한 투자자는 32.19%의 복리 수익률을 실현했을 것이다. 만약 그러한 시장예측 기술이 존재한다면, 이러한 수익률을 낸 투자관리인이 존재한다는 증거일 것이다. 모닝스타의 데이터베이스를 살펴보면, 과거 최소 15년 이상 유지된 뮤추얼펀드가 약 600개가 있었다. 거기에는 전문적으로 운영되던 국내 펀드와 국제 펀드, 지분형 펀드와 고정수입형 펀드, 다양한 특수 펀드들이 포함되어 있다. 이 펀드들 가운데 과연 몇이나 32.19%를 초과한 복리 수익률을 보였을까? 하나도 없다! 접근조차 하지 못했다.

어쩌면 우리가 시장예측가들에게 너무 많은 능력을 요구하는 것인지도 모른다. 실적이 가장 나을 것이라 예측한 자산군이 매년 네 가지 자산군 가운데 첫 번째가 아니라 두 번째 실적을 나타냈다고 가정해보자. 이것은 특별히 인상적인 실적으로 보이지 않지만, 그래도 15년간 19.32%의 연복리 수익률을 나타냈을 것이다. 약 600개에 달하는 펀드 중에서 단지 5개만 이보다 더 나은 투자실적을 올렸다. 이것은 전문적으로 관리되는 전체 뮤추얼 펀드의 1%도 안 되는 수치이며, 5개 펀드 가운데 어느 것도 탁월한 수익을 올리기 위해 시장예측에 의존한 것은 없었다.

아마 이것도 여전히 시장예측가에게 너무 많은 것을 요구하는 것이리라. 만약 한 자산군이 다른 자산을 지배하는 기간을 우리에게 알려달라고 시장예측가에게 요청한다면 어떨까? 예를 들어 시장예측가가 우리에게 15년 가운데 1980년대에 해당하는 해에는 EAFE에 투자하고 1990년대에는 S&P 500으로 전환하라고 알려준다고 가정해보자. 이 전략은 23.06%의 복리 수익률을 발생시켰을 것이다. 마찬가지로 약 600개의 펀드 가운데 어느 뮤추얼 펀드 운영자도 그러한 수익률을 달성하지 못했었다. 자산군들의 상대적인 실적을 성공적으로 예측하기 어렵다는 건 분명하다!

모든 사람이 다자산군 투자를 하지 않는 세 번째 이유는 투자가의 심리 때문이다. 투자자들은 그들의 투자결과를 평가할 때 국내 시장을 준거 기준으로 삼는다. 예를 들어 미국에서 투자하는 투자자는 자신의 주식 수익률을 S&P 500과 같은 시장지수와 비교할 것이다. 더 나은 실적을 올리는 시장으로의 분산투자가 다자산군 투자자에게 보상해주기 때문에 이러한 준거 기준은 국내 시장이 다른 자산군들보다 실적이 낮은 해에는 문제가 되지 않는다. 그러나 국내 시장이 더 나을 때에는 투자자는 분산투자가 자기의 수익을 감소시켰다고 생각한다. 이처럼 이득 또는 손실에 대한 느낌은 일차적으로 투자자의 현시적인 준거 기준에서 생긴다. 예를 들어 우리가 논의했던 네 가지 자산군 포트폴리오는 1997년에 10.4%의 수익률을 보였다. EAFE나 GSCI를 준거 기준으로 한다면 투자자들은 이러한 자산군들이 1997년에 각각 2.05%와 −14.07%의 수익을 냈기 때문에 이것을 '성공한' 수익률로 여긴다. 그러나 S&P 500이나 NAREIT의 관점에서 보면 이 자산군들은 각각 33.36%와 20.26%의 수익률을 냈기 때문에 변변치 못하다.

다자산군 전략은 매년 구성부문인 자산군들 가운데 일부에서는 손실을 입고 다른 것에서는 이익을 낸다. 그것이 분산투자의 본성이다. 이 글을 쓰는 현재, S&P 500은 1995년에서 1998년까지 괄목할 만한 실적을 냈기 때문에 모든 사람이 좋아하는 자산군이다. 우리가 분석한 27년 동안에 걸쳐, GSCI가 다섯 번 수위에 올랐고, EAFE와 NAREIT가 각각 일곱 번과 열 번 수위에 올랐다. 이와 비교해 S&P 500은 단지 다섯 번 수위에 올랐을 뿐이다. 그러나 S&P 500이 수위에 오른 것 가운데 세 번은 분석기간 마지막 4년 동안에 일어난 사건이기 때문에 준거 기준으로서 특히 인상적이다. S&P 500이 지배했던 이 기간은 투자자들에게 영원할 것처럼 보일 것이고 같은 기간 다자산군 전략에 의해 발생한 낮은 수익률에 대한 불만은 증폭될 것이다. 분산투자에 따른 이 문제는 사업상 당연히 수반되는 것으로서 그렇게 되길 당신이 원하든 원치 않든 그렇게 된다!

우리는 이 준거 기준의 문제를 과소평가해선 안 된다. 투자자들은 골프 회동에서 또 칵테일파티에서 자신의 투자결과를 친구들의 투자결과와 비교한다. 진정한 다자산군 투자자는 여전히 소수다. 미국 시장이 우월한 기간에 이 사람들은 좀더 전통적인 국내 주식과 채권 포트폴리오를 보유한 친구들과 이야기할 때 아주 쉽게 기분이 상할 것이다. 얼마 전 한 고객은 이렇게 말했다. "친구들이 이익을 낼 때 때때로 손실을 보기도 하지만 장기적으로는 우수한 전략을 따르느니 차라리 그들이 이익을 낼 때 이익을 내고 손해를 볼 때 손해 보는 열등한 전략을 따르겠다." 이처럼 다르다는 점이 고통스러운 것이다.

주식투자는 장기적인 노력이다. 따라서 투자자들은 마음속으로 장기적인 전략을 계획하고 실행해야 한다. 투자자들은 자연히 장기실적보다는 최근의 투자경험에 더 많은 의미를 둔다. 그러나 그들은 분산된 전략을 기피하고 어제 이익을 낸 사람을 쫓아가려는 유혹을 이겨내야만 한다.

여기에 제시된 다자산군 투자분석은, 단순화를 위해 S&P 500, EAFE, NAREIT, GSCI를 동일한 비중으로 다양하게 조합한 전략들의 교육적인 예시에 불과하다. 내 목표는 하나의 교육사례를 이용해 분산투자의 힘을 증명하는 것이다. 비록 내가 다자산군 투자를 강하게 지지하지만, 고객들에게 동일한 비중으로 된 지분형 투자전략을 권하지는 않는다. 나의 논리는 부분적으로 준거기준이란 주제에 대한 심리적 관심에 뿌리박고 있다. 좀더 적절한 지분구조는 해외 주식, 부동산증권, 상품 등에 적게 투자하고, 국내 보통주 자산군에 가장 많이 배분하는 것이다. 비록 이러한 포트폴리오 배분이 동일한 비중으로 된 전략만큼 만족할 만한 장기 변동성조정 수익률을 내지 못하더라도, 이 포트폴리오의 수익률 형태는 고객이 견뎌내기에 더 쉬우면서도 광범위한 분산투자에서 얻는 이익의 상당 부분을 유지토록 할 것이다.

나는 수익률을 증진시키고 변동성을 완화시키는 것에 대한 분산투자의 힘을 설명하기 위해 이 교육사례가 투자가의 포트폴리오 가운데 단지 지분형 투자에만 초점을 두었다는 점을 반복해 강조하고 싶다. 분석에 이자발생형 투자를 포함했다면, 자산군 사이 성장경로의 차이가 분산투자의 효과와 이익을 가렸을 것이다. 분석에서 이자발생형 투자를 제외한 것은, 내가 지분형 투자에 100%를 배분한 포트폴리오를 지지하는 사람임을 뜻하진 않는다. 대부분의 고객 상황에서 이자발생형 투자로의 분산은 권할 만하다.

때때로 어떤 고객은 이러한 분석을 따르면서도, 그것이 미래 예측과 관련 없을 수도 있는 역사적 자료에 의존했기 때문에 이 분석의 효용에 관해 의문을 제기한다. 그의 주장은 오늘날 세상이 내가 다자산군 투자분석을 했던 시기와 많이 다르며, 역사적으로 전례가 없던 위험과 기회가 존재한다는 생각에 따른 것이다. 비록 그것이 사실일지 모르지만, 과거에 항상 그래왔던 것처럼 투자자의 행태는 거의 똑같다. 투자자들은 불확실성보다는 예측가능성을 선호하며, 자신의 변동성 허용수준에 따라 차별화된 투자자산들의 목록을 대한다. 투자자들의 매매행위가 수요와 공급을 균형에 이르도록 해서 증권가격을 형성한다. 이를 위해서 변동성이 큰 자산군이 변동성이 작은 자산군보다 더 높은 기대수익률을 지녀야만 한다. 이 점이 여러 투자자산 사이에서 상호경쟁적인 변동성조정 수익률을 이끌어낸다.

다자산군 접근방식이 갖는 분산투자의 효익은 단기적으로 투자자산간의 수익률 형태의 차이에, 장기적으로는 상호경쟁적인 자산군들의 가격결정에 달려 있다. 우리 시대만의 독특한 위험과 기회도 있지만 이러한 조건들은 미래에도 유지될 것이다. 그러나 논의를 위해 비평가들처럼 미래는 단순히 알 수 없는 것이라고 가정해보자. 만약 미래를 예측할 아무런 근거가 없다면 가장 현명한 투자전략은 알 수 없는 시장위험을 경감시키기 위해 포트폴리오를 광범위하게 분산하는 것이다. 사실 이러한 비판은 오히려 다자산군 투자를 옹호하는 주장을 지지한다.

요약

자산배분은 매우 중요하다. 분산투자의 효익은 변동성 감소뿐 아니라 수익 증대라는 점에서도 강력하고 확실하다. 포트폴리오의 한 구성부문으로서 어느 자산군의 적정성 여부를 평가하기 위해서는, 단지 그것의 수익률과 변동성만을 아는 것으로 충분하지 않다. 수익률 형태가 포트폴리오의 다른 구성부문의 수익률 형태와 어떻게 상호 관련되는지도 알아야만 한다. 다른 조건들이 같다면, 포트폴리오 내에서 자산군들 사이의 상이성이 더 클수록 분산효과가 더 크며, 이는 장기적으로 투자자들에게 낮은 변동성뿐 아니라 더 큰 수익을 가져다준다.

분산투자의 효익은 우수한 기술의 실행에 달려 있지 않다. 그것은 다자산군 투자접근방법을 따르겠다는 투자정책을 결정함으로써 나온다. 그림 8-5의 포트폴리오들이 증권선택의 탁월한 기술을 통해 경쟁자들보다 더 나은 실적을 보이려고 했던, 각각 다른 보통주 관리자의 실적을 나타낸 것이라고 잠깐 상상해보자.

우리는 그래프의 왼쪽 편 관리자들이 우수한 변동성조정 수익률을 실현하기 위해 무엇을 했는지 알고 싶어 할 것이다. 놀랍게도 이렇게 눈에 띄게 탁월한 실적은 기술에 의한 것이 아니라 간단한 정책 결정 — 분산투자하라 — 에 의한 것이다!

다자산군 전략은 거북이와 토끼의 이야기와 같다. 1년, 3년, 또는 10년 동안 경주는 아마 구성부문 가운데 하나인 단일 자산군이 이끌 것이다. 물론 선두주자는 세인들의 관심을 끌 것이다. 거북이는 결코 주위의 많은 토끼들처럼 빨리 달리지 않는다. 그러나 평균적으로는 대다수 경쟁자들보다 더 빨리 달린다. 이 사실이 경주의 다양한 구간에서 주목을 끄는 각각의 선두 토끼 때문에 잊혀질 뿐이다. 이 장 앞부분에서 제시된 다자산군 분석 기간이 26년이라는 데 주목할 필요가 있다. 마라톤 거리는 42.195킬로미터. 다자산군 투자에 대한 설명을 위해 이 26년을 마라톤이라고 생각해보라. GSCI라는 토끼는 경주의 처음 3분의 1인 1970년대에 선두를 달렸다. 경주의 두 번째 3분의 1은 1980년대였는데 그때는 EAFE라는 토끼가 가장 빨랐다. 1990년대인 경주의 마지막 3분의 1 동안에는 S&P 500이라는 토끼가 가장 앞섰다. 항상 다자산군이라는 거북이보다 더 빠른 토끼가 있었다. 대개 경주 구간에 따라 선두를 달리는 토끼는 달라졌다. 그러나 결국에는 거북이가 토끼들보다 앞섰다. 우리는 이 이야기의 교훈을 안다. 천천히 그리고 꾸준히 가면 경주에서 이긴다. 결국에는 인내와 절제에 대한 보상을 받는다. 이 보상을 확실히 보장받기 위해, 우리는 국내로 한정된 준거 기준을 버리고 세계시민으로서 투자에 임해야 한다.

9장 포트폴리오 최적화

> 모든 사업은 확실성이 아니라
> 믿음과 가능성에 대한 판단으로 진행된다.
>
> —찰스 엘리어트

이 장에서는 포트폴리오 최적화를 논의할 것이다. 고객의 다양한 상황에 따라 최적의 자산배분을 파악하기 위해 설계된 컴퓨터 프로그램에 관심이 있거나 그것을 사용하려는 독자들에게 이 장은 특히 가치 있을 것이다. 자산배분에 대한 이러한 기술적인 면에 관심이 없는 독자라면 바로 10장으로 넘어가도 좋다.

7장에서 우리는 투자 포트폴리오를 구성함에 있어 자산을 배분하는 좋은 방법과 나쁜 방법이 있음을 배웠다. 좋은 자산배분은 효율적이라고 말한다. 효율적인 자산배분에서는 특정 포트폴리오의 변동성 수준이 정해진 상태에서 포트폴리오의 기대수익률이 극대화된다. 잘못된 자산배분은 비효율적이라고 한다. 비효율적인 포트폴리오에서도 단순히 다양한 투자 포지션에 펀드를 재분배함으로써 포트폴리오 변동성을 증대시키지 않고도 포트폴리오의 기대수익률을 증가시킬 수 있다(마찬가지로 포트폴리오의 기대수익률을 낮추지 않고서도 포트폴리오 변동성을 감소시킬 수도 있다). 포트폴리오의 각 자산은 포트폴리오 기대수익률과 변동성 양쪽 모두에 기여한다. 비효율적인 포트폴리오에는, 일정수준의 포트폴리오 변동성이 있을 때 포트폴리오 기대수익률에 대해 여타 자산들보다 더 높은 변동성조정 기여도를 보이는 자산들이 있다.

만약 포트폴리오 안의 해외 채권이 소형주보다 포트폴리오 변동성 단위당 포트폴리오 기대수익률을 더 많이 증가시킨다면, 우리는 단순하게 얼마간의 소형주를 팔아 해외 채권투자에 추가자금을 제공함으로써 포트폴리오 변동성을 증대시키지 않으면서도 포트폴리오 기대수익률을 증가시킬 수 있다. 이러한 교환이 포트폴리오의 구성을 변화시키기 때문에 포트폴리오 기대수익률에 대한 각 자산의 변동성조정 기여도 또한 변화한다. 따라서 재평가해야 한다. 만약 우리가 또다시 다양한 자산들에 있어 포트폴리오 기대수익률에 대한 변동성조정 기여도의 차이를 찾아낸다면, 포트폴리오 기대수익률에 대해 가장 작은 변동성조정 기여도를 보이는 자산 가운데 일부를 가장 큰 기여도를 보이는 자산으로 교환함으로써 포트폴리오 기대수익률을 개선시킬 수 있다.

만약에 우리가 계속해서 (포트폴리오 변동성은 증가시키지 않으면서) 이렇게 한다면, 마침내 이익이 되는 교환을 모두 다 할 수 있을 것이다. 이때 최종적으로 나타나는 자산배분은 그러한 특정 포트폴리오 변동성 수준에서 기대수익률을 최대화시킨다. 따라서 그 포트폴리오는 효율적으로 된다. 그러한 효율성의 조건으로서,

포트폴리오 기대수익률에 대한 각 자산의 변동성조정 기여도는 동등해야 한다(만약 그렇지 않다면, 우리는 분명히 더 많이 교환함으로써 포트폴리오 변동성을 증대시키지 않으면서도 포트폴리오 기대수익률을 계속 증가시킬 수 있을 것이다).

당신이 어떤 방향으로 걸어가든 내려갈 수밖에 없을 때, 당신은 자신이 산꼭대기에 서 있다는 것 — 당신이 가장 높은 곳까지 올라왔다는 것 — 을 알게 된다. 효율적인 포트폴리오는 산꼭대기에 서 있는 것과 같은데, 거기에서는 동등한 포트폴리오 변동성을 지닌 다른 대안적인 자산배분의 시도가 포트폴리오 기대수익률을 감소시키는 결과를 초래할 것이다.

일련의 투자자산에서 정해진 포트폴리오 변동성 수준에 상응하는 효율적인 포트폴리오는 하나밖에 없다. 모든 범위의 포트폴리오 변동성에 걸쳐 효율적인 포트폴리오들을 모아놓은 것이 효율적 투자선이라 알려져 있다. 비록 효율적 투자선상의 모든 효율적인 포트폴리오들이 일정 수준의 변동성에 대한 기대수익률을 최대화하기 때문에 좋은 것이기는 하지만, 특정 고객의 관점에서 볼 때 바람직한 것이 아닐 수도 있다. 그 이유는 사람들의 변동성 허용수준이 다양하기 때문이다. 한 사람의 고객을 위한 최적의 포트폴리오는, 그의 특수한 변동성 허용수준에 맞으면서도 고객의 기대수익률을 극대화시키는 효율적 투자선상의 단 하나의 포트폴리오다.

복잡한 이차방정식 프로그램을 운용할 수 있는 컴퓨터의 도움으로 효율적 투자선상의 각 포트폴리오에 상응하는 자산배분을 수학적으로 확인할 수 있다. 이러한 컴퓨터 최적화 프로그램은 입력요소로서 각 자산군의 기대수익률과 표준편차에 대한 추정치뿐 아니라 모든 자산군들 사이 수익률의 교차상관에 대한 추정치도 필요하다. 나는 앞에서의 논의를 통해 이러한 변수들에 대한 추정치를 이끌어내기 위해 과거 자료들을 맹목적으로 사용할 때의 위험성을 강조했다. 불확실성에 대한 평가를 입력요소에 포함한다고 해서 이러한 위험성을 제거하지는 못한다. 입력변수의 작은 변화에 출력요소가 민감하게 움직임에 따라 이 어려움은 더 심해진다. 이 점에서 컴퓨터 프로그래밍 입문과정에서 들었던 훈계 ─ 쓰레기를 넣으면 쓰레기가 나온다 ─ 는 아주 적절하다.

실질적인 문제로서 최적화 프로그램을 실행해봤던 전문가 대부분은 미래의 상관관계와 표준편차에 대한 추정치를 산출하기 위한 출발점으로 역사적인 교차상관과 표준편차를 사용한다.[1] 그러나 역사적인 수익률은 미래 수익률을 추정할 때 별 가치가 없다. 예를 들어 1979년에서 1988까지 10개의 20년간 투자기간에서, 대형주의 복리 수익률은 대체적으로 재무성 단기채권의 복리 수익률보다 2% 이상 크지 않았다. 대형주의 변동성이 훨씬 더 커졌을 때, 우리는 스프레드가 2% 이상 커짐에 따라 향후 대형주가 재무성 단기채권보다 실적이 나을 것이라고 확실히 예상할 수 있다. 따라서 이 20년의 투자기간 가운데 어느 하나에 기초해 미래 수익률 추정치를 산출하려는 사람은 아마도 대형주에서 기대되는 추가수익률을 저평가하게 될 것이다. 이 문제에 대한 한 가지 방법은 미래의 기대수익률 추정치 산출을 위해 자산군별

---

1 최적화 프로그램을 사용할 때 자산군에 대한 미래 평균수익률 수준에 대한 불확실성을 고려하기 위해 각 자산군 표준편차에 대한 입력추정치는 일반적으로 예상되는 변동성 수준보다 더 커야 한다.

수익률 사이의 좀더 장기적인 역사적 관계를 이용하는 것이다.

또 다른 접근방법은 다양한 자산군들의 기대수익률 추정치를 끌어내기 위해 현대의 포트폴리오 이론이 함축하는 바를 활용하는 것이다. 예를 들어 현대 포트폴리오 이론은 평균적인 변동성 허용수준을 보유한 투자자는 투자 가능한 세계 자본시장의 자산배분비율을 반영한 자산배합 포트폴리오에 투자하는 것이 최적이라고 주장한다. 추정과정에서는 다양한 자산군들의 표준편차와 교차상관에 대한 추정치 산출을 위한 기초로서 역사적인 자료를 먼저 사용한다. 그러고 나서 투자 가능한 세계 자본시장에 대한 배분을 결정한다(예를 들어 1998년 12월 31일의 이러한 배분에 대한 추정치를 보여주는 표 1-1을 보라). 평균적인 변동성 허용수준을 보유한 투자자에게 특정 자산배분이 최적이라는 가정 아래 각 자산군의 기대수익률을 찾는 식으로, 반대로도 작업할 수 있다.

일단 자산군들에 대해 기대수익률, 표준편차, 교차상관에 대한 입력요소들이 추정되기만 하면, 효율적 투자선상의 포트폴리오를 위한 자산배분을 끌어내는 것은 복잡하지만 단선적인 수학적 계산에 불과하다. 그때 효율적 투자선상에서 문제의 고객에게 가장 적절한 특정 포트폴리오를 선택해야 한다. 이를 위한 한 가지 방법은 효율적 투자선상의 포트폴리오 가운데 대표적인 몇 가지 표본의 기대수익률과 변동성에 있는 특성을 설명하고 고객에게 하나를 선택하게 하는 것이다. 고객의 선택이 변동성 허용수준을 간접적으로 암시할 것이다. 고객의 변동성 허용수준을 직접 측정하는 방법이 없기 때문에 최적의 포트폴리오를 선택하는 이 과정은 항상 주관적이다.

많은 컴퓨터 최적화 프로그램들에는 고객의 변동성 허용수준을 나타내기 위한 입력변수에 기초해 최적의 포트폴리오를 선택하는 기능이 내장되어 있다. 이를 위해 컴퓨터는 고객에 대한 포트폴리오의 효용(utility)을 최적화하는 효율적인 포트폴리오를 확인한다. 효용은 경제이론에서 빌려온 개념인데, 쉽게 말해 '심리적 만족'을 의미한다. 최적화 프로그램에서 효용은 포트폴리오의 기대수익률에서 변동성에 대한 벌점을 차감해 계산한다. 변동성에 대한 벌점은 다음 두 가지 — 수학적으로 계산할 수 있는 포트폴리오 변동성과 오직 주관적으로 평가할 수 있는 고객의 변동성 허용수준 — 가 교대로 작용한 것이다. 고객의 변동성 허용수준을 간접적으로 평가하기 위해 몇몇 컴퓨터 최적화 프로그램들은 6장에서 보여줬던 것과 같은 의사결정과정을 이용하는데, 이것은 투자자에게 재무성 단기채권과 대형주 가운데 선호하는 포트폴리오 배분을 선택하도록 요구한다. 대형주에 배분된 비율은 투자자의 변동성 허용수준에 대한 변수의 입력치로 사용된다. 예를 들어 80이라는 변동성 허용수준을 입력하는 것은 대형주에 80%를 투자한 것에 해당하며, 따라서 높은 변동성 허용수준을 나타낸다. 반면 25라는 변동성 허용수준을 입력한 것은 대형주에 25%를 투자한 것에 해당하고, 낮은 변동성 허용수준을 나타낸다.

뒤에서 언급하는 포트폴리오 최적화 프로그램은 다른 접근방법을 사용한다. 재무성 단기채권 50%와 대형주 50%로 된 포트폴리오 균형을 적극적으로 선택하기 위해서는, 대형주에 대해 재무성 단기채권 수익률을 초과하는 추가수익률을 어느 정도로 해야 할지 고객이 언급하도록 요청한다. 예를 들어 변동성 허용수준이 낮은 투자자는 50 : 50의 포트폴리오 균형을 적극적으로 선택하기 위해서 대형주가 재무성 단기채권보다 20% 높은 기대수익률을 지닐 것을 요구할 것이다. 따라서 변동성 프리미엄 입력변수는 20이 될 것이다. 변동성 허용수준이 높은 고객은 50:50의 포트폴리오 균형을 적극적으로 선택하기 위해 대형주가 재무성 단기채권보다 단지 3% 높은 기대수익률을 얻으라고 요구할 것이다. 이 경우 변동성 프리미엄 입력변수는 3일 것이다.

컴퓨터 최적화 프로그램

컴퓨터 최적화 프로그램은 경험이 없는 사용자들이 쉽게 다칠 수 있는 아주 예리한 도구다. 우리의 논의 목적은 포트폴리오 관리과정에서 이것의 공헌을 인식해 이 강력한 기술의 위험과 한계를 강조하려는 것이다.

이제 운용되는 컴퓨터 최적화 프로그램을 살펴보자.[2] 비록 독자들에게는 입력치 선택에 대해 심사숙고하도록 충고하지만, 교육적인 이유로 첫 번째 최적화 사례에서는 조정되지 않은 역사적인 실적 통계를 그냥 사용할 것이다. 표 9-1의 입력치는 1973년에서 1994년까지 22년간의 통계에 기초한 것이다. 일곱 가지 열거된 자산군 외에도 두 가지의 특수한 투자자산 — 부동산 분리계정과 귀금속 뮤추얼펀드 — 이 있다. 최적화에 비유동적인 투자를 포함시켰을 때의 위험을 예시하기 위해 부동산 분리계정을 넣었

2 모든 컴퓨터 최적화는 베스텍시스템즈 사의 소프트웨어로 실행되었다.

표 9-1 컴퓨터 최적화 프로그램 입력치

기대수익률 입력치	표준편차 입력치	자산군	교차상관 입력치 매트릭스								
7.34	0.81	(1) 재무성 단기채권	1.00								
9.57	10.08	(2) 장기회사채	0.05	1.00							
11.29	11.63	(3) 해외 채권	-0.09	0.35	1.00						
12.09	15.71	(4) 대형주	-0.06	0.39	0.12	1.00					
17.83	21.51	(5) 소형주	-0.08	0.24	0.02	0.79	1.00				
14.95	17.94	(6) 해외 주식	-0.09	0.24	0.64	0.48	0.38	1.00			
14.40	13.95	(7) 지분형 REITs	-0.09	0.27	0.13	0.65	0.75	0.41	1.00		
8.78	3.48	(8) 부동산 분리계정	0.32	-0.08	0.00	0.03	0.03	0.08	0.04	1.00	
23.03	33.78	(9) 귀금속 뮤추얼펀드	-0.06	-0.02	0.20	0.21	0.19	0.31	0.16	-0.02	1.00

다. 귀금속 뮤추얼펀드는 역사적으로 인플레이션과 정치적 불안 정성에 대한 헤지수단으로 사용되는 투자의 예로서 포함했다. 몇 가지 최적화의 실례를 살펴본 후 각 자산군의 기대수익률 입력 치과 1995년에서 1998년까지의 실적을 비교할 것이다.

연복리 수익률이 아니라 22년 동안 역사적인 단순평균 수익률 을 각 자산군의 기대수익률에 대한 입력치로 사용한다. 기대수익 률은 각 해의 수익률에 대한 평가로서 단순평균 수익률에 가장 가깝다. 단순평균 수익률을 사용하는 또 다른 이유는 표준편차 통계치가 복리 수익률에 따라서 측정되는 것이 아니라 단순평균 수익률에 따라서 측정되기 때문이다. 실제로 연복리 수익률 통계 는 그 안에 수익률의 변동성에 관한 정보를 포함하고 있다. 따라

	투자 A	투자 B	투자 C
1년도 수익률	8%	8%	8%
2년도 수익률	6%	0%	-6%
3년도 수익률	10%	16%	22%
단순평균 수익률	8%	8%	8%
연복리 수익률	7.99%	7.80%	7.39%
변동성	저	중	고

표 9-2 단순평균 수익률, 연복리 수익률, 변동성 간의 관계

서 기대수익률에 대해 연복리 수익률 통계치를 입력치로 잘못 사용하는 것은 변동성을 두 번 계산하는 결과를 초래한다.

3장 부록에서 수익률이 변할 경우 연복리 수익률이 항상 단순 평균 수익률보다 작다는 사실을 언급했다. 이것은 평균 이상 수익률이 평균 이하 수익률의 영향을 상쇄하지 못하기 때문이다. 달리 표현하자면, 평균 이상의 실적에서 얻는 잉여부분이 평균 이하의 실적에서 얻는 동일한 크기의 부족 부분을 상쇄하기에 충분하지 않기 때문이다. 표 9-2는 세 가지 다른 투자를 보여준 다. 각각 8%의 단순평균 수익률을 보이는데 2년째는 평균 이하 의 수익을 냈고, 3년째는 평균 이상의 수익을 냈다. 비록 세 가지 투자가 변동성의 관점에서는 서로 다르지만 제각각 평균 이상의 실적을 달성할 때의 잉여부분이 평균 이하의 실적을 달성할 때 의 부족 부분과 동일하다는 점에 주목하라. 세 가지 경우 모두 평균 이상인 해의 수익률이 평균 이하인 해의 수익률을 상쇄하 기에 충분하지 않기 때문에, 연복리 수익률은 8%의 단순평균 수 익률보다 낮다. 또한 가장 안정적인 투자 A가 단순평균 수익률 8%와 연복리 수익률 7.99% 사이 가장 작은 스프레드를 보인 반

면, 가장 변동성이 큰 투자 C는 단순평균 수익률 8%와 연복리 수익률 7.39% 사이 가장 큰 스프레드를 보였음에 주목하라.

우리는 표 3-1에서 연복리 수익률, 단순평균 수익률, 표준편차 통계치 사이에서 동일한 관계가 있음을 살펴봤다. 가장 높은 표준편차가 있는 자산군이 단순평균 수익률과 연복리 수익률 통계치 사이에서 가장 큰 스프레드를 보였다. 반대로 가장 낮은 표준편차를 지닌 자산군이 단순평균 수익률과 연복리 수익률 통계치 사이에 가장 작은 스프레드를 보였다.[3] 연복리 수익률, 단순평균 수익률, 표준편차 사이의 관계에 대한 논의는 3장의 주1과 주6, 6장의 주4에서 살펴본 주제들을 더욱 분명하게 한다.

우리와 함께 투자기간의 개념에 대해 완벽하게 검토해나갈 고객이 있고, 그가 재무성 단기채권과 대형주의 기대수익률과 변동성의 특성에 대해 이해하고 있다고 가정해보자. 우리는 그에게 재무성 단기채권 50%와 대형주 50%로 구성된 포트폴리오를 설명하며 이렇게 질문한다. "재무성 단기채권이 현재 7.3%의 수익률을 보인다고 할 때, 재무성 단기채권 50%와 대형주 50%로 구성된 포트폴리오 배분을 적극적으로 선택하기 위해서 대형주에서 얻고 싶은 추가 수익률은 얼마입니까?" 고객의 대답은 그의 변동성 허용수준에 대한 간적접인 척도로서, 우리에게 컴퓨터 최적화 프로그램의 변동성 프리미엄 입력변수에 대한 값을 제공해

---

3 산술평균은 대략 기하평균에다 분산의 2분의 1을 더한 것과 유사하다. 예를 들어 표 3-1에서 우리는 대형주의 산술평균(단순평균) 수익률이 13.2%, 기하평균(연복리) 수익률이 11.2%, 표준편차가 20.3%라는 것을 알 수 있다. 13.2%라는 산술평균은 대략 11.2%의 기하평균에 분산(표준편차의 제곱)의 2분의 1을 더한 것에 해당한다. $13.2\% = 0.132 = 0.112 + 0.5(0.203)^2 = 0.133 = 13.3\%$.

표 9-3 10%의 변동성 프리미엄을 나타낸 고객의 최적화 결과와 민감도 분석

	1 9개 자산군 전체	2 8개 자산군 (부동산분리 계정 제외)	3 지분형 REITs 기대수익률 1% 감소	4 지분형 REITs 표준편차 1% 증가	5 지분형 REITs와 소 형주 교차상 관이 1일 때
자산군					
재무성 단기채권	0.0%	26.6%	31.3%	29.7%	19.6%
장기회사채	0.0	3.0	4.3	3.6	4.2
해외 채권	16.8	23.8	25.6	24.7	26.4
대형주	0.0	0.0	0.0	0.0	0.0
소형주	13.6	13.3	20.5	16.7	0.0
해외 주식	0.0	0.0	0.0	0.0	0.0
지분형 REITs	15.6	21.0	5.9	13.0	37.6
부동산 분리계정	41.9	-	-	-	-
귀금속 뮤추얼펀드	12.1	12.3	12.4	12.3	12.2
	100.0%	100.0%	100.0%	100.0%	100.0%
포트폴리오 특성					
기대수익률	13.0%	13.2%	12.9%	13.0%	13.1%
표준편차	7.6%	8.4%	8.2%	8.3%	8.4%
양(+)의 연수익률 달성 가능성	96.3%	94.8%	94.8%	94.8%	94.8%

줄 것이다. 최적화 사례에서는 고객이 보통주에서 17.3%의 수익률—7.3%인 재무성 단기채권 수익률보다 10% 더 많다—을 요구했다고 가정하겠다.

표 9-3은 서로 다른 다섯 개의 최적화에 대한 자산배분 컴퓨터 출력내역을 보여준다. 각각의 경우 컴퓨터는 변동성 허용수준이 10%의 변동성 프리미엄에 상응한 고객에 대한 최적의 포트폴리오(입력변수와 특정한 제약조건에 기초한)를 보였다. 첫 번째 최적

화는 아홉 개의 자산군 어디에도 포트폴리오의 0%에서 100%까지 투자할 수 있도록 제약조건이 하나도 없다. 입력요소에 따라 최적의 포트폴리오는 자산의 반 이상을 부동산에 투자하는 것이었는데, 부동산 분리계정과 지분형 REITs에 각각 41.9%와 15.6% 배분되었으며, 해외 채권, 소형주, 귀금속 뮤추얼펀드에도 배분되었다. 포트폴리오의 기대수익률은 13.0%이고 표준편차는 7.6%였다. 이 배분이 양(+)의 연 수익률을 낼 확률은 96.3%다.

이러한 배분이 이치에 맞는가? 그렇다. 일정한 입력치에서는 당연하다. 비록 부동산 분리계정의 기대수익률이 지분형 자산군 중에서 가장 낮지만 그것의 표준편차가 대단히 낮고 다른 자산군들과의 교차상관도 매우 낮기 때문에 포트폴리오를 위한 구성부문으로 아주 매력적이다. 따라서 그것에 대한 배분이 그렇게 크다는 점은 놀라운 일이 아니다. 아홉 개의 자산군 사이에 배분을 어떻게 변경하든 이 특별한 고객을 위해 더 바람직한 기대수익률과 변동성 특성을 지닌 포트폴리오를 출력하진 못할 것이다.

이제, 우리의 고객에게 이 포트폴리오를 권할 것인가? 아마 모든 입력 자료에 대해 대단히 높은 확신을 한다면 그럴 것이다. 그러한 확신의 근거가 있는가? 부동산 분리계정은 보험회사가 관리하는 비유동적인 부동산물건으로 만든 투자 포트폴리오다. 부동산 분리계정에 대한 실적측정은 포트폴리오 안에 있는 부동산의 현재 시장가격에 대한 주기적인 평가에 기초한 것이다. 평가과정이 부동산 가격의 실제적인 변화를 정확하게 반영하고 있는가에 대해서 꽤 많은 논쟁이 있다(단순히 당신이 투자의 변동성을 알 수 없다는 점이 그것이 존재하지 않는다는 걸 의미하지는 않는다).

나는 평가과정이 부동산 물건 가격의 변화규모를 과소평가하고 있으며, 부동산 투자수익률의 실제 변화가 표준편차 통계로 표시되는 것보다 훨씬 크다고 생각한다. 마찬가지로 비록 부동산은 여타 금융자산군과 수익률에서 낮은 교차상관이 있겠지만, 평가과정상 자산배분에 부동산을 포함시켰을 때 예상되는 분산효과를 과대평가하는 상관관계 통계치가 출력될 수도 있다.

지분형 REITs와 부동산 분리계정 사이의 0.04라는 교차상관 통계치는 이 두 가지 부동산 투자의 수익률과 거의 상관관계가 없다는 점을 나타내고 있음에 주목할 때 이것 역시 불안하다! 입력에 대한 확신이 없는 만큼 출력에 대한 확신도 없다. 입력치를 고려할 때, 고객을 위한 최적의 배분이 주로 부동산에 치중되어 있다는 점은 놀라운 일이 아니다. 주로 부동산에 치중한 포트폴리오가 고객을 위해 최선이라는 출력결과에서 결론을 도출하기보다는 입력치를 지나치게 신중하게 받아들이지 않도록 출력을 하나의 경고신호로 여기는 것이 적절할 것이다.

부동산 분리계정의 실제 변동성이 평가로 이끌어낸 표준편차 통계에 의해 잘못 나타날 수도 있다는 강한 개연성을 가정한다면, 우리는 간단히 투자수단에서 그것을 제거하고 부동산 자산군을 대표하는 대체물로서 지분형 REITs에만 의존할 수도 있을 것이다. 표 9-3에서 최적화 2는 부동산 분리계정에 0% 배분하도록 제약조건을 단 것이다. 이제 동일한 고객에 대한 최적의 포트폴리오는 지분형 위주의 투자에서 이자발생형 투자를 더 포함하는 쪽으로 조금씩 이동한다. 가장 의미 있는 변화는 재무성 단기채권에 26.6% 배분하는 것이다. 최적화 프로그램은 표준편차가 가장 낮았던 부동산 분리계정이란 투자수단을 제거한 영향을 상쇄시키기 위해 재무성 단기채권을 끌어들인 것이다.

이 포트폴리오에서 13.2%라는 기대수익률은 첫 번째 포트폴리오보다 더 높지만 이러한 기대수익률의 증가는 8.4%라는 더 큰 표준편차를 동반한다.[4] 우리는 이 포트폴리오에서 더 편안해할 수 있다. 왜냐하면 그것이 포트폴리오 1보다 균형 잡혀 있기 때문이다. 그러나 동시에 부동산 투자수단, 즉 지분형 REITs가 이제 가장 큰 지분형 자산군인데 비해, 두 가지 주요한 지분형 자산군인 대형주와 해외 주식이 전혀 포함되지 않은 점은 조금 걱정스럽다. 지분형 REITs에 이렇게 많이 투자하는 것이 정당할까? 이것은 또다시 우리가 다양한 자산군에 대한 입력변수를 얼마나 확신하는가의 문제다. 최적화 1과 2는 지분형 REITs가 14.40%의 기대수익률과 13.95%의 표준편차를 지닌다고 추정했다. 이것은 지분형 REITs가 1년간 투자에서 0.45%와 28.35%(즉 14.40% ± 13.95%) 사이의 수익률을 우리에게 가져다줄 가능성이 대략 3분의 2임을 나타낸다. 이러한 추정은 그다지 특별한 것도 아니다. 그렇지 않은가?

이제 민감도 분석을 해보자. 표준편차에 대한 우리의 평가가 아주 정확하지만, 지분형 REITs에 대한 기대수익률을 1% 정도 과대평가했다고 가정해보자. 따라서 수익률의 전형적인 '참된' 범위는 −0.55%와 27.35% 사이(즉 13.40% ± 13.95%)다. 어떤 실질적인 목적에서든 이것이 지분형 REITs의 추정 실적으로서 의미 있

---

4 우리가 변동성 프리미엄 입력치를 10%로 유지했기 때문에, 입력치의 가정을 달리하면 최적의 포트폴리오가 다양한 기대수익률과 변동성 수준을 보일 것이라는 점에 주의하라. 그것은 입력치가 변함에 따라 최적의 포트폴리오 기대수익률과 변동성 간의 결합이 다르게 나타나기 때문이다.

는 변화는 아니다. 만약 우리가 다른 모든 자료의 입력을 그대로 유지하면서 지분형 REITs의 기대수익률 입력치를 1% 낮춘다면 이것이 산출에 어떤 영향을 미칠까? 표 9-3의 최적화 3은 수정된 최적 포트폴리오에서 자산배분과 성과 특성을 나타낸 것이다. 하나의 입력변수에서 이처럼 작은 변화가 어떻게 자산군 사이의 배분을 급격하게 변화시키는지 주목하라. 지분형 REITs에 대한 투자는 21.0%에서 5.9%로 급격하게 떨어졌다! 예상한 것처럼 포트폴리오 기대수익률은 떨어졌지만 포트폴리오 표준편차는 그만큼 더 낮다.

최적화 4에서는 지분형 REITs의 기대수익률에 대한 더 낮은 추정치 사용 시 효과를 측정하는 대신, 지분형 REITs의 표준편차에 대한 추정치를 13.95%에서 14.95%로 1% 올렸다. 다른 모든 면의 입력변수들은 최적화 2에서와 동일하다. 또다시 하나의 입력변수에 대한 매우 작은 변화가 최적의 포트폴리오를 수정함으로써 자산들을 눈에 띄게 재분배시켰다. 지분형 REITs에 대한 투자는 21.0%에서 13.0%로 떨어졌다. 또다시 이렇게 수정된 포트폴리오의 기대수익률과 변동성은 포트폴리오 2보다 더 낮아졌다.

지분형 REITs에 대한 입력자료를 변경시킬 수 있는 또 다른 차원 ― 다른 자산군과의 교차상관 ― 이 있다. 표 9-1에서의 교차상관 매트릭스를 검토함으로써 우리는 지분형 REITs가 소형주 자산군과 가장 높은 상관관계에 있음을 알 수 있다. 최적화 5에서는 지분형 REITs와 소형주 사이의 교차상관이 완전한 양의 값, 즉 1이라고 가정했다(즉 두 자산군 사이에는 분산효과가 없다). 따라서 지분형 REITs와 모든 다른 자산군 간의 수익률 교차상관은, 소형주와 다른 자산군 간의 교차상관의 패턴과 일치하도록 변경될 것이다. 모든 다른 입력변수들은 최적화 2에서와 동일하다. 이번에는 지분형 REITs에서 배분이 포트폴리오의 21.0%에서 37.6%로 올랐으며, 소형주는 아예 포함되지도 않았다! 또한 포트폴리오 2, 3, 4에서와 같이 대형주나 해외 주식에는 배분되지 않았다.

최적화 3, 4, 5에서 실행한 민감도 분석은 산출이 입력변수의 작은 변화에도 실제로 아주 민감하다는 점을 확인시켜 준다. 이러한 인식에 대한 하나의 반응은 입력변수들을 좀더 정확하게 나타내도록 시도하는 것이다. 내 판단으로는 이것은 쓸모없는 짓이다. 그림 7-5에서 그림 7-7까지는 두 가지 자산군 — 대형주와 장기회사채 — 에서 60개월(5년)의 투자기간 수익률, 표준편차, 교차상관이 아주 변동적인 특성을 나타냈음을 보여준다. 이 그래프들은 최적화 입력치를 정확히 추정하기가 아주 어렵다는 점을 뒷받침한다. 이들은 컴퓨터 최적화 프로그램이 극단적으로 다양한 자산군에 배분하지 않도록 하는 접근방법의 근거가 된다.

마지막 최적화에서는 포트폴리오의 핵심적인 36%가, 미국인 투자자에게 전통적인 포트폴리오 구성부문으로 활용되는 회사채와 대형주에 배분될 것이라고 미리 정하고서 시작하려고 한다. 또 다른 제약은 각 자산군에 포트폴리오 자산의 5% 이하 또는 25% 이상 배분해서는 안 된다는 것이다. 이러한 접근방법은 여덟 가지 자산군 모두에 최소/최대 배분의 제약을 둬 좀더 전통적인 포트폴리오 설계 면을 가미하면서 분산의 폭을 보장하려는 것이다. 표 9-4는 각 자산군에 허용될 수 있는 포트폴리오 할당 범위와 이 제약된 최적화를 통한 자산배분을 보여준다. 자산군

표 9-4 10%의 변동성 프리미엄을 지닌 고객을 위한 제약된 최적화 결과

	제약된 최적배분	허용범위	
		최소보유	최대보유
자산군			
재무성 단기채권	16.2%	5.0%	25.0%
장기회사채	16.0%	16.0%	25.0%
해외 채권	13.8%	5.0%	25.0%
대형주	20.0%	20.0%	25.0%
소형주	5.0%	5.0%	25.0%
해외 주식	5.0%	5.0%	25.0%
지분형 REITs	12.1%	5.0%	25.0%
귀금속 뮤추얼펀드	11.9%	5.0%	25.0%
	100.0%	66.0%	
포트폴리오 특성			
기대수익률	12.8%		
표준편차	9.0%		
양(+)의 수익률 달성 가능성	92.9%		

* 베스텍시스템즈 사의 소프트웨어가 최적화 결과를 산출했음.

별 최소 보유분을 합쳐보면, 제약조건들이 포트폴리오의 66%를 미리 확정짓는 작용을 한다는 것을 알 수 있다. 자산의 나머지 34%가 제약조건에 따라 최적화된다.

만약 우리가 이 제약된 포트폴리오를 제약조건 없이 똑같은 입력변수들을 사용한 포트폴리오 2와 비교한다면, 제약조건들이 포트폴리오 기대수익률을 0.4% 낮추고 포트폴리오 표준편차를 0.6% 증가시켰음을 알 수 있다. 그 대신 우리에게는 모든 주요 자산군에 훨씬 폭넓게 분산되고 제대로 균형 잡힌 포트폴리오가 생긴다. 비록 수학적으로는 이 제한된 포트폴리오가 제약되지 않은 포트폴리오와 비교해 최적화가 덜 된 것이지만 분산의 효익은 여전히 크게 유지된다. 예를 들어 **표 9-4**는 제약된 포트폴

표 9-5 최적화 입력치와 실적의 비교

	1995년에서 1998년까지		
	기대수익률 입력치	단순평균 수익률	연복리 수익률
자산군			
재무성 단기채권	7.34	5.23	5.23
장기회사채	9.57	13.08	12.71
해외 채권	11.29	9.29	8.84
대형주	12.09	30.61	30.50
소형주	17.83	16.89	15.83
해외 주식	14.95	10.07	9.86
지분형 REITs	14.40	13.33	11.53
부동산 분리계정	8.78	10.83	10.59
귀금속 뮤추얼펀드	23.03	-16.54	-17.40

리오가 자산군간 수익률의 역사적 교차상관에 기초해 9.0%의 표준편차를 지닌다는 걸 보여준다. 그러나 만약 자산군들이 완전하게 1의 상관관계에 있다면, 표준편차는 14.2% — 변동성 수준이 50%가 더 높은 — 가 될 것이다. 각 입력변수에 대한 믿을 만한 추정치를 끌어내기 어렵다는 점과 입력변수의 작은 변화에 대해서도 컴퓨터 출력결과가 민감하게 반응한다는 점을 가정한다면, 표 9-4의 제약된 포트폴리오 배분이 표 9-3의 최적화 2에서 보이는 제약되지 않은 포트폴리오 배분보다 고객의 입장에서 훨씬 더 현명한 추천이다.

표 9-5는 최적화 1과 2에 있어서의 기대수익률 입력치들을 1995년부터 1998년까지 4년에 걸친 각 자산군의 실적과 비교하고 있다. 앞에서 우리는 이러한 두 가지 최적화가 대형주에 자금을 배분하지 않았기 때문에 느끼는 꺼림칙함에 대해 언급했었다. 고객이 자신의 포트폴리오에서 이 자산군을 맹목적으로 제외시

킨다면 그는 다음 4년 동안 대형주에서 얻을 수 있는 30.5%의 연복리 수익률을 놓치게 된다. 그렇게 높은 수익률에서는 대형주에 1,000달러 투자했다면 2,900달러가 되었을 것이다. 동시에 최적화 프로그램이 귀금속 뮤추얼펀드에 12% 배분했다면, 복리 수익률로 -17.40%의 손실을 나타냈을 것이다. 최적화 입력치를 정할 때 우리가 아무리 조심하더라도 시장의 불확실성을 제거할 수는 없다. 이러한 불확실성은 때때로 하나의 자산군에서 예상하지 못한 많은 이익을 창출하는 동시에 다른 자산군에서 상당한 손실을 야기하기도 한다.

표 9-4의 제약된 최적화는 각 자산군에 대한 최소·최대 보유 한도를 미리 설정했으며, 그 결과 대안적인 포트폴리오 구조는 대형주에서의 굉장한 수익에 참가할 수 있었던 것이다. 이 4년에 걸친 귀금속 가격의 하락에 따른 고통을 피하는 유일한 방법은 거기에 돈을 투자하지 않는 것이지만, 그것은 최적화 프로그램에서 허용되지 않는다. 유감스럽게도 최적화 프로그램은 믿을 만한 점쟁이는 아니다. 그것은 불확실성을 모델화한 것일 뿐 불확실성을 제거하지는 못한다.

최적화에 대한 추가적인 고찰

9%의 포트폴리오 표준편차에서 포트폴리오 기대수익률을 최대화했던 재무성 단기채권, 채권, 주식의 효율적인 배합을 생각해보라. 이제 네 번째의 자산군, 예를 들어 부동산에 대한 투자를 허용해보자. 부동산의 기대수익률과 변동성의 특성에 따라 우리

는 9%의 포트폴리오 표준편차와 일치하면서, 최대 포트폴리오 기대수익률을 더 높일 수 있는 네 가지 자산군 모두를 사용한 새로운 자산배분을 발견할지도 모른다. 이 네 가지 자산군 포트폴리오에서 최적의 부동산 배분이 자산의 30%라고 가정해보자. 우리가 최적인 부동산 30%의 투자 전반부(부동산 배분을 0%에서 15%로 올릴 때)에서 투자 후반부(부동산 배분을 15%에서 30%로 올릴 때)에서와 똑같이 포트폴리오 기대수익률을 증가시킬 수 있을까? 다시 말해 최적의 배분에 도달할 때까지 부동산 투자를 늘리면 포트폴리오 수익률이 직선적으로 증가하는가 아니면 투자규모를 증가시킴에 따라 포트폴리오 기대수익률에 미치는 영향이 변하는가?

우리는 일련의 제약된 최적화를 수행해 다양한 부동산 투자로 구성된 효율적인 포트폴리오들의 기대수익률을 나타냄으로써 여기에 답할 수 있다. 그래프로 나타내면, 포트폴리오 기대수익률과 부동산 투자비율 사이의 관계는 **그림 9-1**과 같을 것이다. 부동 편입될 때 곡선 모양이 더 가파르다는 점에 주목하라. 이것은 부동산 분산투자가 시작될 때 포트폴리오의 기대수익률에 대한 최초의 영향이 더 크다는 점을 말해준다. 부동산 투자가 최적의 배분인 자산의 30%로 증가함에 따라 포트폴리오 기대수익률은 계속 증가하지만, 그 증가폭은 감소한다. 곡선은 최적인 30% 배분에서 그리고 그 근처에서 상대적으로 더 평평하다. 이것은 최적인 30%의 투자를 기준으로 증감 어느 쪽으로든 부동산 투자비율을 약간 변경하더라도 포트폴리오 기대수익률에 대해 상대적으로 적은 영향을 끼친다는 사실을 나타낸다. 30%를 넘어서면 부동산 투자의 증가는 포트폴리오 기대수익률을 처음에는 천천

그림 9-1

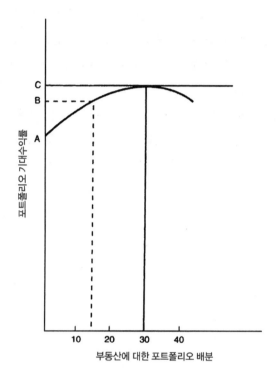

포트폴리오 기대수익률

10 20 30 40
부동산에 대한 포트폴리오 배분

히 그러나 이후에는 점점 더 빠른 속도로 감소시킨다.

점 A는 재무성 단기채권, 회사채, 주식만으로 투자 선택을 제한했을 때 9%의 표준편차가 있는 포트폴리오에서 실현가능한 최대 기대수익률에 해당한다. 점 C는 이 세 가지 자산군에 더해 부동산을 이용했을 때 실현가능한 최대 기대수익률에 해당한다. 따라서 거리 AC는 자산에 최적의 부동산을 배분함으로써 가능해진 포트폴리오 기대수익률의 증가를 나타낸다. 점 B는 포트폴리오의 부동산 투자를 15%로 제한했을 때 가능한 최대 기대수익률이다. 우리는 포트폴리오 기대수익률 증가의 대부분이 부동산 배분을 0%에서 15%로 변화시킴으로써 얻어지며, 반면 15%에서 30%로 부동산 투자를 변화시켰을 때는 기대수익률 증가가 크지 않음을 알 수 있다.

이 사실은 투자에서 매우 중요한 의미가 있다. 첫째, 포트폴리오의 변동성조정 기대수익률을 최대화하기 위해 정확한 자산배분을 찾으려는 열망을 얼마간 제거해버린다. 자산배분 최적화 프로그램을 활용함에 있어 우리는 입력변수로 사용하는 기대수익률, 표준편차, 교차상관의 추정치에 대해 제한된 확신밖에 없음을 알고 있다. 이에 따라 출력되어 나오는 최적의 자산배분에 대해서도 제한된 확신만 있다. 또한 우리는 입력변수에서의 작은 변화가 포트폴리오 자산배분에 얼마나 큰 변화를 야기하는지도 알고 있다. 비록 처음에는 이것이 다소 실망스러울 수도 있지만 좋은 면도 있다. 그것은 놀랍게도 최적의 배합 주변에서는 조금 의미 있는 자산의 변화라 하더라도 포트폴리오의 기대수익률과 변동성의 특성을 거의 변화시키지 않는다는 점이다. 따라서 똑같지는 않지만 유사한 포트폴리오 기대수익률 / 변동성 특성을 보이는 대안적인 자산배분의 범위가 존재하게 된다.

앞에서 우리는 10%의 변동성 프리미엄을 표시한 고객을 위한 가장 나은 자산배분을 확인하기 위해 제약조건이 없는 최적화를 실행했다(표 9-3의 최적화 2를 참고하라). 비록 우리가 입력치에서 수학적으로 정확한 답을 구했지만, 추천된 자산배분 속에 두 가지 주요한 지분형 자산군이 전혀 포함되지 않았음을 알고서는 그다지 마음이 편치 않았다. 또한 이러한 자산군 가운데 하나인 대형주는 이후 4년 동안 아주 높은 수익률을 보였다. 모든 자산군에 걸쳐 최소배분을 유지하도록 최적화 프로그램을 제약함으로써 제약조건이 없는 대안만큼이나 훌륭한 포트폴리오 기대수익률 / 변동성 특성을 지닌 다른 자산배분을 이끌어냈다. 시장예측을 통해 성공적으로 투자하는 것이 불가능하다고 믿는 소극적 자산배분 투자자들에게 비록 그것이 입력치에 기초한 수학적인 최적은 아닐지라도 더 넓게 분산된 포트폴리오를 유지하도록 권할 만하다. 조금 뒤떨어진 자산배분을 선택하는 것은 우리가 출력에 대해 갖는 제한된 확신을 현실적으로 인식함으로써 정당화된다.

다양한 자산배분이 유사한 포트폴리오 기대수익률 / 변동성 특성을 지니는 것은 사실이지만, 실제 그 결과는 다양할 수 있다. 이러한 다양성은 이미 예상된 것으로서, 소극적인 자산배분 투자자에게 그것은 투자에 내재된 우연적 요소의 반영이다. 우연성의 영향을 최소화(나쁜 운이든 좋은 운이든 잠재적인 영향을 최소화한다는 것을 의미한다)하기를 원하는 고객에게는, 좀더 광범위하게 분산된 대안들을 추천한다.

시장예측에 열중하는 적극적인 자산배분 투자자들에게 이것은 중요한 의미가 있다. 예를 들어 시장예측에 따른 두 가지 자산군 사이에 제한된 배분 범위를 가진 포트폴리오를 설계하는 것이 가능할 것이다. 범위가 너무 넓지 않고 최적의 배분 주위에 모여 있는 한 다양한 배분으로 인한 포트폴리오의 기대수익률과 변동성 특성은 이 범위 내에서 유사할 것이다. 본질적으로 핵심이 되는 분산 포트폴리오를 유지함으로써 시장예측 투자자들은 여전히 부가적인 추가수익률을 내는(희망사항이다) 제한된 시장예측

활동기회가 있으면서도 분산에 의한 대부분의 효익을 유지할 수 있을 것이다. 비록 내가 시장예측 옹호자는 아니지만, 이러한 접근방법은 적어도 상승하는 시장으로부터 완전히 벗어나 있을 위험을 제거해준다.

심리적으로는 대략적인 대답보다는 정확한 대답이 더 확실하며 더 믿을 만하다고 여기기 쉽다. 예를 들어 한 투자자가 해외주식에 포트폴리오 가운데 얼마만큼을 투자해야 할지 조언을 구한다고 가정해보자. 그는 조언을 받으려고 두 사람의 투자상담사와 각각 상담하기로 했다. 첫 번째 상담사는 정확하게 자산의 19.3%를 권하고 두 번째 상담사는 약 20%를 권했다. 비록 추천된 배분규모는 실질적으로 차이가 없지만, 첫 번째 상담사의 권고가 더 구체적이기 때문에 투자자가 거기에 더 큰 확신을 갖는 경향을 보이지 않겠는가?

컴퓨터 최적화 프로그램은 첫 번째 상담사처럼 정확한 자산배분을 추천한다. 덧붙여 최적화 프로그램은 서로 다른 보유기간에 따라 다양한 수준의 수익률을 보여주는 정확한 확률추정치를 표시하고, 여러 색깔의 파이차트를 포함하기도 하며, 표나 그래프 형태로 이러한 정보를 나타낸다. 이 모든 기술은 투자상담사나 고객 모두에게 매력적일 수 있다. 이에 따라 유감스럽게도, 충분한 지식이 없거나 파렴치한 투자상담사들이 고객에게 이 기술에 따른 '객관적인 추천'을 맹목적으로 따르도록 장려할 수도 있다. 총명한 투자상담사들은 입력변수들을 어느 정도 확신을 갖고 정하기는 어려우며 최적화 프로그램의 출력결과가 입력변수의 작은 변화에도 아주 민감하다는 점을 염두에 두고서 적절한 시각을 유지하려 할 것이다. 컴퓨터 프로그램은 투자에 내재된 불확실성을 제거할 수 없다. 출력결과를 사려 깊게 고려할 때, 이 점은 분명하다. 최적의 포트폴리오 표준편차가 10%이면, 포트폴리오 기대수익률이 12%가 아니고 정확히 12.23%이라는 게 그다지 무슨 가치가 있겠는가?

여러 가지 한계가 있지만 컴퓨터 자산배분 프로그램은 적절하게 사용하기만 한다면 투자관리 과정에 무척 가치 있는 강력한 도구다. 그것은 아주 복잡한 수학적인 계산을 빠르고 정확하게 수행해 포트폴리오의 민감도를 분석하고 대안적인 가상 시나리오들을 비교하는 데 유용하다. 상업적으로 활용되는 많은 프로그램들이 거래비용이나 소득세효과와 같은 요소들을 고려하고 있다. 투자상담사들에게 유용한 지원 도구인 최적화 프로그램은 고객의 목표를 실현하는 데 좀더 적합할 수 있는 자산배분의 대안을 알려줌으로써 의사결정과정과 의사결정에 대한 평가를 개선시킨다. 또한 그것은 대안적 전략들과 관련해 실현가능한 실적에 대해 고객의 이해를 증진시키는 중요하고 교육적인 가치도 있다.

10장 고객을 파악하라

돈은 종이로 된 피다.

—밥 호프(1903~2003)

이제 지금까지 전개된 아이디어들을 고객과 상담사 간의 지속적인 역학관계에 어떻게 적용할 것인지 논의하려고 한다. 그림 10-1은 그 자체로 계속해 피드백 되는 상호작용적인 투자관리 과정의 단계를 묘사한 순서도다. 각 단계에 대해 10장에서 12장에 걸쳐 자세히 논의할 것이다.

이 장에서 검토하게 될 앞부분의 두 단계 — '고객의 정보를 수집하라'와 '고객의 니즈, 제약조건, 고유한 환경을 확인하라' — 는 투자관리 과정의 기초로서 '고객을 파악하라'라는 제목으로 함께 다룬다. 그 다음의 네 단계는 '고객의 기대를 관리하라'는 제목으로 다음 장에서 검토할 것이다. 이 네 단계의 위치가 아주 중요하다. 그것은 고객을 파악한 기초 위에 바로 만드는 것들로서, 필

그림 10-1 투자관리 과정

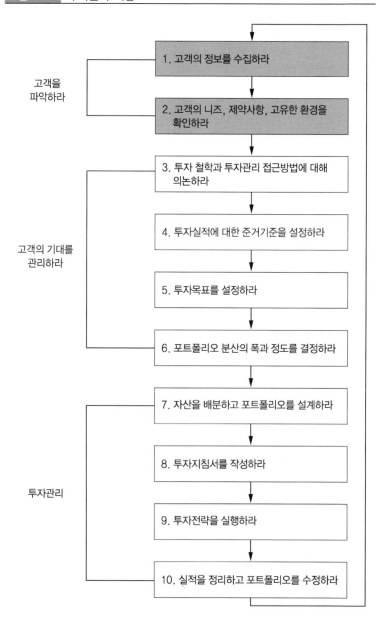

고객을
파악하라

1. 고객의 정보를 수집하라

2. 고객의 니즈, 제약사항, 고유한 환경을
   확인하라

고객의 기대를
관리하라

3. 투자 철학과 투자관리 접근방법에 대해
   의논하라

4. 투자실적에 대한 준거기준을 설정하라

5. 투자목표를 설정하라

6. 포트폴리오 분산의 폭과 정도를 결정하라

투자관리

7. 자산을 배분하고 포트폴리오를 설계하라

8. 투자지침서를 작성하라

9. 투자전략을 실행하라

10. 실적을 정리하고 포트폴리오를 수정하라

연적으로 우리가 전형적인 투자관리라고 생각하는 것을 구성하는 다음 네 단계보다 앞선다. 고객의 기대를 관리하는 과정은 실제 투자자산을 관리하는 과정만큼이나 장기적인 고객목표 실현에 중요한 것이다. 많은 고객들이 단순히 장기 전략을 제대로 유지하지 않았기 때문에 자신의 목표에 도달하지 못하고 있다. 종종 이것은 비현실적인 기대에서 기인할 수 있다. 본질적으로 상담사가 고객의 포트폴리오를 적절하게 관리하는 것만으로는 충분하지 않다. 고객이 포트폴리오를 적절히 관리하고 있는지 이해하는 것 또한 중요하다. 그러한 이해가 없다면, 고객은 극단적인 시장상황에 따른 압력을 버티면서 적절하고 장기적인 전략을 계속 고수할 수 없을 것이다.

순서도의 마지막 두 번째 단계까지 돈이 실제로 투자되지 않는다는 점이 흥미롭다. 유감스럽게도 많은 고객들은 이 과정의 앞 여섯 단계가 그들에게 너무 많은 시간과 노력을 요구한다고 생각한다. 그들은 자신의 역할을, 포트폴리오 자산배분을 설계하고 투자지침서를 작성하고 전략을 실행하며 피드백을 하는 마지막 네 단계를 다루는 데 전적인 책임을 지는 투자관리인을 선정하는 것에만 한정하려고 한다. 마찬가지로 많은 투자상담사들도 이런 과정을 생략하고 바로 마지막 네 단계를 바로 진행한다. 그러나 고객이 자신의 목표에 도달할 가능성은 손쉬운 길로 가고 싶은 유혹을 이겨낼 때 더욱 높아진다. 비록 이 10단계의 과정이 상담사와 고객 모두에게 신중함을 요구하지만, 꽤 짧은 시간 내에도 효과적이고 효율적으로 이룰 수 있다.

1단계 : 고객의 정보를 수집하라

고객은 개인일 수도 부부일 수도, 신탁연금플랜, 자선단체, 재단과 같은 기관일 수도 있다. 그러나 고객의 유형에 상관없이 자료수집 과정의 목적은 고객을 파악하기 위한 것이다. 원래 자료의 대부분은 사실자료이거나 숫자자료다. 그 너머에는 '고객의 마음속'이 어떠한지와 같은 것을 알아보기 위한 주관적인 질적 정보 영역이 있다.

보조자에게 자료수집 과정을 위임하기 좋아하는 상담사는 자신과 고객 모두에게 해를 끼칠 수 있다. 상담사가 고객과 대면하는 상호작용을 통해 자료를 모으는 것이 중요하다. 여기에서 고객과 상담사 사이의 심리적인 연대가 시작되며, 내려야 할 투자결정의 무게를 감안할 때 정말 중요한 마음의 안정을 제공해준다. 또한 고객은 상담사가 어떤 생각을 하는지 이해할 수 있는 기회가 생기고, 상담사는 질문서에 적혀 있는 사실이나 숫자를 넘어 고객의 이해수준을 확실히 알게 될 것이다.

고객의 '현재' 변동성 허용수준에 대한 단서에 주의하라. 현재라는 단어는 우리가 앞서 논의했던 것처럼, 고객에게 의사결정에 대한 기본적인 틀을 어떻게 제공하는가에 따라 변동성 허용수준을 꽤 넓은 범위에서 수정할 수 있기 때문에 사용했다. 변동성 허용수준에 관한 정보를 직접 묻지 않고도 현재의 포트폴리오 구성에서 많은 것을 추론할 수 있다. 만약 고객이 MMF나 은행의 양도성예금증서에 포트폴리오의 90%를 두고 있다면, 이것은 변동성을 아주 싫어한다는 것을 강하게 시사한다. 금괴, 진귀한 주화, 다이아몬드 또는 다른 유형자산에 포트폴리오의 많은 부분을 비균형적으로 투자하는 다른 고객도 마찬가지로 자신의 현재 투자행태에 대한 무언가를 말하고 있다. 때때로 모순된 경우도 있다. 예를 들어 자기는 변동성을 아주 싫어한다고 말한 사람이 장외시장의 소형주에 포트폴리오의 많은 부분을 투자할 수도 있다. 더 많은 정보를 끄집어내다 보면 고객의 주식이 회사 창립자인 어머니한테서 물려받은 것임을 알 수도 있다. 이러한 정보는 주식의 보유와 매도에 관한 의사결정 과정상의 심리적·감정적 면을 다루는 것이기에 매우 중요하다.

고객의 자산과 부채를 열거할 때 투자에 관한 의사결정 과정을 도와주는 형식으로 대차대조표를 구성하는 게 좋다. 다음과 같은 분류방식을 추천한다.

1. 이자발생형 투자
2. 지분형 투자
3. 생활양식자산
4. 부채

고객이 내려야 할 가장 중요한 결정은 이자발생형 투자와 지분형 투자 사이의 균형적인 선택이다. 이 균형이 포트폴리오의 일반적인 변동성과 수익률 특성을 결정한다. 추천된 양식으로 자료를 수집함으로써 현재의 포트폴리오 균형이 쉽게 평가될 수 있다. 생활양식자산은 별장뿐 아니라 집과 개인 농장 등을 포함한다. 때때로 고객이 별장을 생활양식자산으로 분류하는 데 반대하는데, 소유에 따른 지출을 초과하는 임대수입을 올려 양(+)의 현금흐름을 발생시키지 않는 한 그것은 부를 창출하기보다는 소비되는 물건으로 봐야 할 것이다.

투자자산과 생활양식자산 사이의 균형은 고객의 재무적인 수양과 검약 정도를 나타낸다. 고객의 현금흐름에 대한 분석에서 더 많은 정보를 추론할 수 있다. 투자의 순자산가치에 투입된 부분과 비교할 때 수입 가운데 얼마가 생활양식지출로 쓰이는가? 많은 투자자산이 과세소득을 발생시키기 때문에 고객의 개인소득세 신고서류는 파악해야 할 모든 자산과 부채를 재확인하기 위한 유용한 정보원이다.

또한 자료를 수집하는 과정은 고객의 투자지식 수준을 평가하고 필요한 교육 과정을 시작할 수 있는 귀중한 기회이기도 하다. 현재의 투자 포트폴리오의 강점과 약점에 대해 함께 관찰할 수도 있고, 고객이 가능한 가장 넓은 관점에서 자신의 투자 포트폴리오를 보도록 격려해줄 수도 있다. 종종 처음에는 고객이 자신의 포트폴리오 가운데 작은 부분으로, 예를 들어 곧 만기가 되는 양도성예금증서로 무엇을 해야 할지 투자조언을 구하기도 한다. 그런 고객은 전체 포트폴리오와 장기목표라는 좀더 큰 맥락에서 최적의 결정을 내려야 한다는 점을 깨닫지 못하고 있다.

기관 고객들도 마찬가지로 더 넓은 맥락에서 투자를 생각하는 법을 배워야 한다. 예를 들어 회사의 확정급부형 연금플랜에 있어 폭넓은 사고는 회사 전체라는 좀더 큰 맥락에서 연금플랜의 자산과 부채를 고려할 것을 내포한다. 결국 급부지급을 약속한 것은 연금플랜 자체가 아니라 연금플랜 스폰서인 회사다. 연금플랜의 실행에 대한 위험과 보상은, 연금플랜자산의 운용실적과 자신의 재무상태의 양부가 밀접하게 관련된 회사가 부담하게 된다.

마지막으로 자료수집 기간에 상담사는 고객의 재무목표를 파악하는 단계로 나아갈 때 사용할, 투자관리 접근방법 이면의 투자 철학에 대해 이야기해볼 수 있는 훌륭한 기회가 생긴다. 이 모든 이유 때문에 자료수집 단계는 투자관리 과정의 중요한 단계로서 고객과 상담사 모두 참가해야 한다.

2단계: 고객의 니즈, 제약조건, 고유한 환경을 확인하라

유동성

각 고객의 상황은 포트폴리오의 유동성 니즈라는 관점에서 평가되어야 한다. 만약 자금이 향후 지출로 소요될 가능성이 있다면 투자용 부동산을 직접 소유하는 것과 같은 비유동적인 투자를 해선 안 된다. 비록 포트폴리오 안에 그 정도 지출할 만큼 충분한 유동성을 갖추고 있다고 하더라도, 비유동적인 투자의 규모는 포트폴리오에서 현금회수라는 관점에서 평가해야 한다.

다양한 유동성 자산에 투자한 포트폴리오를 보유하는, 포트폴리오 자산의 15%를 비유동적인 부동산 투자에 배분하는 것이 최적인 어떤 고객이 있다고 가정해보자. 만약 이후 단기간 내에 다양한 지출을 하기 위해 포트폴리오의 25%가 현금화된다면, 부동산 투자비중이 최적인 15%를 넘어 포트폴리오의 20%까지 상승할 것이다. 앞에서 논의한 것처럼 유동성은 고객의 요구수익률이나 수입 니즈와는 별개의 문제다.

예상되는 지출을 위한 포트폴리오 현금회수율

결국 모든 투자 포트폴리오는 누군가의 현금 필요성을 지원하기 위한 것이다. 따라서 투자 포트폴리오에서 필요한 현금을 회수하는 시기와 회수규모는 미리 계획해 정해야 한다. 법상 또는 규정상 수익률요건을 두고 있는 상황이 아니라면, 일반적으로 어떤 특정 수익률이나 수입의 흐름을 의도적으로 실현하기 위해 투자 포트폴리오를 설계해서는 안 된다. 대개 포트폴리오 설계의 문제는 필요한 지출을 위해 포트폴리오에서 어떻게 현금을 회수할 것인가라는 문제와는 독립적이다. 앞에서 자세히 언급했듯이, 이자발생형 투자와 지분형 투자 사이의 균형 선택은 기본적으로 투자 포트폴리오의 변동성 / 수익률 특성에 따라 결정되며, 이처럼 중요한 의사는 포트폴리오의 투자기간과 관련해 결정된다.

이러한 기초 위에 균형을 이룬 포트폴리오는 안정성에 대한 요구와 성장에 대한 필요 사이에서 얻을 수 있는 최상의 교환관계를 반영하고 있다. 만약 그렇게 적절한 균형을 이룬 포트폴리오의 수익률이 필요한 지출에 상응하지 못한다 할지라도, 이것이 이자발생형 투자를 더 많이 또는 더 적게 하도록 포트폴리오를 재배분할 정당한 구실이 되지는 못한다. 그렇게 하는 것은, 포트폴리오의 구조와 투자기간이 합치되지 않도록 해서 재배분의 방향에 따라 포트폴리오가 인플레이션이나 변동성에 지나치게 노출되는 결과를 낳을 것이다.

포트폴리오에서의 현금회수율이 불필요하게 높지 않다면, 대부분의 포트폴리오들은 필요한 현금회수를 위한 적정 유동성 이상을 보유하며 적절한 균형과 광범위한 분산투자를 유지할 수 있다. 실제 소극적으로 관리되는 포트폴리오조차 자본시장의 움직임에 따라 정기적으로 다시 균형을 재조정해야 한다. 이렇게 균형을 재조정하는 시기는 현금이 MMF에 예치된 다음 예정된 균형 시기까지 예상되는 지출을 위해 할당할 수 있다. 이 과정은 실행하기에도 쉽고 개념적으로도 투자관리의 관점에서 건전하다.

포트폴리오에서 어떻게 현금을 회수할 것인가의 문제를 포트폴리오 설계에 대한 결정과 별도로 고려해야 하는 것이 일반적이다. 그러나 회수율이 포트폴리오의 크기에 비해 지나치게 높을 경우 이 두 가지 문제는 서로 얽히게 된다. 고객은 25년의 투자기간을 설정해두고 현금이 필요할 때마다 포트폴리오에 의지하려고 했지만, 너무 빨리 현금을 회수함으로써 5년 내지 10년 내에 그 포트폴리오가 청산될 수도 있다. 이러한 상황에서는 포트폴리오 현금회수가 투자기간의 축소를 야기할 뿐 아니라 역으로 포트폴리오 균형 결정에도 영향을 미친다. 그러나 이러한 상황에서조차도 포트폴리오 균형은 여전히 투자기간과 관련해 결정된다는 점을 명심하라.

세무 상황

세제혜택이 부여된 은퇴플랜을 비롯한 몇몇 기관고객들에게는 세법에 따라 세금 면제 등 각종 혜택이 부여되어 투자자산이 성장할 수 있는 환경이 조성되어 있다. 그러나 개인 고객에겐 그 정도의 혜택이 없다. 이러한 고객들에게 적절한 상담을 해주기 위해서는 그들의 세무 상황을 이해해야 한다. 여기에는 최소한 그들에게 적용되는 세율을 확인해주는 당년도 세금계획이 포함된다. 그리고 상담사는 되도록이면 향후 몇 년간 고객의 세무 상황을 계획하려 할 것이다. 포트폴리오에서 이자발생형 투자부분에 해당하면서 연방소득세가 면제되는 지방채를 이용하는 것이 타당한지 검토할 때 이러한 정보를 가장 분명하게 활용해야 한다. 예를 들어 다른 조건이 모두 같다면, 36%의 소득세율이 적용되는 투자자는 세금이 면제되는 5% 수익률의 지방채를 보유하는 게 만기가 동일한 동질의 7% 수익률의 과세채권을 보유하는 것보다 더 이롭다. 왜냐하면 과세채권은 3분의 1을 소득세로 내야 하므로 투자자의 순수익률은 4.5%에 불과하기 때문이다.

자산처분을 포함한 어떠한 결정도 세금효과라는 관점에서 평가해야 한다. 일반적인 규칙은 투자의 문제가 세금에 대한 고려보다 우선해야 한다는 것이다. 다시 말해 고객은 단순히 투자를 청산해야 할 때 세금이 발생한다는 이유로 부적절하게 투자를 유지해서는 안 된다. 그러나 투자자산을 처분하겠다고 연말쯤에 결정하고 이듬해 고객에게 더 낮은 소득세율이 적용될 것이라고 가정해보자. 이때에는 세금을 줄이기 위해 처분을 지연할 때의 이익을, 투자자산을 계속 보유하는 경우의 경제적인 위험과 비교해 평가해야 한다.

이것은 고객 상황의 세무적 면을 이해하기 위한 간단한 몇 가지 예일 뿐이다. 오늘날 세법은 너무도 복잡하다. 따라서 고객이 투자 포트폴리오를 관리하면서 발생할 수 있는 세금문제는 끝없이 다양하고 미묘하다. 이러한 문제들에 대한 충분한 논의는 이 책의 범위를 벗어난다. 만약 상담사가 이러한 문제들을 다룰 때 요구되는 세무지식을 갖추지 않았다면, 이런 지식을 갖춘 다른 전문가의 도움을 받는 편이 현명하다.

법·규정상의 제약조건

법상 또는 규정상의 제약조건들은 다양한 형태를 띠고 있으며, 특히 기관 고객의 경우 훨씬 더 다양하다. 예를 들어 1974년의 종업원퇴직소득보장법(ERISA: Employee Retirement Income Security Act)은 여러 가지 세제적격 은퇴플랜을 규제하며, 서면으로 된 투자지침서 마련, 포트폴리오 분산투자, 해당자산 관리상 '신중한 전문가(prudent experts)' 의무 규정의 적용 등에 관한 조항을 포함하고 있다. 만약 고객이 기부재단 또는 자선단체라면 최소 배분기준이나 준수되어야 할 수익률 요건이 있을 것이다. 만약 투자 포트폴리오가 유언신탁이라면, 그 자산의 궁극적인 상속인과 달리 수입수혜자가 있을 것이다. 잠재적으로 이러한 사람들에게 있을 수 있는 반감도 포트폴리오 설계 시 고려해야 한다. 신탁증서는 투자의 적정기준에 관해 분명히 언급하고 있을 뿐 아니라 이러한 문제들에 대해 안내해주기도 한다.

개인 고객들은 적립과 회수에 관한 자세한 규정을 두는 개인은퇴계좌(IRAs)와 유사한 제약조건을 갖고 있다. 개인 고객에 대한 또 다른 예는 일정하게 정해진 조건 아래에서만 팔 수 있도록 제한된 주식이다. 이러한 예들은 우리가 고려해야 할 법상 또는 규정상의 제약조건들을 보여준다.

투자기간

투자관리에서 투자기간의 중요성은 이 책의 모든 장에서 그 내용을 다루고 있다는 사실로도 입증된다. 이것은 이자발생형 투자와 지분형 투자 사이 포트폴리오 자산을 어떻게 배분할 것인가에 대한 결정을 좌우하는 중대한 변수다. 투자 포트폴리오가 직면한 두 가지 주요 위험은 인플레이션과 수익률 변동성이다. 투자기간이 긴 경우에는 인플레이션이 시장변동성보다 더 위험하다. 따라서 투자기간이 긴 투자 포트폴리오는 구매력 확보에 필요한 장기적인 자본성장을 보장하기 위해 지분형 투자에 더 많은 비중을 둬야 한다. 투자기간이 짧은 경우에는 시장변동성이 인플레이션보다 더 위험하다. 따라서 투자기간이 짧은 포트폴리오는 원금가치를 안정적으로 유지하는 이자발생형 투자에 더 많이 투자해야 한다.

고객들은 투자기간의 중요성을 과소평가하는 경향이 있다. 그 결과 지분형 투자에 적게 배분함으로써 포트폴리오가 인플레이션위험에 과다하게 노출되는 경향이 있다. 많은 고객들이 자신이 예정한 은퇴시점을 투자를 끝내는 시기로 가정한다는 것도 하나의 문제다. 이것은, 지분형 투자가 단지 은퇴 전의 기간에 순자산가치를 만들 때에만 적절하고 은퇴 시에는 그것을 처분해 그 처분금액으로 은퇴 이후 필요한 수입을 만드는 이자발생형 투자자산에 투자해야 한다는 잘못된 관행을 야기했다. 이 관행의 문제점은 필요한 지출을 위해 포트폴리오에 의존해야 하지만, 인플레이션이 은퇴 이후 기간 내내 계속적인 위협이 된다는 사실을 무시한 점이다. 일반적인 부부에게 투자기간은 생존자의 기대여명을 넘어선다.[1] 투자기간은 아주 길 수 있으며 따라서 자본성장에 대한 필요성은 여전히 남아 있다. 기부금펀드와 회사의 세제적격 은퇴플랜과 같은 기관 포트폴리오의 경우에도 마찬가지이며, 이들 가운데 일부는 영구히 존속할 것으로 예상된다.

---

1 정의상, 사람이 평균수명을 넘어 살 가능성은 50%다. 따라서 보수적인 입장에서 평균수명을 넘어선 투자기간을 설계해야 한다.

심리적이고 감정적인 요소

나는 투자에 대한 의사결정 과정이 개념적으로 건전하고 합리적인 포트폴리오 전략을 체계적으로 설정하는 일련의 논리적인 과정이었으면 한다. 그러나 의사결정 과정에 영향을 미칠 수 있는 심리적이고 감정적인 요소들은 많다. 따라서 그것들에 대해 아는 것이 중요하다. 투자자산을 평가하는 대부분의 고객은 이미 나름대로 선호하는 것이 있다. 포트폴리오에 대한 고객의 편안함을 극대화하기 위해 합리적인 선호도에 맞추려고 시도해야 한다. 그러나 만약 고객의 선호가 잘못된 개념에 기초해 있거나 투자 지식의 결핍에 기인한 것이라면 시간을 내 고객을 교육시키는 것이 중요하다. 투자되는 것은 궁극적으로 고객의 돈이며, 추천된 전략을 고객이 수용하는 정도에도 한계가 있다. 고객의 심리적·감정적인 요소들을 잘 이해하면, 상담사는 고객이 쉽게 수용할 수 있는 방식으로 새로운 아이디어를 더욱 훌륭하게 제기할 수 있을 것이다.

의사결정의 원동력

기관 고객들은 종종 수탁위원회에 투자 의사결정에 대한 권한을 부여한다. 비록 수탁자들이 자신이 맡아 관리하는 기간이 제한되었다고 하더라도 대개 이들 포트폴리오의 투자기간이 장기이므로 수탁자들은 장기적인 투자결정에 대해 책임져야 한다. 많은 이해관계인들이 투자결정을 사후적으로 비난할 수도 있기 때문에 수탁위원회로서는 자금을 안전하면서 금방 성과가 나타나는 데 운용하고 싶은 유혹을 항상 받는다. 이러한 경향은 분기별로 기관 포트폴리오의 실적을 평가하는 관행에 의해 더욱 강화된다. 수탁자들에겐 자신의 일을 할 수 있는 용기와 확신이 필요하다. 단기적으로 나빠 보일 수도 있지만 장기적으로 현명한 의사결정을 어렵게 한 수탁자들은 인정과 지지를 받을 만하다. 반면에 개인 고객의 경우에는 연속적으로 더 많이 의사를 결정한다. 돈은 고객의 것이다. 그러므로 고객은 좀더 유연하고 좀더 자유롭게 의사결정을 할 수 있어야 한다.

11장 고객의 기대를 관리하라

상식과 평범한 거래보다 사람을 놀라게 하는 것은 없다.

—랠프 왈도 에머슨, 『예술』(1841)

이 장에서는 그림 11-1에 나타난 투자관리 과정의 3단계에서 6단계까지를 다룰 것이다. 고객의 기대를 다루는 단계는 '고객을 파악하라'라는 앞의 두 단계에 이어진 것으로, 필연적으로 일반인들이 투자관리라고 생각하는 부분을 다룬 마지막 네 단계보다 앞에 나온다. 이 순서가 아주 중요하다. 먼저 당신의 고객을 파악하라. 그리고 고객의 기대를 관리하라. 그러고 나서 고객의 자금을 관리하라.

그림 11-1 투자관리 과정

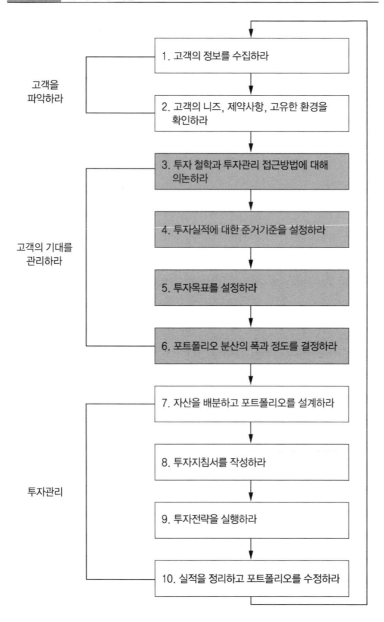

3단계 : 투자 철학과 투자관리 접근방법에 대해 의논하라

투자상담사와 다른 투자관을 가진 고객은 분명 투자상담사를 고통스럽게 한다. 보통 투자상담사는 성공적으로 시장예측을 한다는 것이 불가능하다고 믿고서 그렇게 하려는 시도조차 하지 않을 수 있다. 그러나 만약 어떤 고객이 시장예측도 하락시장에서 고객을 보호하기 위한 것으로 투자상담사의 일 가운데 하나라고 믿고 있다면, 시장여건이 악화되었을 때 상담 관계가 끝나는 건 단순히 시간문제에 불과하다. 고객의 기대는 낙관적인 쪽으로 치우친 경향이 있다. 그들은 실제 장기적으로 나타날 수 있는 것보다 낮은 변동성으로도 높은 수익률이 가능하다고 믿고 있다. 본격적인 투자관리 과정에 앞서 고객의 기대를 먼저 다루는 것이 고객과 상담사 두 사람 모두에게 이익을 가져다준다. 고객과 상담사가 공통된 투자관을 공유하게 될 때 선택된 전략에 내재된 위험의 본질과 잠재된 보상에 대해 서로 일치된 의견을 갖게 될 것이다.

투자관리 과정을 결정하는 투자관

고객의 기대에 대한 관리 과정을 시작하기 전에 당신이 어디에서 있는지를 파악하는 것이 중요하다. 모든 투자관리 접근방법 이면에는 특별한 투자관 위에 세워진 투자 철학이 숨어 있다. 내 생각엔 투자관과 관련해 중요한 질문 두 가지는 다음과 같다.

1. 성공적인 시장예측이 가능한가?
2. 우수한 증권선택이 가능한가?

그림 11-2 투자관의 투자관리 접근방법 결정

성공적인 시장예측이 가능한가?

	예	아니오
예	제1사분면	제2사분면
아니오	제3사분면	제4사분면

우수한 증권선택이
가능한가?

　이 두 가지 질문에 어떻게 대답하는가에 따라 그림 11-2에서
처럼 네 가지 투자관 매트릭스가 존재할 수 있다. 모든 투자자
가 이 사분면 가운데 하나로 분명하게 나눠지는 것은 아니지만,
토론을 위해 각각의 다른 사분면을 대표하는 네 가지 다른 투
자자를 가정할 수 있을 것이다. 이 토론의 목적은 ①투자관과
투자관리 접근방법 간의 밀접한 연관성을 보여주고, ②고객과
상담사 사이에 투자관의 공유가 중요하다는 점을 강조하려는
것이다.

제1사분면 투자관

첫 번째 투자자는 두 질문에 모두 "예"라고 대답한 사람으로 제1사분면의 투자관을 지니고 있다. 그는 수익을 얻기 위해 서로 다른 자산군들의 단기 움직임을 예측할 수 있으며, 각 자산군 가운데 자산군 실적보다 우수한 실적을 낼 증권을 선택할 수 있다고 믿는다. 이러한 투자관에 따를 때 어떤 투자관리 접근방법이 적절할까? 만약 성공적으로 시장을 예측할 수 있다면, 그는 최고의 수익을 낼 자산군에 투자 포트폴리오의 모든 자금을 집중하려고 할 것이다. 다른 자산군이 최고의 수익률을 갱신하리라 생각한다면, 이 사람은 기존의 자산군을 처분하고 그 자금으로 새롭게 성공할 자산군에 투자할 것이다. 그후에도 마찬가지다. 동시에 우수한 증권을 선택할 수 있다면, 전체 자산군보다 실적이 좋을 증권에만 투자할 것이다. 만약 이러한 투자관에 따른 투자전략이 성공한다면, 그는 해낸 것이다. 성공적인 시장예측이 시장하락을 비켜갈 것이므로 포트폴리오의 손실에 신경 쓸 필요가 없다. 동시에 가장 실적이 좋은 자산군 내에서 가장 실적이 좋은 증권에 투자함으로써 수익은 극대화될 것이다.

상당수 서투른 투자자들이 이런 투자관을 갖고 있으며, 투자상담 시에도 이러한 관점으로 찾아온다. 그리고 투자상담사들은 어떤 자산군이 최고의 수익률을 보일지 알고 있으며, 그 자산군 내에서 최고의 실적을 올릴 증권을 선택할 수 있을 거라고 기대한다. 그들이 전문가를 고용하는 이유는 바로 이것이다. 만약 투자상담사도 이러한 투자관이 있다면 이것을 설명할 수 있으며, 실적은 그에 따라 평가되어야 한다. 고객의 기대를 다루는 것은 문제되지 않으며, 이러한 투자관과 일치하는 결과를 달성하는 것만이 문제가 된다. 처음부터 투자상담사가 고객의 돈을 실적이 낮은 자산군에 할당한다면 실패하게 된다. 만약 투자상담사가 자산군 전체 실적보다 실적이 더 낮게 나타나는 유가증권들로 포트폴리오를 구성한다면 또다시 실패하게 된다. 이러한 투자관은 선전하기는 쉽지만, 기대에 부응하기는 불가능하진 않을지라도 너무 어렵다. 내 생각에는 이런 투자관을 지닌 투자자나 상담사는 당연히 실패하고 말 것이다.

제2사분면 투자관

두 번째 투자자는 제2사분면 투자관을 갖고 있으며, 단기적으로 어떤 자산군이 다른 것보다 우수한 실적을 나타내리라고 예상하는 것은 불가능하다고 믿고 있다. 그러나 그는 자산군 내에 자산군 전체보다 나은 실적을 보일 유가증권을 선택할 수 있다고 믿고 있다. 이 투자자는 단기적으로 알지 못하는 시장위험을 경감시킬 목적으로 자신의 포트폴리오를 다양한 자산군으로 분산시킬 것이다. 이러한 접근방법의 장점은 어떤 주요 자산군이 최고의 수익률을 실현할지와 관계없이 투자자는 자신의 포트폴리오 가운데 일정 부분을 거기에 투자해 참가한다는 사실이다. 단점은 어떤 주요 자산군이 최악의 수익률을 보일지와 관계없이 투자자가 자신의 포트폴리오 가운데 일정 부분을 투자할 것이라는 사실이! 그리고 우수한 증권을 선택할 수 있다고 믿기 때문에, 자신의 투자를 각 자산군 내에서 그 자산군 전체보다 나은 실적을 보일 유가증권들로 제한할 것이다. 대부분의 전문 투자관리인과 투자상담사들은 제2사분면 투자관을 지니고 있다.

제3사분면 투자관

세 번째 투자자는 제3사분면에 서 있다. 그는 다른 자산군들의 상대적인 단기 실적은 예측할 수 있지만, 더 나은 유가증권의 선택은 불가능하다고 믿는다. 그의 투자관리 접근방법은 어떤 자산군이 최고의 수익률을 창출할 것인지에 대한 예상에 기초해 하나의 자산군, 그리고 뒤이어 또 다른 자산군에 포트폴리오를 집중한다. 우수한 증권을 선택할 수 있다고 믿질 않기 때문에 자신의 전략을 실행할 때 저비용의 인덱스펀드를 활용한다. 인덱스펀드는 특정 시장지수의 실적을 복제하도록 설계된 소극적으로 분산된 유가증권 포트폴리오다. 인덱스펀드를 활용함으로써 그는 증권선택과 관련한 비용을 실질적으로 최소화하고, 투자하고 있는 자산군의 실적이 심각하게 하락할 가능성을 없앴다. 네 가지 투자관 가운데 이 특이한 투자관을 주창하는 사람이 가장 적다. 이것은 실제 순전히 시장예측만 하려는 사람에 한정된 것이다.

제4사분면 투자관

제일 마지막 투자자는 제4사분면에 서 있다. 그는 시장이 효율적이라고 믿고 있다. 이것은 유가증권의 현재 가격이 이 유가증권에 관한 적절하면서 일반적으로 유용한 정보를 반영하고 있음을 의미한다. 이 정보는 유가증권의 가격을 결정할 때 중요한 요소인 불확실성에 대한 합치된 기대뿐 아니라 사실적인 정보도 포함하고 있다. 이 투자관이 진실이라면 단기적으로 증권가격과 시장을 움직이는 것은 무엇일까? 그것은 기본적으로 사람들이 예상치 못한 뜻밖의 일이다. 현대 포트폴리오 이론과 50년대 후반 이후의 투자에 대한 학문적인 연구의 상당 부분이 이러한 투자관을 지지한다. 제4사분면의 투자자는 인덱스펀드들을 이용해 하위 펀드를 구성하는 등 광범위하게 분산된 다양한 자산군 투자 전략을 따른다. 중요한 점은 이 투자관리 접근방법이 단순한 '매수 후 보유(buy and hold)' 전략은 아니라는 것이다. 시장이 움직일 때 이 포트폴리오는 자산군별 목표배분 기준에서 벗어나게 된다. 이 때문에 장기적이고 전략적인 자산배분기준에 따라 포트폴리오를 재조정해야 한다.

제4사분면 투자관에는 세 가지 논란거리가 있다. 첫 번째는 적정한 자산배분이다. 이것은 분산투자가 투자위험을 경감하는 기본적인 방법이기 때문이다. 두 번째는 비용최소화다. 이는 획득 가능한 수익률의 상한선, 즉 시장수익률에 근접한 실적을 얻는 데 필요한 전제다. 이것은 저비용의 인덱스펀드를 포트폴리오 구성부문으로 활용함으로써 가능하다. 세 번째는 고객의 기대를 관리하는 것이다. 이것은 그들이 자신이 투자하는 시장보다 더 나은 실적을 낼 거라고 합리적으로 기대하기 어렵기 때문이다. 제1사분면은 '계약 체결은 쉽지만 기대에 호응하기는 어려운' 반면, 제4사분면은 '계약 체결은 어렵지만 기대에 호응하기는 쉽다.'

투자관에 대한 비교

제1, 제2, 제3사분면의 투자관은 공통적으로 한 가지 개념 — 기술이 투자실적에 의미 있는 영향을 미친다는 개념 — 을 공유하고 있다. 이 투자관 가운데 어떤 것도 투자자가 시장의 잠재적 성장 경로에 만족해하지 않는다. 이 투자자들은 다음 두 가지 방법 가운데 하나로만 시장수익률을 따라잡을 수 있다.

첫째, 시장이 장기 성장경로의 각 단계에 따라 위아래로 움직일 때마다 성공적인 시장예측을 통해 시장에 참여하거나 빠져 나온다. 둘째, 우수한 증권선택을 통해 시장 내에서 유가증권의 이상 움직임을 활용한다.

반면, 제4사분면 투자자는 이런 기술이 가치 있다고 믿지 않으며, 그들에게 '시장 수익률 초과'는 현실적인 투자목표가 아니다. 다시 말해, 제4사분면 투자자는 특정 자산군의 잠재적 장기 성장 경로를 투자해서 달성할 수 있는 최고의 실적으로 받아들여야만 한다.

우리는 어디로 가고 있는가

이 네 가지 상호 경쟁적인 투자관 가운데 어느 것이 가장 정확하게 현실을 반영하는지에 대해 지적인 투자자들 사이에 서로 의견이 다를지도 모른다. 그러나 우리는 사안들이 어디로 향하는지에 대해 단순한 의견일치 — 제4사분면 투자관으로 향하고 있다 — 그 이상을 찾아야만 한다. 투자자들이 제1, 제2, 제3사분면 투자관에 집착하면 할수록 그들은 우수한 기술을 열심히 활용해 더욱 격렬하게 시장 이상의 수익률을 내려고 시도할 것이다. 이것은 승자에게 상당한 보상을 지급하는 거친 경쟁 환경을 만들어낸다. 상당수 실력 있고 근면하며 지적인 사람들이 전문적인 투자관리 분야로 몰려드는 것은 놀라운 일이 아니다. 하지만 이처럼 투자관리 인재가 많다는 것이 오히려 누군가가 지속적으로 다른 모든 사람들보다 높은 수익률을 내는 걸 어렵게 만들기도 한다. 전문가들은 서투른 투자자와 경쟁하진 않는다. 그들은 큰 돈벌이 기회를 얻기 위해 자기네끼리 경쟁하고 있다. 만약 한 사람의 투자관리인이 아주 우수한 실적을 내는 전략을 발견한다면,

다른 사람들이 그 접근방법을 흉내 내지 못하는 한 그의 경쟁적 우위는 지속될 것이다. 그러나 그의 성공은 경쟁자를 부추겨 그들로 하여금 그 전략을 파악하고 복제하도록 할 것이다. 이렇게 되면 그 접근방법에 대한 보상은 한꺼번에 하락하기 시작한다. 투자관리인 사이의 경쟁이 격화되면 될수록 필수적으로 제4사분면은 그만큼 더 빨리 현실로 나타나게 된다.

제4사분면 투자관의 함축적 의미

만약 제4사분면이 가장 정확한 투자관이라면, 또 우리가 실제 그 방향으로 굽히지 않고 전진하려고 한다면, 그것이 지닌 함축적 의미를 알아보는 일이 중요하다. 첫째, 제4사분면 투자관은 투자관리 전문성의 존재 이유를 상당 부분 약화시킨다. 만약 수익을 올릴 때 기술에 의존할 필요가 없다면 왜 쓸데없이 시장수익률을 초과하려는 의도로 수수료를 지급하고 거래비용을 발생시키겠는가? 먼저 가설적으로 어떠한 거래비용이나 수수료도 없는 효율적인 시장을 가정해보자. 이 세계에서 유가증권 거래는 예상되는 위험조정 순현재가치가 '0'인 제로섬게임이다. 그것은 한 투자자의 승리가 항상 정확하게 다른 사람의 손실로 상쇄되는 게임이다. 단지 대가를 지급한 것만 얻을 것이라고 기대할 수 있기 때문에 그것의 위험조정 순현재가치는 '0'이다. 균형상태에서의 증권가격은 위험조정 순현재가치와 동일하다.

자, 이제 더 현실적인 세계 ― 거래비용과 수수료가 있는 효율적인 시장 ― 를 생각해보자. 이 세계 안에서는 유가증권의 거래는 제로섬게임이 아니다. 그것은 마이너스섬게임이다. 마이너스섬게임에서 참가자들은 그저 참가하는 것만으로도 돈을 잃을 것이라고 기대된다. 라스베가스의 슬롯머신은 마이너스섬게임의 한 예다. 행운을 만나 슬롯머신에 투입한 돈보다 많은 돈을 벌 수 있을지도 모르지만, 평균적으로 돈은 게임 참가자에게서 카지노 주인에게로 흘러간다(슬롯머신을 '팔 하나 달린 강도'라고 부르는 데는 그만한 이유가 있다).

우리가 자본시장을 마이너스섬게임으로 묘사하는 데에는 근거가 있다. 평균적으로 관리인들은 자신이 투자하고 있는 시장보다 나은 실적을 올리지 못한다. 이것은 수수료를 감안하기 전의 기대실적이 시장에 필적하기 때문에 발생한다. 그러므로 수수료를 감안할 경우 보통의 참가자는 시장보다 뒤처진다. 마이너스섬게임에서 이기는 방법은 게임을 하지 않는 것이다. 제4사분면 투자관을 따르는 사람들은 전략적으로 게임에 참가하지 않음으로써 투자 게임에서 이길 것이라고 기대할 수 있다. 그들은 어떤 자산군의 수익률 상한선을 두고 비용을 최소화함으로써 가능한 그것에 가까워지려고 시도한다. 그에 따라 그들은 자신의 포트폴리오 내에서 관련비용을 최소화하면서 특정 자산군의 실적을 복제하기 위해 설계된 인덱스펀드를 선호하고 있다.

제1, 제2, 제3 사분면에서는 투자자가 기술 연마를 통해 시장의 힘과 맞서 싸우는 반면, 제4사분면의 투자자는 기술을 연마하려는 시도가 장기적인 실적에 해롭다는 점을 겸허하게 인식하고서 시장의 힘을 이용한다. 만약 어떤 자산군의 성장경로 추세를 신호라고 하고 성장경로 주변에서 발생하는 증권가격의 무작위 파동을 소음이라 한다면, 제1, 제2, 제3 사분면의 투자자들은 투자 성공의 열쇠가 소음 속에 있다고 믿는 반면, 제4사분면 투자자는 그것이 신호 속에 있다고 믿는 셈이다. 제4사분면 투자자의 투자관리 접근방법은 버크민스터 풀러의 말로 가장 잘 요약할 수 있다. "힘에 맞서지 말고 그것을 이용하라."

우리가 점차 제4사분면 투자관으로 나아감에 따라 기술 요소의 중요성은 약화되고 의사결정 요소의 중요성이 커진다. 의사결정 요소는 자산군의 선택, 펀드 내 자산군별 상대가중치의 결정과 관련한다. 한편 이것은 관심의 초점을 기술 연마에 의존하던 투자전문가에게서 투자 의사결정의 주체인 고객에게로 옮긴다. 여기서 다시 우리는 현실적인 고객의 기대관리가 중요하다는 면으로 돌아간다. 저조한 실적 때문에 기술이 보호받지 못하는 세계에서는, 투자자들이 지식에 근거한 의사결정을 하고서 좋은 시기와 나쁜 시기를 두루 거치면서 그에 따른 보상과 징벌로 살아가야 한다.

여기에 투자전문가들의 사업에 관한 중대한 의미가 있는 것이다. 기술이 결과를 이끄는 세계에서는 성공적인 투자관리회사는 마케팅, 고객서비스기능을 투자관리기능과 분리한다. 투자의 귀재는 하나의 보기 드문 상품이므로 능력 있는 투자관리인의 시간과 정력은 고객의 증권포트폴리오에만 맞춰야 한다. 고객과의 관계유지나 새로운 사업영역 개척에 대한 책임으로 투자관리인을 혼란에 빠뜨리는 것은 잘못된 일이다. 그러한 의무들은 새로운 고객을 회사로 데려와서 능력 있는 투자관리인이 시장보다 높은 실적을 올리는 동안 고객의 손을 붙잡는 걸 자기 일로 하는 판매대리점이나 창구직원이 더 잘 해낼 수 있다. 이러한 사업 모델에서 관심의 초점은 포트폴리오 관리인의 기술에 관한 것이다.

반면에 제4사분면 투자관은 다른 형태의 투자회사를 만들어 낸다. 만약 자산배분 결정이 투자실적을 이끌어낸다면, 고객이 자신의 포트폴리오 구성에 대해 내리는 의사결정의 중요성과 시장이 이끌어낸 결과에 따라 고객이 살아가야 할 필요성 때문에 고객 / 상담사의 관계가 중심이 될 것이다. 이 사업 모델에서는 고객이 관심의 대상이기 때문에 투자전문가는 고객과의 관계 속에 있어야만 한다. 고객의 변동성 허용수준은 물론 고객의 투자 위험에 대한 인식, 재무목표, 자산배분 결정, 투자결과의 해석 등이 투자의 성공을 결정하는 핵심적인 변수가 될 것이다.

제4사분면 투자관에 반대하는 음모

이 논의와 관련해 확정적인 견해가 하나 있는데, 그것은 투자상담 전문가의 장기적인 생존능력과 고객기대를 관리하는 문제와 연관된다. 바로 상호 결탁된 세 공모자 — 투자자, 투자관리 전문가, 금융언론 — 사이에 제4사분면 투자관에 반대하는 하나의 음모가 있다는 것이다.

투자자들은 제4사분면 투자관이 자본시장의 거친 현실로부터 스스로를 충분히 보호할 방법이 없다는 것을 의미하기 때문에 종종 이것을 받아들이려 하지 않는다. 만약 제4사분면 투자관이 진실이라면, 시장 하락 시기에 기술은 투자자를 보호하기 위해 의지할 만한 것이 되지 못한다. 투자자는 성공적인 투자를 위해서 기대수익률, 변동성과 관련한 어려운 의사결정을 신중하게 한 다음, 자제력과 용기를 갖고 그 결정을 고수해야 한다. 투자자들이 다른 투자관을 선택하려고 한다는 건 놀랄 만한 일이 아니다. 투자관리 전문가들은 바로 자신의 존재가 제4사분면 투자관에 의해 위협받기 때문에 제4사분면 투자관을 거부한다. 마지막으로 금융언론은 이러저러한 방식으로 시장 이상의 수익률을 올릴 수 있다는 식의 글을 실어 번창하고 있다. 만약 금융언론이 전적으로 제4사분면 투자관만을 채택한다면 그들이 발표할 만한 글은 얼마 되지 않을 것이다. 이 세 공모자들이 제4사분면 투자관을 지지하는 증거들을 거부하기 위해 얼마나 강하게 결탁되어 있는지는 보는 사람의 얼을 빼놓을 정도다. 구약성서의 전도서에 있는 다음 문구를 인용해본다. "세 겹의 줄은 쉽게 끊어지지 아니하느니라." [2]

요약

고객 / 상담사 관계에서 발생하는 많은 문제들은, 고객이 한 사분면에 서 있는 반면 그의 상담사가 다른 사분면에 서 있기 때문에 발생한다. 대다수 투자자들은 제1사분면에, 전문 투자관리인의 대부분은 제2사분면에, 집요한 시장예측주의자들은 제3사분면에, 현대 포트폴리오 이론의 추종자들은 제4사분면에 서려고 한다. 투자접근방법의 차이는 이와 같이 근본적으로 다른 투자관과 관련한다. 성공적인 장기 고객 / 상담사 관계가 유지되려면 최소한 무엇이 고객의 포트폴리오 관리에 있어 현실적으로 접근할 수 있는가에 대한 양자의 의사를 일치시켜야 한다. 현금이 투자되기 전에 양자는 이러한 의사일치 여부를 분명하고 의도적으로 확인해야 한다.

이 책은 시장예측에 성공하기란 장기적으로 불가능하다는 세계관에 바탕을 두고 있다. 이 주제와 관련해 실행되었던 많은 학

---

2 구약성서 전도서 4장 12절 – 옮긴이 주.

문적 조사연구들이 이와 같은 결론에 도달하였다. 찰스 엘리스는 『투자정책』에서 다음과 같이 말했다. "시장예측을 이용한 투자관리인의 성공 여부에 대한 증거는 인상적이었다. 손실이 압도적이었다."

시장의 단기실적을 성공적으로 예측하는 것이 불가능하기 때문에 4단계 '투자실적에 대한 준거 기준을 설정하라'는 정말로 중요하다. 배심원들은 우수한 증권을 선택할 수 있는가에 따라 나뉜다. 많은 학자들은 우수한 증권선택이 불가능하다는 입장을 유지하고 있다. 방대한 수의 전문 투자관리인과 투자자들은 그렇지 않다고 믿는데, 그것은 단지 믿음일 뿐 현실이 아니다. 우리의 목적을 위해 이 부분에 대한 완벽한 해결책이 반드시 필요한 것은 아니다. 적극적으로 증권선택을 하든 하지 않든, 자금을 전략적인 자산배분 구조 내에서 관리해야 한다.

4단계 : 투자실적에 대한 준거 기준을 설정하라

언제든지 투자자는 ≪월스트리트저널≫지에서 자기의 증권가격을 보고서 자신의 포트폴리오 가치가 얼마인지 정확히 알 수 있다. 손실과 이익이 아주 분명하게 나타난다. 한편으로는 시장변동성이라는, 다른 한편으로는 인플레이션이라는 시장의 쌍둥이 위험에 투자자들이 노출되어 있는 세계에서 완벽하게 안전한 피난처는 없다. 자금을 투자할 때 내재된 위험은 피할 수가 없다. 그런 현실의 고통은 투자자가 자본시장의 움직임과 성공적인 투자 원칙에 대해 배우도록 만든다.

투자관리인이 시간을 내 자신의 고객에게 자본시장의 특성에 대해 가르쳐주는 것은 고객들이 마음 편히 현명하게 결정할 수 있도록 해준다. 이 교육과정은 우리가 2장과 3장에서 했던 것과 같이 재무성 단기채권, 국채, 회사채, 보통주, 인플레이션 등의 과거 장기적인 실적에 대한 고찰에서부터 시작된다. 내가 제시했던 증권수익률의 단순모델은 고객에게 실적과 다양한 위험에 따른 대가를 비교할 수 있는 감각을 익히게 한다. 자신이 직면하고 있는 모든 형태의 위험을 인식함으로써 고객들은 유동성을 유지하면서도 안정적으로 원금을 보전할 수 있으며, 나아가 인플레이션과 소득세가 결합해 미치는 악영향을 넘어설 만큼 충분한 수익률을 내는 이상적인 투자란 존재하지 않는다는 사실을 이해하게 될 것이다.

먼저 이상적인 투자에 대한 환상이 사라지면, 고객들은 투자 포트폴리오를 설정하기 위해 타협해야 한다는 사실을 이해하게 된다. 어떤 투자로부터 안정적이면서 예측 가능한 수익률을 얻는다는 것은 가능하다. 그러나 그 안정성은 낮은 수익률의 대가로 획득되는 것이다. 다른 투자가 장기적인 자본성장을 기대할 수 있도록 하겠지만, 그것은 필수적으로 변동성에 대한 가정을 수반한다. 투자관리에 내재된 모든 불확실성 때문에 고객은 의식적으로 어느 정도 의존할 만한 불변요소를 찾는다. 이 불변요소 가운데 하나가 사람들이 지속적으로 예측할 수 없는 수익보다 안정적인 수익을 선호한다는 사실이다. 이런 이유로 고객들은 투자자의 매매활동 과정에서 재무성 증권과 같이 안정적으로 원금을 보존하는 투자보다 보통주와 같이 변동성이 있는 투자에서 더 높은 수익을 얻도록 가격이 형성될 것이라고 믿게 된다. 보통주 수익률의 불확실성과 변동성이 없다면 주식투자로 인한 추가적인 대가는 발생하지 않을 것이다.

5장에서 언급한 것처럼 투자기간이라는 개념을 이용해 고객을 인도하는 경우, 그들은 균형상태에서 시간의 경과가 투자자산군별 기대수익률을 변화시키지는 않을지도 모르지만, 변동성과 관련해서는 불리한 부분을 상당 부분 완화시킨다는 점을 알게 된다. 투자기간이 길어질수록 시장의 상승과 하락이 서로를 상쇄시키며, 자산군별 장기 성장경로에 따라 하나로 수렴된 평균수익을 나타낼 기회는 많아질 것이다. 그것을 통해 시간은 변동성이란 단기적인 적을 지분형 투자에 의한 더 높은 기대수익률이라는 장기적인 친구로 바꾼다.

현실적으로 기대하도록 하는 것은 현실적인 투자목표를 설정하는 데 바탕이 된다. 투자기간에 대해 제대로 이해하고 자본시장의 움직임을 알게 됨으로써 고객의 변동성 허용수준은 좀더 광범위한 영역 내에서 변동할 수 있다. 결과적으로 고객이 자신의 재무목표 실현을 위해 적절한 투자 포트폴리오 구조를 선택할 가능성이 높아질 것이다. 이 과정의 목적은 고객이 이자발생형 투자와 지분형 투자 사이의 적절한 포트폴리오 균형을 고려해 지적인 의사결정을 하도록 하는 것이다. 이에 따라 결과적으로 나타나는 포트폴리오는 안정성에 대한 요구와 장기적인 자본성장의 필요성 사이에서 가장 만족스러운 타협점을 반영할 것이다.

5단계 : 투자목표를 설정하라

어떤 고객에게 자신의 재무목표를 나열해보라고 요구할 때, 그는 다음과 같이 열거할지도 모른다. "피서지에 있는 개인 소유의 별장 한 채, 세 자녀 모두 최고의 사립학교에서 8년간의 대학과 대학원 과정을 마칠 수 있는 교육자금, 55세 이후 매년 세후 10만 달러의 생활비가 제공되는 조기은퇴생활." 대충 계산해도 이러한 목표를 달성하기 위해서는 상당히 많은 투자 포트폴리오가 필요하다는 것을 알 수 있다. 자본시장에 대해 적절하게 가정했을 때 대부분의 고객들은 자신의 포트폴리오가 어떻게 구성되었는지 관계없이 자신들의 요구 목표를 모두 달성하기에는 너무나 작은 규모의 포트폴리오를 지니고 있다. 인간의 욕망은 그것을 실현하기 위해 이용할 수 있는 자원을 초과하는 경향이 있다.

고객의 재무목표를 충족하는 데 필요한 수익률을 달성하도록 포트폴리오를 구성하는 것이 오히려 허용할 수 없는 수준의 포트폴리오 변동성을 가정하도록 요구할지도 모른다. 이런 이유로 고객의 수익률에 대한 요구보다 고객의 변동성 허용수준에 초점을 맞추는 것이 일반적으로 더 적절하다. 일단 고객의 변동성 허용수준이 정해지면, 포트폴리오의 장기 기대수익률에 대한 상한선이 결정된다. 만약 이러한 수익률이 적절하지 않다면, 고객은 자신의 재무목표에 대한 우선순위를 정하고 필요한 타협을 해야 한다. 만약 고객의 변동성 허용수준 상한선에 따른 수익률이 그의 목표를 달성하는 데 필요한 수익률보다 더 크다면, 고객이 원하는 한 변동성 수준을 낮추고 좀더 안정적인 포트폴리오를 구성하는 것은 쉽다.

6장에서 상담사가 두 가지 투자수단 — 재무성 증권과 대형주 — 사이에서 고객이 선호하는 포트폴리오 배분에 따라 고객의 변동성 허용수준을 추정하는 일련의 과정에 대해 서술했다. 광범위한 포트폴리오 균형의 선택은 고객이 실제 관여해야 하는 투자정책을 결정하는 것이다. 능숙한 투자상담사의 안내 없이 고객이 스스로를 위해 최선의 선택을 하는 경우는 거의 없다. 이것이 투자관리에서 투자실적과 투자기간의 중요성을 고려해 고객에게 훌륭한 준거 기준을 제시하는 중요한 이유다.

6장에서 서술한 과정의 백미는 이것이 고객에게 투자관리의 과정에 내재된 수익률/변동성 간의 교환관계를 인식하고 실제로 다루도록 요구한다는 점이다. 또한 이것은 투자실적에 대해 현실적인 기대를 하도록 만든다. 일반적인 경우 고객에게 그 변동성 허용수준 범위의 상한선 근처에서 포트폴리오 균형을 선택하도록 용기를 줘야 한다. 그와 동시에 고객에게 시장의 극단적 움직임 속에서도 자신의 포트폴리오 균형 결정에 여전히 관여할 수 있다는 확신을 줘야 한다. 목표는 밤에 잠을 편히 자려고 하는 고객의 요구에 맞춰 포트폴리오의 기대수익률을 최대화하는 것이다.

일단 광범위 포트폴리오 균형을 선택했다면, 다음 단계는 그에 일치하는 투자목표에 대한 양적인 진술서를 마련하는 것이다. 나는 '성장형', '안정성장형', '안정형'과 같은 전통적인 투자목표의 분류 방식을 사용하지 않는다. 나는 수익률/변동성 간의 교환관계를 알려주는 방식의 투자목표를 더 선호한다. 나의 투자관에 따르면, '원금을 보전하는 장기 자본성장'이란 투자목표를 갖는다는 것은 불가능하다. 적절한 투자목표로는 다음과 같은 것들이 있다.

1. 저수익률의 저포트폴리오 변동성
2. 중수익률의 중포트폴리오 변동성
3. 고수익률의 고포트폴리오 변동성

첫 번째 투자목표 '저수익률의 저포트폴리오 변동성'은 표 6-2의 포트폴리오 2를 선택한 고객에게 적당할 것이다. 포트폴리오 3을 선택한 고객은 '중수익률의 중포트폴리오 변동성'을, 포트폴리오 4나 포트폴리오 5 가운데 하나를 선택한 고객은 '고수익률의 고포트폴리오 변동성'을 대상으로 할 것이다.

6단계 : 포트폴리오 분산의 폭과 정도를 결정하라

먼저 고객이 이자발생형 투자와 지분형 투자 사이의 광범위 포트폴리오 균형을 선택하고 이것과 일치하는 투자목표를 공식화하면, 그 다음 단계는 포트폴리오 분산의 폭과 정도를 결정한다. 포트폴리오 분산의 '폭'이란 포트폴리오 구성에 활용되는 자산군의 선택을 말한다. 포트폴리오 분산의 '정도'는 각각의 자산군에 따른 자금의 상대적 배분을 뜻한다.

7장의 논의를 바탕으로 우리는 분산된 포트폴리오의 변동성이 포트폴리오를 구성하는 자산들의 변동성 가중평균치보다 작다는 결론을 내렸다. 그 차이는 투자자산 간 수익이 부분적으로 서로 상쇄되는 분산효과 때문이다. 8장에서 우리는 여러 자산에 투자하는 것이 포트폴리오의 변동성을 감소시키고 잠재적으로 장기적인 수익을 증대시켜 유의미한 보상을 한다는 것을 살펴봤다.

그림 11-3 다자산군 투자에 따른 보상(1972~1998)

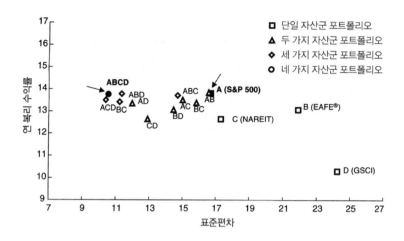

그러나 다자산군 투자접근방법의 보상은 가격 — 미국 자본시장의 준거 기준과는 다른 수익구조 — 에서 온다. 이러한 준거 기준 위험을 다루는 것과 관련해 여러 가지 중요한 과제들이 있으며, 이를 위해 고객들이 이 문제와 관련한 상호 교환관계를 이해하고 실제로 의사결정 과정에 참가하는 것이 중요하다.

그림 8-5와 표 8-3은 포트폴리오 분산의 강력한 효과를 아주 잘 보여주고 있다. 하지만 안타깝게도 그것들은 매년 각각의 지분형 포트폴리오로 살아가는 것이 어떤 것인지에 대해 어떠한 느낌도 전혀 전해주지 못한다. 미국에 기반을 둔 투자자는 전형적으로 S&P 500과 같은 미국 주식시장지수를 자신의 투자실적을 평가하는 준거 기준으로 삼을 것이다. 8장의 **그림 8-5**를 여기서 **그림 11-3**으로 다시 그려봤다. 어떻게 해서 같은 비중으로 분산된 포트폴리오 ABCD가 장기 연 수익률에서는 포트폴리오 A(S&P

그림 11-4 동일 비중의 자산배분 대 S&P 500

A. 연 수익률 형태

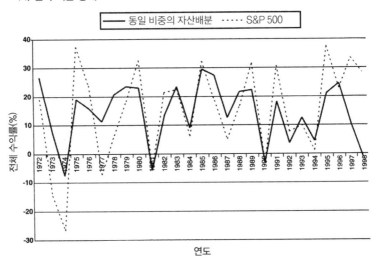

B. 1달러의 성장

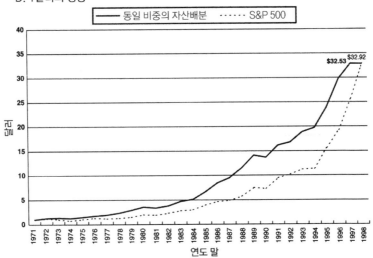

500)와 거의 유사하지만, 더 낮은 변동성을 보이는지 주목하라.[1] 이 그래프로 볼 때 포트폴리오 ABCD는 분명히 포트폴리오 A보다 더 나은 변동성조정 수익률을 제공했다. 이것은 포트폴리오 ABCD의 샤프지수 0.66을 포트폴리오 A의 샤프지수 0.48과 비교할 때 확인된다. 그런데 포트폴리오 ABCD를 유지한다는 것은 어떤 것일까?

그림 11-4A는 동일 비중의 자산배분(포트폴리오 ABCD)의 수익률 유형과 S&P 500(포트폴리오 A)의 수익률 유형을 비교한 것이다. 동일 비중의 자산배분이 시간경과에 따라 더 완만하게 상승했으며, 투자자에게 거대한 손실을 허용하지 않았다는 점은 분명하다. 예를 들어 극히 고통스러웠던 1973년~1974년의 하락시장 동안에 S&P 500은 각각 −14.66퍼센트, −26.47퍼센트의 손실을 경험했던 반면, 동일 비중의 자산배분은 7.65퍼센트와 −7.63퍼센트의 수익률을 보였다. 그러나 S&P 500의 실적이 좋았던 기간에 동일 비중의 자산배분은 수익률이 더 낮은 자산군으로 분산된 결과, 미국 대형주의 수익률에 미치지 못하는 수익률을 나타냈다. 그래프상의 마지막 4년, 1995년에서 1998년까지를 보라. 전체 27년 동안 동일 비중의 자산배분이 더 나은 변동성조정 수익률을 나타냈다는 사실에도 불구하고 미국 주식시장에 준거 기준을 둔 투자자는 1995년에서 1998년까지 이 자산배분을 유지하는 데

---

1 포트폴리오 ABCD는 매년 재조정되며, 각각 하나의 지수를 대표하는 네 가지 지분형 자산군에 동일하게 배분된다. A: 미국 주식 S&P 500 지수. B: 해외 주식 EAFE 지수(유럽, 호주, 극동아시아). C: 부동산지분증권 NAREIT 지수(부동산투자신탁협회). D: 상품 GSCI 지수(골드만삭스 상품 지수).

| 표 11-1 | 다섯 개의 지분형 포트폴리오: 연수익률이 낮은 것부터 |

연도	포트 폴리오 A	포트 폴리오 B	포트 폴리오 C	포트 폴리오 D	포트 폴리오 E
1	-26.47	-23.19	-21.40	-35.75	-7.63
2	-14.66	-22.15	-17.50	-23.01	-5.74
3	-7.18	-14.17	-15.52	-17.22	-3.16
4	-4.91	-11.85	-15.35	-14.07	-1.08
5	-3.17	-1.3	-3.64	-12.33	3.71
6	1.31	-.86	3.17	-11.92	4.46
7	5.23	2.05	6.00	-6.13	7.65
8	6.27	3.74	8.01	1.05	9.03
9	6.56	6.18	8.84	2.04	10.40
10	7.67	6.34	10.34	4.42	11.26
11	9.99	7.86	13.49	5.29	12.56
12	16.81	8.06	14.59	10.01	12.57
13	18.44	10.80	15.27	10.37	13.43
14	18.47	11.55	19.10	11.08	15.81
15	18.98	12.49	19.16	11.56	18.15
16	21.41	19.42	19.30	16.26	19.09
17	22.51	20.33	19.65	20.33	20.70
18	23.07	24.43	20.26	23.77	21.15
19	23.84	24.61	20.93	27.93	21.71
20	28.58	24.93	21.60	29.08	22.35
21	30.55	28.59	22.42	31.61	23.08
22	31.49	32.94	24.37	33.81	23.50
23	32.16	34.30	30.64	33.92	23.57
24	32.42	37.10	35.27	38.28	24.65
25	33.36	37.60	35.70	39.51	26.75
26	37.20	56.72	35.86	42.43	27.40
27	37.43	69.94	47.59	74.96	29.50
음의 수익률 연수	5	6	5	7	4
수익률 20% 이상인 연수	12	11	10	11	11
표준편차	16.69	21.90	17.31	24.25	10.55
단순평균 수익률	15.09	15.06	14.01	12.86	14.25
연복리 수익률	13.82	13.08	12.65	10.30	13.77
샤프지수	0.48	0.36	0.41	0.25	0.66

상당한 고통을 느꼈을 것이다.

그림 11-4B는 동일 비중의 자산배분에 1달러 투자했을 때의 실적을 S&P 500과 비교한다. 동일 비중의 자산배분은 실제로 S&P 500보다 의미 있게 앞섰지만, 오히려 분석의 마지막 해인 1998년에는 부동산 증권과 상품시장에서 많은 손실을 입어 뒤쳐졌다. 투자기간 내 각 연도의 포트폴리오 수익률은 다른 연도의 포트폴리오 수익률만큼 중요하다.[2] 그러나 심리적으로 투자자는 최근의 투자 경험에 더 많은 의미를 부여하고 더 중요하게 여긴다. 결과적으로 많은 미국 투자자들은 27년 동안의 투자기간에서 마지막 시기인 S&P 500이 지배한 여러 해 동안 다자산군 투자 접근방법의 원칙을 따르는 것이 점차 어려워졌음을 알게 되었다.

나는 표 11-1에서 고객이 각 연도의 포트폴리오 수익에 대한 심리적 영향을 동일하게 하기 위해 눈가리개 방식을 활용했다. 이것은 다섯 가지 지분형 포트폴리오가 각각 무엇인지를 감추고, 낮은 것부터 높은 것까지 순위가 매겨진 연도별 수익률을 나타낸 것이다. 이 방식은 음(−)인 수익률의 빈도나 심도를 포함해 각 포트폴리오들의 수익률 범위를 쉽게 비교할 수 있다. 고객들에게는 최근 27년 동안 다섯 개의 포트폴리오가 제각각 나름의 수익률을 실현했지만, 그 순서는 옆에 표시된 것과 다르다는 점을 알려줬다.[3]

고객들에게 어떤 포트폴리오를 갖고 싶은지 물었을 때, 고객들

2 논의의 목적상 포트폴리오에 대한 추가 적립이나 회수가 없다고 가정한다.
3 일련의 숫자로 표시된 연복리 수익률은 그 숫자들을 곱한 순서에 관계없이 동일하다.

표 11-2 다섯 개의 지분형 포트폴리오: 연 수익률

연도	포트폴리오A S&P500*	포트폴리포B EAFE†	포트폴리오C NAREIT‡	포트폴리오D GSCI#	포트폴리오E 동일 비중
1972	18.98	37.60	8.01	42.43	26.75
1973	-14.66	-14.17	-15.52	74.96	7.65
1974	-26.47	-22.15	-21.40	39.51	-7.63
1975	37.20	37.10	19.30	-17.22	19.09
1976	23.84	3.74	47.59	-11.92	15.81
1977	-7.18	19.42	22.42	10.37	11.26
1978	6.56	34.30	10.34	31.61	20.70
1979	18.44	6.18	35.86	33.81	23.57
1980	32.42	24.43	24.37	11.08	23.08
1981	-4.91	-1.03	6.00	-23.01	-5.74
1982	21.41	-0.86	21.60	11.56	13.43
1983	22.51	24.61	30.64	16.26	23.50
1984	6.27	7.86	20.93	1.05	9.03
1985	32.16	56.72	19.10	10.01	29.50
1986	18.47	69.94	19.16	2.04	27.40
1987	5.23	24.93	-3.64	23.77	12.57
1988	16.81	28.59	13.49	27.93	21.71
1989	31.49	10.80	8.84	38.28	22.35
1990	-3.17	-23.19	-15.35	29.08	-3.16
1991	30.55	12.49	35.70	-6.13	18.15
1992	7.67	-11.85	14.59	4.42	3.71
1993	9.99	32.94	19.65	-12.33	12.56
1994	1.31	8.06	3.17	5.29	4.46
1995	37.43	11.55	15.27	20.33	21.15
1996	23.07	6.34	35.27	33.92	24.65
1997	33.36	2.05	20.26	-14.07	10.40
1998	28.58	20.33	-17.50	-35.75	-1.08
음의 수익률 연수	5	6	5	7	4
수익률 20% 이상인 연수	12	11	10	11	11
표준편차	16.69	21.90	17.31	24.25	10.55
단순평균 수익률	15.09	15.06	14.01	12.86	14.25
연복리 수익률	13.82	13.08	12.65	10.30	13.77
샤프지수	0.48	0.36	0.41	0.25	0.66
1달러의 미래가치	$32.92	$27.61	$24.92	$14.10	$32.53
연 수익률이 최고인 연수	5	7	10	5	0

* 국내 주식: 스탠다드앤푸어즈 사의 S&P 500지수

† 해외 주식: 유럽, 호주, 극동아시아

‡ 지분형 REITs: 부동산투자신탁협회

골드만삭스 상품지수

은 거의 항상 포트폴리오 E를 선택했는데 그 이유는 다음과 같다.

첫째, 샤프지수에서 볼 수 있듯 가장 나은 변동성조정 수익률을 나타냈다. 둘째, 음(-)의 수익률을 보이는 경우가 가장 적고 그 폭도 가장 낮다. 셋째, 표준편차가 보여주듯 변동성 수준이 가장 낮다. 넷째, 연복리 수익률이 다섯 포트폴리오 가운데 가장 높은 것과 비교해 5베이시스 범위 내에 있다.

의도적으로 연 수익률 자료를 연도별로 제공하지 않았기 때문에 고객이 좀더 최근의 경험에 더 많은 의미를 부여할 순 없다. 이제 우리는 눈가리개를 움직여 각 포트폴리오 수익률을 표 11-2처럼 연대순으로 다시 돌려놓아야 한다. 포트폴리오 A, B, C, D, E는 각각 스탠다드앤푸어스 사의 S&P 500주가지수(미국 대형주), EAFE 지수(해외 주식), NAREIT 지수(부동산지분증권), GSCI 지수(골드만삭스 상품지수), 그리고 마지막으로 이 네 가지 지수에 동일 비중으로 배분되도록 매년 재조정하는 포트폴리오다. 고객들은 동일 비중의 포트폴리오 E를 선호하지만 이 포트폴리오의 수익률을 1995년에서 1998년 사이 가장 최근의 S&P 500 수익률과 비교할 때 자신의 선택을 철회하려는 경향이 있다.

투자자들은 자신의 투자 결과를 배경막이나 준거 기준과 대비해 평가하는데, 미국 투자자들에게 그 배경막은 미국의 주식시장이다. 준거 기준은 투자자들이 신문을 집어들 때마다 또는 저녁 뉴스를 들을 때마다 강화된다. 그들이 듣는 내용 대부분은 미국 경제와 자본시장에 관한 것들이다. 주식시장 보고서는 세계적으로 분산된 포트폴리오의 실적이 아니라 다우존스 산업평균에 관해 언급한다. 준거 기준은 투자자가 칵테일파티나 골프 회동에서 동료들과의 대화를 통해 강화될 것이다. 미국의 주식과 채권으로 구성된 전통적인 포트폴리오를 더 많이 보유한 투자자들에게 그들이 저녁뉴스에서 듣는 것과 포트폴리오 성과는 서로 밀접하게 관련되어 있다. 그러나 광범위하게 분산된 다자산군 투자자는 여전히 소수에 불과하다. 그들의 포트폴리오는 동일한 분산 폭과 정도에 따른 전략을 실행하지 않는 골프 친구들의 포트폴리오와 다른 방식으로 움직일 것이다. 만약 미국 주식시장은 지난해 동안 아주 가파르게 성장했지만 자신의 포트폴리오가 낮은 수익률을 보인 다른 자산군에 분산되어 이를 따라잡지 못했다는 것을 다자산 투자자가 알았을 때, 그는 자신의 투자실적과 주변에서 진행된다고 들은 것이 불일치하기 때문에 고통스러워할 것이다. 이것이 준거 기준 위험이다. 이것으로 생긴 투자자의 고통을 결코 낮게 평가해서는 안 된다.

물론 다자산군 투자자가 게임에서 이기는 경우도 있다. 그러나 게임에서 이겼을 때의 기쁨이 졌을 때의 고통만큼 크지 않다. 한 고객이 나에게 다음과 같은 말을 되풀이한 데는 나름대로 의미가 있다. "친구들이 이익을 낼 때 때때로 손실을 보기도 하는 장기적으로 우수한 전략을 따르느니 차라리 친구들이 이익을 낼 때 이익을 내고 친구들이 손해를 볼 때 손해 보는 열등한 전략을 따르고 싶습니다." S&P 500이 지배했던 1995년에서 1998년까지 세계적으로 분산된 다자산군에 투자한 일본 투자자는 미국 투자자들이 만족하지 않으리라고 생각하는 수준의 투자결과에도 아주 만족해했을 것이다. 똑같은 결과, 똑같은 기간에도 준거 기준은 다를 수 있다!

8장에서 토론했던 것처럼 동일 비중의 자산배분은 하나의 교육적인 사례다. 나는 내 고객에게 이것을 추천하지 않는다. 대신

표 11-3　지분 자산배분

지분형 자산군	동일 비중 자산배분	강분산형	중분산형	약분산형	S&P 500
S&P 500: 국내 주식	25%	38%	52%	70%	100%
EAFE: 해외 주식	25%	30%	30%	19%	0
NAREIT: 부동산증권	25%	19%	11%	7%	0
GSCI: 상품	25%	13%	7%	4%	0
합계	100%	100%	100%	100%	100%

* 소수점 이하에서 반올림.

나는 해외 주식, 부동산투자, 상품 등에 낮은 비중을 두고, 국내 보통주 자산군에 가장 많은 무게를 실어야 한다고 제안한다. 표 11-3은 세 개의 새로운 자산포트폴리오에 대한 배분을 나타내는데, 모두 네 가지 자산군 사이의 비중이 변할 때의 모습을 보여준다. 강분산형은 38퍼센트를 S&P 500에 배분하고, 나머지 62퍼센트를 다른 세 자산에 배분해 네 가지 자산군에 대한 가장 큰 분산 정도를 보이고 있다. 이에 비해 약분산형은 포트폴리오의 70퍼센트를 S&P 500에 집중되고, 나머지를 세 자산에 배분해 가장 낮은 분산 정도를 보이고 있다.

그림 11-5에서 그림 11-7까지는 S&P 500과 비교된 세 가지 포트폴리오에 대한 연도별 수익률 형태와 투자된 1달러의 성장을 보여준다. S&P 500에 대한 비중을 증가시킴에 따라 수익률 형태가 S&P 500에 가까워지는 것은 당연하다. 이 움직임이 준거 기준 위험을 감소시키긴 하지만, 동시에 그것은 자산을 덜 분산시킨 결과 포트폴리오의 위험조정수익률을 악화시킨다. 고객들은 이러한 교환관계를 다뤄야만 한다. 그들이 장기적으로 변동성조정 수익률이 나아질 거라고 기대하고 있는 상황에서 수익률 형태가

그림 11-5 강분산형 대 S&P 500

A. 연 수익률 형태

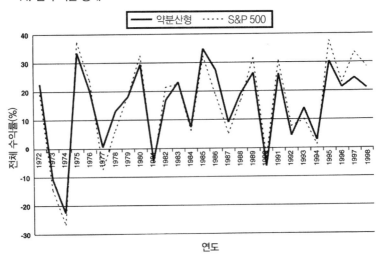

B. 1달러의 성장

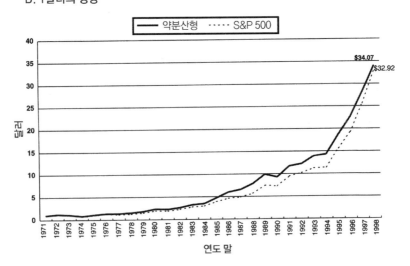

그림 11-6 중분산형 대 S&P 500

A. 연 수익률 형태

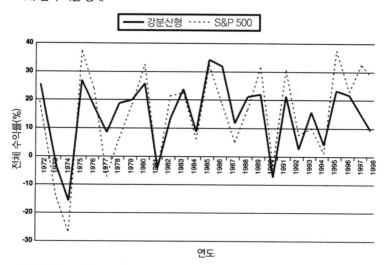

B. 1달러의 성장

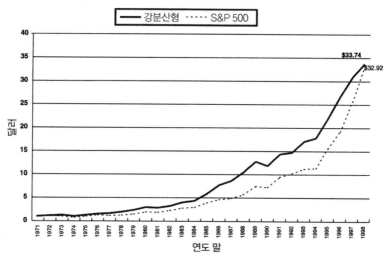

그림 11-7 약분산형 대 S&P 500

A. 연 수익률 형태

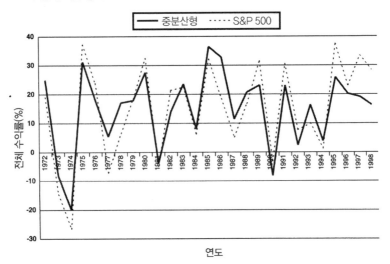

B. 1달러의 성장

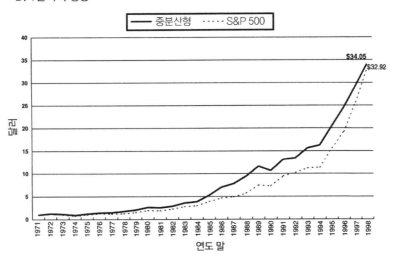

표 11-4 연 수익률 실적 통계치

연도	동일 비중 자산배분	강분산형	중분산형	약분산형	S&P 500
1972	26.75	25.53	24.98	22.67	18.98
1973	7.65	-3.20	-8.25	-10.78	-14.66
1974	-7.63	-15.79	-19.91	-22.47	-26.47
1975	19.09	26.87	31.27	33.57	37.20
1976	15.81	17.65	17.98	20.25	23.84
1977	11.26	8.55	5.42	0.62	-7.18
1978	20.70	18.79	17.09	13.07	6.56
1979	23.57	19.97	17.84	18.06	18.44
1980	23.08	25.79	27.59	29.44	32.42
1981	-5.74	-4.03	-3.79	-4.19	-4.91
1982	13.43	13.50	14.05	16.86	21.41
1983	23.50	23.85	23.62	23.21	22.51
1984	9.03	8.81	8.05	7.38	6.27
1985	29.50	34.26	36.47	34.85	32.16
1986	27.40	31.94	32.82	27.39	18.47
1987	12.57	11.86	11.45	9.06	5.23
1988	21.71	21.15	20.76	19.24	16.81
1989	22.35	21.94	23.18	26.33	31.49
1990	-3.16	-7.31	-8.27	-6.37	-3.17
1991	18.15	21.39	23.11	25.98	30.55
1992	3.71	2.69	2.37	4.39	7.67
1993	12.56	15.82	16.39	13.98	9.99
1994	4.46	4.19	3.83	2.87	1.31
1995	21.15	23.36	25.93	30.31	37.43
1996	24.65	21.71	20.21	21.29	23.07
1997	10.40	15.46	19.11	24.57	33.36
1998	-1.08	9.30	16.29	21.01	28.58
단순평균 수익률	14.25	14.59	14.80	14.91	15.09
표준편차	10.55	12.28	13.62	14.40	16.69
연복리 수익률	13.77	13.92	13.96	13.96	13.82
1달러의 미래가치	$32.53	$33.74	$34.05	$34.07	$32.92
샤프지수	0.66	0.60	0.55	0.53	0.48

불일치할 때의 고통을 얼마나 참아낼 수 있을까?

표 11-4는 표 11-3에 기재된 각 포트폴리오의 연 수익률 실적 통계치를 나타낸 것이다. 왼쪽의 동일 비중의 자산배분에서 오른쪽 S&P 500 중심의 자산배분으로 나아감에 따라 샤프지수가 점차 감소하고 변동성조정 수익률도 악화되고 있음을 알 수 있다. 이것은 주로 표준편차로 나타나는 포트폴리오 변동성이 얼마나 높은가에 따른 것이다. 표 11-5는 각각의 분산된 포트폴리오 구조의 연 수익률을 S&P 500과 비교한 것이다. 각 열 하단의 표준편차는 각 포트폴리오의 수익률 형태상 불일치 정도를 S&P 500과 비교해 측정한 것이다. 표준편차는 그 자체로 각기 분산된 포트폴리오에 내재된 준거 기준 위험의 수준에 대한 측정값이다. 분산정도가 크면 클수록, 준거 기준 위험도 커진다. 1995년에서 1998년까지 각 포트폴리오 구조에 대한 상대적 수익률을 비교함으로써 우리는 동일 비중의 자산배분을 보유한 투자자가 경험하는 고통이 더 크다는 것을 알 수 있었다. 그 고통은 변동성이 평균적으로 낮고, 1973년~1974년에 발생했던 것처럼 수익률 형태가 심각한 국내 주식시장의 손실에서 가장 잘 보호해줄 수 있는 데 따른 대가다.

여기에는 맞다 틀리다 식의 정답이 없다. 하나의 교환관계만 있을 뿐이다. 더 나은 변동성조정 수익률에는 더 큰 준거 기준 위험이 수반된다. 상담사란 직업은 이 교환관계를 고려해 고객을 교육시키고, 분산 정도가 다양한 포트폴리오의 목록을 제공하는 것이다. 따라서 식견 있는 선택을 할지 여부는 고객에게 달려 있다. 만약 어떤 고객이 광범위하게 분산된 다자산군 구조를 선택했다면 동시에 광범위하게 분산된 준거 기준을 채택해야 한다.

표 11-5 S&P 500과 비교한 연 수익률

연도	동일 비중 자산배분 －S&P 500	강분산형 －S&P 500	중분산형 －S&P 500	약분산형 －S&P 500
1972	7.77	6.55	6.00	3.69
1973	22.31	11.46	6.41	3.88
1974	18.84	10.68	6.56	4.00
1975	-18.11	-10.33	-5.93	-3.63
1976	-8.03	-6.19	-5.86	-3.59
1977	18.44	15.73	12.60	7.80
1978	14.14	12.23	10.53	6.51
1979	5.13	1.53	-0.60	-0.38
1980	-9.34	-6.63	-4.83	-2.98
1981	-0.83	0.88	1.12	0.72
1982	-7.98	-7.91	-7.36	-4.55
1983	0.99	1.34	1.11	0.70
1984	2.76	2.54	1.78	1.11
1985	-2.66	2.10	4.31	2.69
1986	8.93	13.47	14.35	8.92
1987	7.34	6.63	6.22	3.83
1988	4.90	4.34	3.95	2.43
1989	-9.14	-9.55	-8.31	-5.16
1990	0.01	-4.14	-5.10	-3.20
1991	-12.40	-9.16	-7.44	-4.57
1992	-3.96	-4.98	-5.30	-3.28
1993	2.57	5.83	6.40	3.99
1994	3.15	2.88	2.52	1.56
1995	-16.28	-14.07	-11.50	-7.12
1996	1.58	-1.36	-2.86	-1.78
1997	-22.96	-17.90	-14.25	-8.79
1998	-29.66	-19.28	-12.29	-7.57
표준편차	12.59	9.49	7.70	4.76

축하한다! 만약 고객을 여기까지 성공적으로 인도했다면 당신은 많은 것을 이룬 셈이다. 당신과 고객은 공동의 준거 기준을 갖고 있다. 당신은 자본시장이 어떻게 그리고 왜 움직이는지에 대해 고객과 의견을 같이할 것이다. 고객은 이자발생형 투자와 투자기간, 변동성 허용수준에 맞는 지분형 투자 사이의 광범위 포트폴리오 배분에 근거해 투자에 대한 현실적인 기대와 적절한 투자목표를 개발해 왔다. 고객은 분산투자의 효과를 이해하고 자신의 포트폴리오 분산의 폭과 정도를 결정해 왔다. 이 일이 의미 있는 작업이지만, 고객에게 그다지 많은 시간을 요구하지는 않는다. 이제 우리는 최종적인 포트폴리오 구조를 설계할 준비가 된 셈이다.

힘에 맞서지 말고 그것을 이용하라.

—R. 버크민스터 폴러, 『은신처』(1932)

　　고객들은 돈 벌기를 좋아하고 돈 잃는 것을 싫어한다. 이 책의
가장 중요한 결론은 다자산군 사이의 광범위 포트폴리오 분산이
결국 몇 개의 자산군만 활용하는 전통적인 접근방법보다 더 나은
변동성조정 수익률을 제공해주리라는 점이다. 다시 한번 **그림 1-1**
에 나타난 것처럼 지구상에서 투자할 수 있는 자본의 분포를 보
자. 만약 모든 고객들이 표시된 각 주요 자산군에 얼마간의 배분
을 하기 위해 자신의 포트폴리오를 재구성한다면, 그들의 포트폴
리오 기대수익률 / 변동성 수치는 꽤 많이 개선될 것이고, 커다란
포트폴리오 손실을 경험할 가능성은 상당히 낮아질 것이다.

　　대부분의 투자관리인이 시장수익률보다 낮은 실적을 보이는
경향은 광범위하게 분산된 접근방법에서 얻을 수 있는 이익의

그림 12-1 투자관리 과정

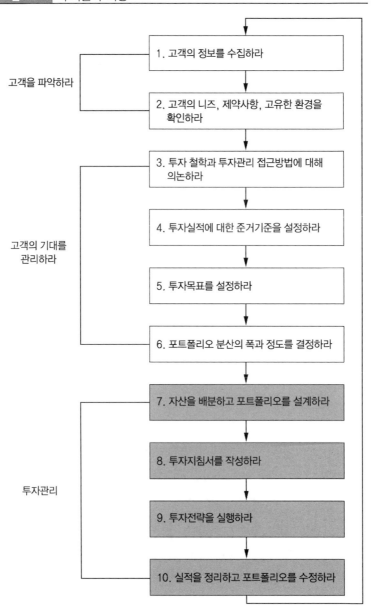

가치를 뒷받침하고 있다. 이에 대해 주목할 만한 면은 포트폴리오 실적 개선의 상당 부분이 단순히 더 많은 종류의 자산군을 활용하겠다는 의사결정에서 나온다는 점이다. 이것은 우수한 관리기술을 실행함으로써 얻는 포트폴리오의 성과 개선과 대비된다. 물론 사람들이 실감하는 것보다 드물기는 하지만 정말로 우수한 기술을 가진 투자관리인이 존재하며, 또한 포트폴리오 성과를 개선하려는 그들의 노력은 의미 있을지도 모른다. 그러나 이러한 관리인에 해당하는지 여부를 결정적으로 확인하기는 어렵기 때문에 투자전략 이면의 추진력과 마찬가지로 우수한 기술에 너무 의존해서는 안 된다. 오히려 전략은 현실 자본시장에서 기대되는 실적에 근거해야 하며, 절제된 자산배분의 틀 내에서 실행되어야 한다. 증권선택에 대한 우수한 기술이 하나의 자산군 내에서 수익을 올릴지라도 이것은 사람들의 눈길을 끌기 위한 치장에 불과하다.

우리는 그림 12-1에 그려진 투자관리 과정의 7단계에서 10단계까지를 다룰 것이다. 7단계에서는 자산배분 결정과 특정 투자 포지션 선택을 위한 과정을 설명할 것이다. 고려할 문제를 개관하기 위해 각 의사결정 단계에서의 대안들을 서술할 것이다. 그리고 이 문제들을 구체적인 포트폴리오 예시를 통해 보여줄 것이다.

7단계 : 자산을 배분하고 포트폴리오를 설계하라

일단 광범위 포트폴리오 균형이 결정되었다면, 상담사는 다자산군을 활용해 세부적인 배분전략을 개발할 준비가 된 셈이다.

그림 12-2 투자 포트폴리오 설계양식

그림 12-2는 고객의 전체 투자 포트폴리오의 현재 현금가치를 기초로 세부적인 추천 포트폴리오 구조로 진행해나갈 때 쓰는 양식이다. 상담사는 왼쪽에서부터 고객의 전체 투자 포트폴리오의 현재 현금가치를 입력함으로써 시작한다. 고객의 광범위 포트폴리오 균형에 대한 의사결정에 근거해, 상담사는 단기금융자산, 장기채권, 지분형 투자에 대한 투자비율과 투자금액을 입력

한다. 일단 결정되면 고객의 변동성 허용수준, 투자기간, 재무적 상황 등에 상당한 변화가 있기 전에는 일반적으로 이 비율은 고정된다.

광범위 포트폴리오 균형에 따라 고객과 상담사는 일곱 가지 자산군 사이에 적절한 자산배분을 결정한다.

1. 단기금융자산
2. 국내 채권
3. 해외 채권
4. 국내 주식
5. 해외 주식
6. 부동산 투자
7. 헤지성 투자

이러한 자산군 가운데 추천할 자산배분을 결정하는 하나의 접근방법은 세계시장 자본 중에서 이들이 차지하는 상대적 비중을 고려하는 것이다. **그림 1-1**은 1998년 12월 31일에도 그러했듯이, 해외 채권이 국내 채권보다 전 세계의 부에서 더 큰 부분을 차지했음을 보여준다. 이런 근거로 상담사가 포트폴리오 안에 국내 채권보다 해외 채권에 더 많은 비중을 두도록 추천할지도 모른다. 마찬가지로 국내 주식 대 해외 주식, 부동산 대 다른 지분형 투자의 상대적 비중이 이러한 자산군에 대해 추천할 배분기준을 결정하는 근거로 사용될 수 있다. 비록 자산군의 비중을 결정하는 방법에 관해 이론적인 논쟁이 있긴 하지만, 이러한 배분은 미국 투자자에게는 아주 드문 것으로서, 인식되는 준거 기준 위험도 높게 나타날 것이다.

다른 접근방법들은 기대수익률, 표준편차, 다양한 자산군 간의 교차상관 등에 관한 경제 시나리오 예측과 정교한 추정에 의존하고 있다. 여기에서 컴퓨터의 최적화 프로그램을 다양한 자산군에 대한 비율을 결정하는 데 사용될 부차적인 수단으로 활용할 수 있다. 하지만 최적화 프로그램에서 나오는 출력물이 확신을 갖고 정하기 아주 어려운 입력변수에 상당히 민감하기 때문에 조심해서 사용해야 한다. 자산배분을 결정하기 위해 사용한 접근방법이 어떠하든 적정한 폭의 분산화를 보장하기 위해 각 자산군에 최소투자비중을 설정하는 것이 좋다.

많은 투자수단들이 단기금융자산군 옆에 기록되어 있다. 이 자산군의 투자수단들은 이자율 위험이 없거나 거의 없다. 이 목록은 모든 것을 망라한 것이 아니라 선택할 수 있는 예를 든 것이다. 투자자산은 만기가 짧은 것부터 순서대로 기록되어 있다. 이 방법에서는 이자율 위험이 없는 투자자산을 가장 먼저 기록하고, 이어서 단기채권과 같이 이자율 위험이 낮은 자산을 기록했다.

다음 자산군은 국내 채권이다. 투자 선택안은 두 가지 면 ― 질과 만기 ― 에 따라 구분되어 있다. 어느 상담사는 수익률 곡선의 기울기 또는 이자율의 변동에 대한 예상에 기초해 중기채와 장기채 사이의 배분을 변경하려고 할지도 모른다. 동시에 경제전망에 따라 우량채권과 비우량채권 사이의 배분을 변경할지도 모른다. 그러나 나는 이런 식의 적극적인 의사결정이 투자실적을 상당 수준 개선할 것이라고는 믿지 않는다.

불과 몇 년 전까지만 해도 해외 채권이라는 투자수단은 큰손의 투자자를 제외한 모든 이에게 제한되어 있었다. 다행스럽게도 이제는 이러한 분산투자 수단을 찾으려는 투자자를 위해 상당수 효율적이고 비용이 저렴한 해외 채권 뮤추얼펀드가 있다.

국내 주식은 모든 영역의 미국 보통주를 포함한다. 채권과 주식의 특성을 모두 지닌 혼합형 투자인 전환사채는 지분으로서의 위험 특성을 강조하기 위해 국내 주식으로 분류했다(물론 이것을 국내 채권 자산군의 범위로 분류할 수도 있지만, 그렇게 분류할 경우 고객들이 이것의 위험을 간과할지도 모른다). 간단히 하기 위해 그 외의 국내 주식투자는 대형주와 소형주로 분류했다. 투자관리 유형이나 접근방법에 따라 분산투자하는 것도 고려할 수 있다. 어떤 때는 성장형 관리인이 가치형 관리인보다 나은 실적을 보이며, 다른 때는 그 반대의 경우도 발생한다. 포트폴리오 내에서 여러 가지 접근방법을 활용하면 단 한 가지 접근방법에 의존할 때 발생하는 위험을 제거할 수 있다.

해외 주식은 국내 주식에 대한 중요한 분산투자 수단이 된다. 이러한 분산투자 형태는 해외 채권 분산투자보다 훨씬 더 널리 사용되어 왔다. 이에 상응해 투자자들이 활용할 수 있는 투자수단의 수는 훨씬 많다. 국내 주식 자산군과 마찬가지로 대형사의 해외 주식이나 소형사의 해외 주식도 투자수단의 목록에 올라와 있다. 게다가 빠르게 성장하는 제3세계 경제의 중요성이 증가하면서 신흥시장 주식도 포함했다. 국내 주식과 해외 주식 간의 균형을 자산배분 의사결정 단계에서 다뤘기 때문에 완전히 미국 주식 이외의 주식만으로 구성된 뮤추얼펀드도 활용해야 한다.

부동산투자는 다양한 형태로 할 수 있으므로 여러 가지 투자수단을 열거할 수 있다. 역사적으로 부동산 투자는 종종 의미 있는 절세효과를 가져왔다. 1986년의 세제개혁법이 이러한 절세효과를 대폭 제거했지만, 부동산은 여전히 투자 포트폴리오에서 중요한 부분이다. 대다수 고객의 상황에서 지분형 리츠와 리츠에 투자하는 뮤추얼펀드는 부동산 분산투자를 위한 효과적인 대안이다. 대개 개인용 주택과 별장은 기본적으로 투자대상으로 취득되지 않으며, 따라서 여기에 열거하지 않았다. 대신 그것들은 '생활양식자산'이란 계정으로 고객의 대차대조표에 나타난다.

상품연계증권과 귀금속투자와 같은 헤지성 투자는 과거 경험상 다른 자산군의 수익률과 뚜렷하게 다른 수익률 형태를 나타냈다. 이들의 실행 비율은 미미하지만, 원치 않는 경제여건에서 포트폴리오상 다른 부분들이 손실을 볼 때 이들이 제대로 역할할지도 모른다. 이런 이유에서 상품연계증권은 헤지성 투자수단의 가장 좋은 예다. 상품자산은 많은 금융자산군과 역의 상관관계를 보이며, 포트폴리오 분산에 아주 중요한 역할을 한다(그림 8-6 참조).

이전에는 관리수수료에 인센티브가 포함되는 전통적인 구조에서만 상품분산이 일반적으로 유용했다. 그런데 요즘 유용한 뮤추얼펀드가 한 가지 생겼다. 골드만삭스 상품지수를 거의 그대로 복제한 오펜하이머 부동산펀드가 그것이다. 앞으로 상품의 분산투자가 가능하도록 이 펀드와 경쟁할 수 있는 더 낮은 비용의 또 다른 펀드들이 계속 나타날 것이다.

귀금속 투자는 주로 금이나 은에 대한 투자다. 빈번하지는 않지만 백금도 대상이 된다. 만약 귀금속을 물리적 형태로 소유한다면, 1온스짜리 남아프리카공화국의 크루거랜드나 캐나다의 메이플리프와 같은 금화를 금괴보다 선호할 것이다. 금화는 금 함유량이라는 면에서 쉽게 확인되고 사고팔기가 훨씬 쉽다.

귀금속 관련 주식은 금화 소유에 대한 대안이 된다. 금화와 달리 귀금속 관련 주식은 종종 수입을 제공하기도 하므로, 장기 보유 시 더 나은 실적을 올릴 수도 있다. 남아프리카, 북아메리카, 호주 등 3대 금광지역에 지리적으로 분산해 투자하는 것이 바람직하다.

의사결정의 가장 포괄적인 단계는 광범위 포트폴리오 균형과 관련한 것이다. 일단 이렇게 결정하면, 의사결정은 자산배분 단계로 나아간다. 여기서 포트폴리오 내의 자산군을 채택하고, 자산군 사이 펀드의 상대적 규모에 대해 선택한다. 고객이 포트폴리오 분산 정도를 감안해 이 문제를 다룰 수 있도록 하는 것이 중요하다. 우리가 8장과 11장에서 논의했던 것처럼, 더 광범위하게 분산된 포트폴리오가 더 나은 기대수익률 / 변동성 특성을 보이지만 이러한 이로움은 대가 — 각자의 통상적인 준거 기준과는 다른 수익률형태 — 를 수반한 것이다. 개별 투자수단이 선택되는 것은 자산배분을 결정한 이후다. 의사결정과정이 가장 일반적인 단계에서부터 세부적인 의사결정 단계로 나아감에 따라 의사결정이 장기 포트폴리오 실적에 미치는 영향은 줄어들게 된다.

나는 포트폴리오 설계의 각 단계에 고객을 참여시키라고 강력히 주장하는 사람이다. 실제로 이러한 의사결정의 상당수는 다른 사람에게 위임할 수 없는 고객의 몫이다. 상담사의 역할은 고객에게 바른 방향을 알려주고 의사결정의 질을 향상시키기 위한 준거 기준을 제공하는 것이다.

그림 12-3, 그림 12-4, 그림 12-5는 각각 표 6-2의 광범위 포트폴리오 균형선택 2번, 3번, 4번에 해당하는 자산배분의 사례를

그림 12-3 포트폴리오 저변동성 자산배분

투자목표: 저포트폴리오 변동성과 저수익률*
포트폴리오 분산 정도: 중분산형**

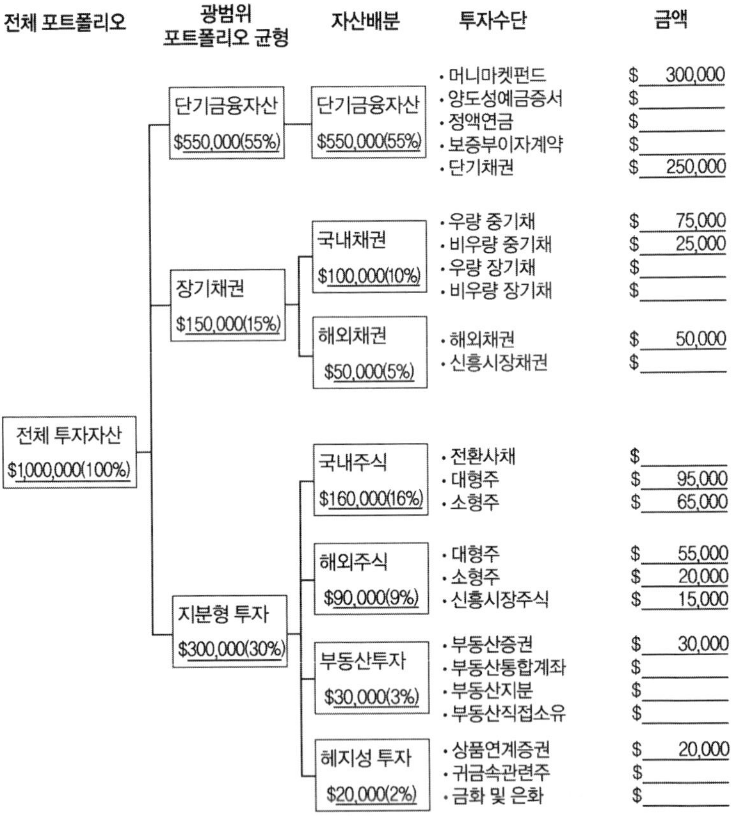

전체 포트폴리오	광범위 포트폴리오 균형	자산배분	투자수단	금액
	단기금융자산 $550,000(55%)	단기금융자산 $550,000(55%)	• 머니마켓펀드 • 양도성예금증서 • 정액연금 • 보증부이자계약 • 단기채권	$ 300,000 $ _____ $ _____ $ _____ $ 250,000
	장기채권 $150,000(15%)	국내채권 $100,000(10%)	• 우량 중기채 • 비우량 중기채 • 우량 장기채 • 비우량 장기채	$ 75,000 $ 25,000 $ _____ $ _____
		해외채권 $50,000(5%)	• 해외채권 • 신흥시장채권	$ 50,000 $ _____
전체 투자자산 $1,000,000(100%)		국내주식 $160,000(16%)	• 전환사채 • 대형주 • 소형주	$ _____ $ 95,000 $ 65,000
	지분형 투자 $300,000(30%)	해외주식 $90,000(9%)	• 대형주 • 소형주 • 신흥시장주식	$ 55,000 $ 20,000 $ 15,000
		부동산투자 $30,000(3%)	• 부동산증권 • 부동산통합계좌 • 부동산지분 • 부동산직접소유	$ 30,000 $ _____ $ _____ $ _____
		헤지성 투자 $20,000(2%)	• 상품연계증권 • 귀금속관련주 • 금화 및 은화	$ 20,000 $ _____ $ _____

* 표 6-2의 2번 포트폴리오 참조.

** '11장의 6단계: 포트폴리오 분산의 폭과 정도를 결정하라' 참조

그림 12-4 포트폴리오 중변동성 자산배분

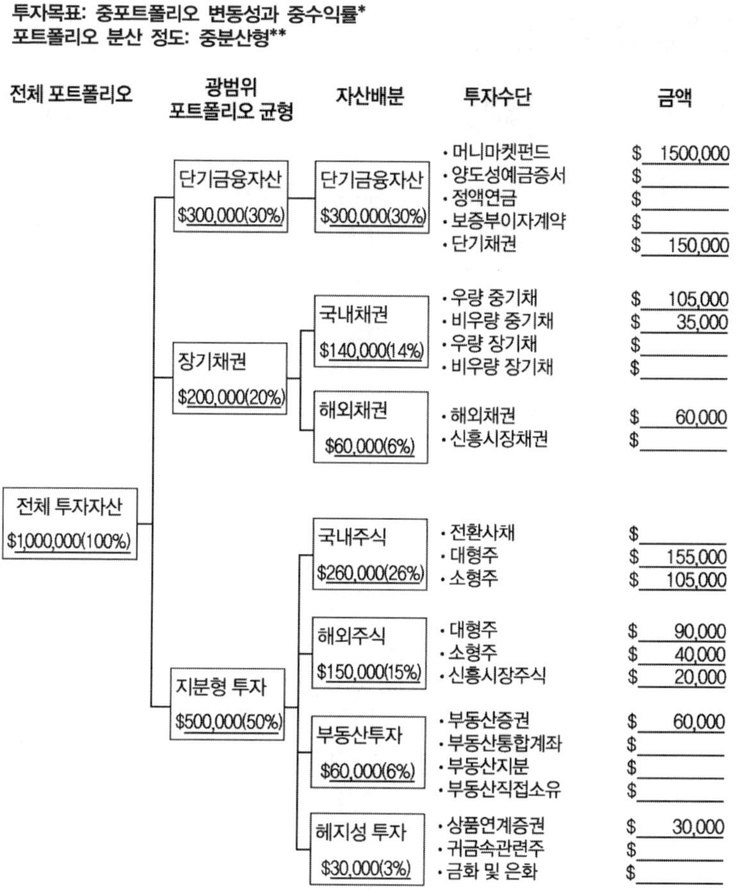

투자목표: 중포트폴리오 변동성과 중수익률*
포트폴리오 분산 정도: 중분산형**

전체 포트폴리오	광범위 포트폴리오 균형	자산배분	투자수단	금액
	단기금융자산 $300,000(30%)	단기금융자산 $300,000(30%)	• 머니마켓펀드	$ 1500,000
			• 양도성예금증서	$
			• 정액연금	$
			• 보증부이자계약	$
			• 단기채권	$ 150,000
	장기채권 $200,000(20%)	국내채권 $140,000(14%)	• 우량 중기채	$ 105,000
			• 비우량 중기채	$ 35,000
			• 우량 장기채	$
			• 비우량 장기채	$
전체 투자자산 $1,000,000(100%)		해외채권 $60,000(6%)	• 해외채권	$ 60,000
			• 신흥시장채권	$
	지분형 투자 $500,000(50%)	국내주식 $260,000(26%)	• 전환사채	$
			• 대형주	$ 155,000
			• 소형주	$ 105,000
		해외주식 $150,000(15%)	• 대형주	$ 90,000
			• 소형주	$ 40,000
			• 신흥시장주식	$ 20,000
		부동산투자 $60,000(6%)	• 부동산증권	$ 60,000
			• 부동산통합계좌	$
			• 부동산지분	$
			• 부동산직접소유	$
		헤지성 투자 $30,000(3%)	• 상품연계증권	$ 30,000
			• 귀금속관련주	$
			• 금화 및 은화	$

* 표 6-2의 3번 포트폴리오 참조.

** '11장의 6단계: 포트폴리오 분산의 폭과 정도를 결정하라' 참조.

그림 12-5 포트폴리오 고변동성 자산배분

투자목표: 고포트폴리오 변동성과 고수익률*
포트폴리오 분산 정도: 중분산형**

전체 포트폴리오	광범위 포트폴리오 균형	자산배분	투자수단	금액
	단기금융자산 $100,000(10%)	단기금융자산 $100,000(10%)	• 머니마켓펀드 • 양도성예금증서 • 정액연금 • 보증부이자계약 • 단기채권	$ 50,000 $ _____ $ _____ $ _____ $ 50,000
	장기채권 $200,000(20%)	국내채권 $140,000(14%)	• 우량 중기채 • 비우량 중기채 • 우량 장기채 • 비우량 장기채	$ 105,000 $ 35,000 $ _____ $ _____
		해외채권 $60,000(6%)	• 해외채권 • 신흥시장채권	$ 60,000 $ _____
전체 투자자산 $1,000,000(100%)		국내주식 $360,000(36%)	• 전환사채 • 대형주 • 소형주	$ _____ $ 215,000 $ 145,000
		해외주식 $210,000(21%)	• 대형주 • 소형주 • 신형시장주식	$ 130,000 $ 50,000 $ 30,000
	지분형 투자 $700,000(70%)	부동산투자 $80,000(8%)	• 부동산증권 • 부동산통합계좌 • 부동산지분 • 부동산직접소유	$ 80,000 $ _____ $ _____ $ _____
		투자헤지 $50,000(5%)	• 상품연계증권 • 귀금속관련주 • 금화 및 은화	$ 50,000 $ _____ $ _____

* 표 6-2의 4번 포트폴리오 참조
** '11장의 6단계: 포트폴리오 분산의 폭과 정도를 결정하라' 참조

보여준다. 예를 들어 **그림 12-3**은 중분산형의 포트폴리오 분산을 지니고서 70%의 재무성 증권과 30%의 대형주로 구성된 포트폴리오 균형을 선택한 고객을 위해 추천한 자산배분을 보여준다('11장 6단계: 포트폴리오 분산의 폭과 정도를 결정하라' 참조). 또한 **표 12-1**은 '강분산형' 또는 '약분산형' 포트폴리오 분산의 대안적인 자산배분을 보여준다(**표 11-3** 참조).

우리는 이러한 사례를 세제적격 은퇴플랜이나 기부펀드와 같이 단체 고객을 위한 것으로 가정하고 있다. 따라서 유동성 있고 평가가 쉬운 투자수단을 선택하는 것이 나을 것이다. 동일한 구성요소가 각 포트폴리오에 사용되었음에 주목하라. 단기금융자산, 장기채권, 지분형 투자에 대한 자산배분을 변경함으로써 광범위 포트폴리오 균형 의사결정 단계에서 각 포트폴리오의 변동성 유형이 통제된다.

어떤 투자상담사는 모든 고객에 대해 동일한 자산배분을 사용하며, 투자 포지션 선택 단계에서 고객의 변동성 허용수준의 차이에 맞추려고 한다. 예를 들어 모든 고객에게 단기금융자산에 25퍼센트, 장기채권에 20퍼센트, 지분형 투자에 55퍼센트를 투자하도록 한다. 하지만 상대적으로 높은 변동성 허용수준을 보유한 고객들은 신용등급이 낮은 회사채, 더 공격적이며 베타가 높은 소형주, 부채를 낀 부동산으로 구성하려는 반면, 변동성 허용수준이 낮은 고객들은 신용등급이 높은 회사의 장기채, 좀더 보수적이며 베타가 낮은 대형주, 부채부담이 없는 부동산으로 그들의 포트폴리오를 구성하려고 한다.

나는 몇 가지 이유 때문에 광범위 포트폴리오 균형 단계에서 변동성 허용수준의 차이에 따라 포트폴리오 설계를 다루려고 한

표 12-1 강분산형, 중분산형, 약분산형에 따른 포트폴리오 구조(단위: %)

	포트폴리오 구성								
	저변동성 분산 정도			중변동성 분산 정도			고변동성 분산 정도		
자산배분	약	중	강	약	중	강	약	중	강
단기금융자산	55.0	55.0	55.0	30.0	30.0	30.0	10.0	10.0	10.0
장기채권									
국내 채권	12.0	10.0	9.0	16.0	14.0	12.0	16.0	14.0	12.0
해외 채권	3.0	5.0	6.0	4.0	6.0	8.0	4.0	6.0	8.0
지분형 투자									
국내 주식	21.0	16.0	11.0	35.0	26.0	19.0	49.0	36.0	27.0
해외 주식	6.0	9.0	9.0	10.0	15.0	15.0	13.0	21.0	21.0
부동산 투자	2.0	3.0	6.0	3.0	6.0	9.0	5.0	8.0	13.0
헤지성 투자	1.0	2.0	4.0	2.0	3.0	7.0	3.0	5.0	9.0
합계	100.0	100.0	100.0	100.0	100.0	100.0	100.0	100.0	100.0
투자수단	약	중	강	약	중	강	약	중	강
단기금융자산									
머니마켓	30.0	30.0	30.0	15.0	5.0	15.0	5.0	5.0	5.0
단기채권	25.0	25.0	25.0	15.0	15.0	15.0	5.0	5.0	5.0
장기채권									
국내 채권									
저위험/중위험	9.0	7.5	6.5	12.0	10.5	9.0	12.0	10.5	9.0
고위험/중위험	3.0	2.5	2.5	4.0	3.5	3.0	4.0	3.5	3.0
해외 채권									
해외 채권	3.0	5.0	6.0	4.0	6.0	7.0	4.0	6.0	7.0
신흥시장채권	-	-	-	-	-	1.0	-	-	1.0
지분형 투자									
국내 주식									
대형주	12.5	9.5	8.5	21.0	15.5	14.0	29.5	21.5	20.0
소형주	8.5	6.5	2.5	14.0	10.5	5.0	19.5	14.5	7.0
해외 주식									
대형주	3.5	5.5	5.5	6.0	9.0	9.0	8.0	13.0	12.5
소형주	1.5	2.0	2.0	2.5	4.0	4.0	3.0	5.0	5.5
신흥시장주식	1.0	1.5	1.5	1.5	2.0	2.0	2.0	3.0	3.0
부동산 투자									
부동산증권	2.0	3.0	6.0	3.0	6.0	9.0	5.0	8.0	13.0
헤지성 투자									
상품연계증권	1.0	2.0	4.0	2.0	3.0	7.0	3.0	5.0	9.0
합계	100.0	100.0	100.0	100.0	100.0	100.0	100.0	100.0	100.0

다. 첫째, 그것은 6장에서 언급한 광범위 포트폴리오 균형 결정을 위한 모델에서 직접 다룬다. 둘째, 고객이 이해하기 쉽기 때문에 고객을 편안하게 한다. 셋째, 그것은 비정상적으로 높거나 또는 비정상적으로 낮은 변동성 허용수준을 보유한 고객을 위한 포트폴리오 설계를 가능케 한다. 마지막으로 가장 중요한 것으로, 변동성 허용수준에 관계없이 모든 고객에게 포트폴리오의 광범위한 분산을 허용한다. 다시 말해, 변동성 허용수준의 문제를 광범위 포트폴리오 균형 단계에서 다룸으로써 모든 고객들이 우량채권이나 비우량채권, 대형주나 소형주, 기타 자산을 이용한 투자분산에서 이익을 얻을 수 있다.

때때로 포트폴리오의 변동성 특성을 조정하기 위해 주식옵션이나 선물거래 활용에 대한 문제가 제기되기도 한다. 어떤 포트폴리오 변동성 특성을 조정해야 한다면, 때때로 다음 두 가지 가운데 하나에 해당될 것이다. 하나는 그 포트폴리오의 자산배분이 목표치로부터 벗어날 수도 있으며, 재조정은 그 포트폴리오를 적절한 변동성수준으로 되돌리는 것이다. 또 다른 가능성은 포트폴리오의 자산배분이 고객의 변동성 허용수준과 일치하지 않을 수 있다는 점인데, 이 경우에는 광범위 포트폴리오 균형 또는 포트폴리오 분산의 폭과 정도를 수정해야 한다. 어떤 경우든 옵션이나 선물거래가 일반적으로 선호되는 해결책은 아니다.

그림 12-2는 광범위 포트폴리오 균형에 대한 결정을 최종적이고 상세한 목표 포트폴리오와 연계시키는 의사결정상의 여러 단계를 보여준다. 각 단계들은 적극적·소극적 접근방법에 따라 특징이 있다. 궁극적으로 적극적 전략을 수행함에 있어 내재된 기대이익이나 잠재위험을 평가하는 것은 투자상담사와 그들의 고

객 둘 다의 책임이다. 예를 들어 광범위 포트폴리오 균형의 의사결정 단계에서 소극적 접근방법은 고객과 상담사가 설정한 배분 목표비율만큼 포트폴리오를 체계적으로 재조정할 것을 요구한다. 좀더 적극적인 접근방법은 세 가지 광범위한 투자자산군 각각에 대해 배분비율의 범위를 정하는 것이다(표 12-2 참조). 이 범위 내에서 적극적인 상담사는 단기금융자산, 장기채권, 지분형 투자 등에 대해 제한된 형태의 시장예측을 실행하려 할 것이다. 표 12-2에 나타난 예시에서는, 최소배분기준이 각각 단기금융자산 25퍼센트, 장기채권 10퍼센트, 지분형 투자 30퍼센트 등으로 자산의 최소 65퍼센트가 고정되도록 하였다.

그림 12-2는 자산배분 의사결정 단계에 있는 7가지 자산군을 보여준다. 이것 역시 적극적 방법 또는 소극적 방법으로 다룰 수 있다. 좀더 적극적인 접근방법은 다양한 자산군 사이에서 활용할 수 있는 비효율성이 존재한다고 가정하고 있다. 각 자산군에 대해 최소배분 기준과 최대배분 기준을 유지함으로써 이익획득 시도에 따른 판단착오의 위험을 제한할 수 있다. 소극적인 접근방법은 단순히 각 자산군에 대해 설정된 목표배분율로 포트폴리오를 정기적으로 재조정하는 것이다.

다른 적극적 의사들도 결정할 수 있다. 이를테면, 채권시장에서 채권의 질적 요소와 만기요소 사이의 균형 선택이 그러하다. 장기채권은 예시된 세 가지 포트폴리오 어디에도 활용되지 않았다. 이것의 활용은 처음에 상대적으로 소극적인 쪽으로 이끌려던 투자상담사에게 매우 적극적인 의사결정으로 보일 수도 있다. 이것들을 배제한 근본 이유는 예시 포트폴리오 배분을 개발할 당시 수익률 곡선이 상대적으로 평평했기 때문이다. 다시 말해, 만

표 12-2 중변동성 포트폴리오

광범위 투자 분류	소극적 관리(고정비율)	적극적 관리(비율 범위)
단기금융자산	35%	25~45%
장기채권	20%	10~30%
지분형 투자	45%	30~60%
총투자	100%	65% 고정 포트폴리오

기가 중기를 넘어서는 경우 장기채권에서 얻을 수 있는 추가수익이 거의 없었기 때문이다. 이것은 장기채권에 대한 이자율 위험이 증가한 데 대한 보상이 충분하지 않았던 상황에 기인한다. 내판단에는 위험에 대한 이러한 가정은 이자율이 하락하고 이에 따라 수익을 얻을 수 있을 거라고 확신하는 경우에만 정당화된다.[1] 여기서 제시한 접근방법은 이자율의 움직임에 대한 예측에 근거하고 있지 않기 때문에 그것은 보유할 가치가 없는 위험이 된다. 이 경우에서도 자본시장에 내재된 불확실성 때문에 장기채권을 배제한 것이다.

일곱 가지의 각 자산군 내에서 투자수단들을 선택할 때 더 많은 대안이 있다. 극단적인 예로 소극적으로 관리되는 저비용의 인덱스펀드를 포트폴리오 구성부문으로 활용할 수 있다. 마찬가지로 우수한 증권선택이 수익률을 높일 것이라는 기대에서 적극적으로 관리하는 대안도 활용할 수 있다.

인덱스펀드는 지수를 구성하는 모든 증권 또는 대부분의 증권

---

1 면역화 전략을 실행할 때는 수익률 곡선이 비교적 평평하더라도 장기채에 대한 투자가 정당화될 수 있다.

을 보유함으로써 특정 시장지수의 실적을 복제한다. 우수한 증권 선택을 통해 시장보다 나은 수익을 얻으려는 시도는 없다. 인덱스 펀드를 사용하려는 주장은 간단하면서도 반박할 수 없는 가정 — 투자자들의 단체가 시장이며, 따라서 시장보다 나을 수는 없다 — 에 근거하고 있다. 게다가 우수한 증권을 선택해 시장보다 나은 실적을 올리려는 시도는 요금청구서 — 적극적인 투자자의 실현이익을 직접 차감하는 상담수수료, 관리수수료, 포트폴리오 거래수수료 등 여러 형태의 많은 비용 — 를 수반한다. 만약 투자관리인들 가운데 누가 시장보다 높은 수익을 올려 그 비용을 감당할 수 있을지 알 수 있는 확실한 방법만 있다면, 이것은 문제가 되지 않을 수도 있다. 하지만 대부분의 조사연구 결과는 시장이 꽤 효율적으로 움직이며, 향후 우수한 실적을 보일 투자관리인을 미리 안다는 것이 매우 어려운 일임을 알려준다.

이에 대비해 각종 비용과 포트폴리오 재편을 최소화시키는 인덱스펀드는 단기적으로는 작을지 모르지만 시간이 흐르면서 점차적으로 커지는 실적에 따른 이익을 자동적으로 확보해준다. 마치 뮤추얼펀드업계 뱅가드 조직의 설립자인 존 보글이 다음과 같은 말로 멋지게 표현했듯이 말이다.

> 진실은 인덱스에 투자한 사람이 항상 이긴다는 것입니다. 어떤 금융시장에서도, 그리고 금융시장 내 어떤 분야에서도 단지 적극적 투자자들이 발생시키는 비용 — 거래수수료, 상담료, 세금 등 — 이 너무 크기 때문에, 저비용으로 그 시장 내 모든 증권을 보유한 인덱스 투자자는 시장 내에서 공격적으로 투자하는 다른 투자자보다 확실히 더 높은 수익을 얻게 됩니다.[2]

만약 포트폴리오를 구성하기 위해 적극적으로 관리되는 뮤추얼펀드나 분리계정을 활용한다면, 투자관리인을 평가하는 데 엄격한 사전주의(due diligence) 과정을 진행해야만 한다. 그러한 사전주의의 방법 가운데 한 예가 이 장 부록에서 투자지침서 예시의 '투자관리인 선정' 부분에 들어 있다.[3]

8단계 : 투자지침서를 작성하라

우리는 전략을 실행할 준비가 거의 다 된 셈이다. 그러나 거의 다 되었지 완전히 된 것은 아니다. 투자에 대한 우리의 의사결정과 시간경과에 따른 포트폴리오 관리의 여러 변수들을 문서화할 때다. 만약 포트폴리오가 연금플랜, 기금, 신탁 등을 위한 것이라면, 법률이나 규정이 문서로 된 투자지침서를 요구하거나 강력히 권고할 것이다. 특별한 법률적 요구가 없다 할지라도 투자지침서의 작성은 적극적으로 권장된다. 이해관계자들에게 투자정책이나 절차를 문서로 제공하는 것 이외에도 제대로 작성된 투자지침서는 여러 가지 이점이 있다.

- 포트폴리오 투자전략이 절제되면서도 일관성 있게 실행되도

---

2 제4차 인덱스슈퍼볼 연차회의에서 행한 존 보글의 연설을 인용.
3 명시된 사전주의 기준은 투자관리위원회의 도널드 트론이 개발했으며, 현재 피츠버그 대학의 카츠 경영대학원과 연계된 신탁연구센터에서 가르치고 있다. 신탁연구센터는 투자상담을 해주는 전문가는 물론 연금플랜, 기금, 개인신탁 등의 수탁자들을 지원하기 위한 조사연구, 훈련기관이다.

록 한다. 이 점은 특히 극단적으로 유리하거나 불리한 자본시
장 상황하에서 중요하다.

- 투자위원회에서 관리하는 기관 포트폴리오의 경우 새로운 사
람이 물러나는 위원을 대체할 때 투자지침서가 투자 접근방
법상 연속성을 제공할 수 있다.
- 투자지침서는 이전의 투자결정에 대해 이후에 문제 삼는 것을
방어할 수 있도록 해준다.
- 또한 투자지침서는 투자관리 과정을 적절하게 감독해야 하는
투자관리인이 직무와 수탁자로서의 의무를 이행하고 있는지
에 대한 증거가 된다.

이 장 부록에 개인을 위한 투자지침서 예시가 첨부되어 있다.
첫 번째 부분은 고객 유형, 포트폴리오 규모, 투자기간, 포트폴리
오 수익률 특성, 자산배분 등에 대한 정보와 관련된 '실행 개요'
다. 뒤이어 '배경과 목적' 부분과 '투자목표와 제한사항' 부분이
나온다. 여기에는 고객의 재무목표들이 항목별로 정리되어, 수익
률/변동성의 상호 교환관계를 보이는 질적인 투자목표와 연결
되어 있다. 정보 역시 고객의 자산선호도, 투자기간, 표준화된 포
트폴리오 수익률, 포트폴리오 수정지침 등과 관련해 항목별로 정
리되어 있다. 투자상담사, 투자관리인, 자산보관회사의 '의무와
책임'은 그 다음에 서술된다. '투자관리인 선정' 부분은 투자관리
인의 선택에서 사전주의의 기준을 표시하고 있다. 그 이후에 투
자관리인의 실적을 확인하고 비용을 측정하며 연도별로 투자지
침서를 점검하기 위한 '관리절차'가 문서화되어 있다. 마지막으
로, 투자지침서와 관련된 이 부록은 포트폴리오를 분산하기 위해

사용된 자산군들의 수익률, 표준편차, 상관계수 등 통계치 모델을 담고 있다.

투자지침서는 신탁 과정에서 가장 중요한 문서다. 거기에는 투자관리 과정과 관련한 모든 부분이 분명하게 언급되고 각자의 역할이 명확하게 정의되어 있으며, 시간의 경과에 따라 포트폴리오 전략을 평가하기 위해 적절한 준거 기준이 마련되어 있다. 투자지침서가 제대로 되었는지를 파악하는 방법은 고객을 잘 알지 못하는 투자상담사가 포트폴리오 전략을 실행할 수 있을 만큼 충분히 상세하면서 명쾌한지 확인하는 것이다.

9단계 : 투자전략을 실행하라

고객이 포트폴리오에 대한 청사진을 승인하고 투자지침서가 확정되면 이제 그 전략을 실행할 때다. 만약 고객의 현재 포트폴리오 균형이 추천된 목표 포트폴리오 균형과 다르다면, 포트폴리오를 목표대로 변경하기 위한 시간 계획에 관한 질문이 나올 것이다. 예를 들어 한 고객이 현재 단기금융자산 / 장기채권 / 지분형 투자의 포트폴리오 균형을 70퍼센트 / 10퍼센트 / 20퍼센트로 유지하고 있다고 하자. 그러나 목표 포트폴리오는 35퍼센트 / 20퍼센트 / 45퍼센트다. 한편으로는 현재의 균형이 투자목표와 변동성 허용수준에 맞지 않아 포트폴리오를 재빨리 그 목표대로 변경하도록 요구하는 주장이 있을 수 있으며, 다른 한편으로는 매입원가평균법(dollar-cost averaging strategy)을 활용해 점차적으로 포트폴리오를 목표대로 전환함으로써 경제적·심리적으로 효용을 얻게 할 수도 있다.

매입원가평균법은 주기적으로 정해진 시간마다 한 가지 투자수단에 동일한 금액을 투자하는 단순한 기법이다. 만약 우리가 보통주에 18만 달러를 투자하려고 한다면, 18개월 동안 매달 1만 달러씩 투자할 수 있다. 보통주와 같이 투자원금의 가치가 변하는 투자수단에 자금을 투입할 때, 우리는 이상적으로 가격이 낮을 때 사기를 원한다. 매입원가평균법을 활용하면 주가가 하락할 때 더 많은 주식을 매입하며, 주가가 상승할 때 더 적은 주식을 매입하게 된다. 이 전략을 완료한 때 주당 평균매입원가는 주가 평균보다 낮을 것이다. 우리는 단기적으로 변동성 높은 자산의 투자수익률이 장기평균 기대수익률과 많은 차이가 있음을 알고 있다. 하나의 투자수단에 주기적으로 동일한 금액을 투자할 때, 고객의 경험 수익률이 장기적인 기대수익률에 근접할 가능성은 높아진다.

물론 심리적인 이점도 있다. 목표 포트폴리오에 고객의 현재 포트폴리오와 확연하게 다른 변동성 / 수익률 특성이 있을 수 있다. 목표배분으로 점진적으로 변경함으로써 고객은 새로운 전략에 더 익숙해질 기회를 갖게 되며, 새로운 전략에 더 편안해한다. 더 편안해짐에 따라 시장상황이 좋든 나쁘든 고객이 그 전략을 고수할 가능성이 커지게 된다.

목표 포트폴리오를 설정할 때 기간구조의 선택은 목표 포트폴리오를 빨리 구성해야 한다는 점과 시장의 단기적 움직임으로 인한 역효과를 감소시키기 위해 더 많은 시간을 들여야 한다는 점 사이의 타협일 것이다. 앞에 있는 사례에서는 35퍼센트에 달하는 고객의 단기금융자산이 장기채권과 지분형 투자로 이전될 것이다. 돈을 버는 투자수단의 변동성이 크면 클수록 투자의 매입원가평균법을 활용해야 할 기간이 늘어난다. 주식이 채권보다 변동성이 크기 때문에 포트폴리오에서 목표하는 보통주를 매입하는 데 12개월에서 24개월을 소요하도록 하는 반면, 목표하는 채권을 매입하는 데 6개월에서 12개월만 걸리도록 권고하는 것이 적절할 것이다.

고객의 현재 포트폴리오가 단기금융자산, 장기채권, 지분형 투자 사이의 이상적인 배분에 도달하거나 이에 근접하는 상황이 발생하겠지만, 투자 포지션의 또 다른 조합도 권유할 만하다. 이 경우 만약 고객이 진행속도에 만족해하고 포함된 세금문제를 적절히 고려하기만 한다면, 새로운 전략을 훨씬 빠르게 실행할 수도 있다.

자신의 총투자 포트폴리오 가운데 일부를 세제적격의 은퇴플랜과 개인은퇴계좌에 포함시킨 고객에 대해서는 설계상 몇 가지 특별히 고려해야 할 사항들이 있다.[4] 우리는 먼저 고객이 이 펀드들을 어떻게 투자할지 생각해보는 상황을 고려할 것이다. 전통적으로 개인은퇴계좌는 장기 투자수단이므로 보통주와 같은 장기 투자자금으로 해야 한다고 말한다. 그러나 이 경우에 전통적인 지혜가 적절한 결과를 이끌어내지 못할지도 모른다. 개인은퇴계좌는 유익한 세금감면 수단이다. 이러한 세금이연에서 최대한의 이점을 끌어내기 위해 통상 투자금액당 최대의 연평균과세소득을 창출하는 포트폴리오 투자를 보호하도록 개인은퇴계좌를

---

4 논의 전반에 걸쳐 우리는 개인은퇴계좌에 대해 언급하겠지만, 그 논리를 세제적격 은퇴플랜이나 다른 세금이연수단에서도 똑같이 적용한다.

활용하는 것이 중요하다. 반드시 보통주 투자 포지션이 있어야 하는 건 아니다. 개인은퇴계좌 투자를 고려한 올바른 의사결정을 하기 위해 2단계 과정이 추천된다. 첫째, 개인은퇴계좌가 포트폴리오 일부를 보호할 것이라는 사실을 고려하지 말고 목표 투자 포트폴리오를 설계하라. 둘째, 목표 포트폴리오 내의 투자 포지션 가운데 어느 것이 투자금액당 최대의 연평균과세소득을 창출하는지 확인하라. 이것이 개인은퇴계좌 내부에 자리 잡아야 할 투자다. 만약 개인은퇴계좌 내부에 더 투자할 여유가 있다면, 개인은퇴계좌 외부에 남은 투자수단 중에서 그 다음으로 높은 과세소득을 창출하는 투자를 선택하라. 개인은퇴계좌 내에서 충분히 투자될 때까지 이 방식을 진행함으로써 고객은 확실하게 개인은퇴계좌에서 세금이연을 최대로 활용할 수 있다.

예를 들어 표 12-3과 같이 40만 달러의 투자 포트폴리오를 보유한 어느 고객을 생각해보자. 포트폴리오의 절반은 자신의 개인은퇴계좌 내에 투자된 반면, 나머지 절반은 개인은퇴계좌 밖에 투자되어 있다. 이 사례에서 우리는 50퍼센트 자본이득 불산입조항에 의해 장기 자본이득이 우선적으로 과세된다고 가정하려고 한다. 보통주 펀드 둘 다 세전기준 총 12퍼센트의 수익률을 보일 것이라고 예상된다. 그러나 S&P 500 보통주 인덱스펀드의 총수익의 상당 부분이 수익을 실현하지 않은 상태로 있다. 고객은 이 포지션을 장기간 유지할 것이라 기대한다. 따라서 이 미실현수익은 그 자체로 유익한 세금이연의 한 형태다. 우리는 표 12-3의 G란 하단에서 그 포지션으로 창출되는 연평균과세소득이 2,500달러에 불과하다는 것을 알 수 있다. 반대로 적극적인 보통주매매펀드는 높은 포트폴리오 회전율을 보이는데, 이 점이 평균적인

표 12-3 IRA의 투자수단 비교

투자 포지션	투자금액	A 과세대상 이자 소득과 배당소득	B 단기 평균자 본이득 배분	C 장기 평균자 본이득 배분	D= 0.5C 자본 이득 불산입	E 평균 미실현 수익 인식	F= A+B +C+E 세전 총수익	G= F−D −E 평균과세 소득
단기회사채 펀드	$100,000	$5,500	$200	$100	$50	$0	$5,800	$5,750
장기회사채 펀드	$100,000	6,500	200	200	100	0	6,900	6,800
S&P 500 보통주 인덱스펀드	$100,000	2,000	0	1,000	500	9,000	12,000	2,500
보통주적극 매매펀드	$100,000	2,000	4,000	2,000	1,000	4,000	12,000	7,000

수익인식의 미실현 부분을 감소시키며, 끊임없이 전체 수익의 대부분을 단기 또는 장기 자본이득의 배분이란 형태로 실현시키고 있다.

　G란을 살펴봄으로써 우리는 보통주 적극매매펀드가 가장 높은 수준의 투자금액당 평균과세소득을 창출한다는 사실과 펀드의 총수익이 현재의 통상적인 과세소득과 거의 완전히 같은 장기 채권펀드가 그 다음이라는 사실을 알게 된다. 따라서 개인은퇴좌에는 이 두 가지 투자 포지션에 자금을 할당해야 하며, 개인은퇴계좌 외부에 단기회사채펀드와 S&P 500 보통주 인덱스펀드를 개별적으로 보유해야 한다.

　고객들이 자신의 연금이나 이익배분플랜에서 돈을 투자하는데 재량권을 갖지 못한 경우가 있다. 투자상담사들도 특별히 의사 결정할 사안이 없으므로 때때로 이러한 자산들을 무시한다. 이런 관행이 최적의 배합이 아닌 그보다 못한 자산배합을 만들어 낸다. 투자 포트폴리오에 100만 달러를 보유하고 있는, 그중 40만 달러를 기업보장의 은퇴플랜으로 구성되어 있는 고객을 생각해 보자. 그 고객에 대한 적절한 광범위 포트폴리오 균형은 단기금 융자산 45퍼센트, 장기채권 15퍼센트, 지분형 투자 4퍼센트라고 가정해보자. 은퇴플랜에 해당되는 다른 40만 달러에 대해 아무런 고려를 하지 않았을 때를 가정해, 표 12-4(A)가 고객의 통제하에 있는 60만 달러에 대한 투자 포트폴리오 균형을 보여준다.

그러나 기업보장의 은퇴플랜에 포함된 40만 달러가 전부 단기 금융자산에 투자되어 있을지도 모른다. 그렇다면 고객의 전체 100만 달러 포트폴리오라는 광범위한 관점에서 볼 때, 실제적인 균형은 표 12-4(B)의 (1)에서 보듯이 단기금융자산 / 장기채권 / 지분형 투자에 각각 67퍼센트 / 9퍼센트 / 24퍼센트의 비중으로 배 분되어 단기금융자산에 심하게 편중되어 있다. 반면 은퇴플랜에 포함된 40만 달러가 보통주에 투자되어 있다면, 그 고객의 실제 포트폴리오 균형은 표 12-4(B)의 (2)에서 보듯이 단기금융자산 / 장기채권 / 지분형 투자가 각각 27퍼센트 / 9퍼센트 / 64퍼센트일 것이다. 표 12-4(C)의 (1)과 (2)는 전체적인 포트폴리오에서 적절 한 균형을 이루기 위해 은퇴플랜 이외에서 요구되는 펀드배분을 보여준다. 이 사례는 항상 전체적 관점에서 포트폴리오 의사결정 을 내리는 게 중요하다는 점을 강조한다.

동일한 사안에 대한 좀더 미묘한 한 사례는 세제적격의 기업 보장 은퇴플랜 내 자산구성에 신중한 주의를 기울일 것을 요구

표 12-4 자산배분 재량권이 제한된 고객의 포트폴리오 균형

사실자료

$600,000	자유재량펀드
$400,000	기업보장 은퇴설계(재량권이 없음)
$1,000,000	전체 포트폴리오

(A) 재량권 있는 자산만 고려한 45% / 15% / 40% 포트폴리오 균형

단기금융자산	$270,000	45%
장기채권	90,000	15
지분형 투자	240,000	40
자유재량펀드	$600,000	100%

(B)(1) 은퇴플랜이 단기금융자산에 투자된 경우 전체 포트폴리오 균형

	자유재량펀드	은퇴플랜	전체	
단기금융자산	$270,000	$400,000	$670,000	67%
장기채권	90,000	0	90,000	9
지분형 투자	240,000	0	240,000	24
전체 포트폴리오	$600,000	$400,000	$1,000,000	100%

(B)(2) 은퇴플랜이 지분형 투자에 투자된 경우 전체 포트폴리오 균형

	자유재량펀드	은퇴플랜	전체	
단기금융자산	$270,000	$0	$270,000	27%
장기채권	90,000	0	90,000	9
지분형 투자	240,000	400,000	640,000	64
전체 포트폴리오	$600,000	$400,000	$1,000,000	100%

(C)(1) 은퇴플랜이 단기금융자산에 투자된 경우 적정 포트폴리오 균형을 유지하기 위한 자유재량펀드 요구액

	자유재량펀드	은퇴플랜	전체	
단기금융자산	$50,000	$400,000	$450,000	45%
장기채권	150,000	0	150,000	15
지분형 투자	400,000	0	400,000	40
전체 포트폴리오	$600,000	$400,000	$1,000,000	100%

(C)(2) 은퇴플랜이 지분형 투자에 투자된 경우 적정 포트폴리오 균형을 유지하기 위한 자유재량펀드 요구액

	자유재량펀드	은퇴플랜	전체	
단기금융자산	$450,000	$0	$450,000	45%
장기채권	150,000	0	150,000	15
지분형 투자	0	400,000	400,000	40
전체 포트폴리오	$600,000	$400,000	$1,000,000	100%

한다. 단기금융자산 / 장기채권 / 지분형 투자 사이의 광범위 포트폴리오 균형은 전체 포트폴리오 관점에서 적정하다고 간단히 확인하는 것만으로 충분치 않다. 만약 고객의 지분형 투자 가운데 상당 부분이 기업보장 은퇴플랜 안에 포함되었는데 이것이 주로 국내 대형주에 편중되어 있다면, 고객이 개인적으로 관리하는 지분형 투자자금을 해외 주식이나 부동산 투자, 또는 소형주에 더 투자하도록 권유하는 것이 적절하다.

이러한 문제들은 고객의 사정이 심하게 제약된 상황에서 더욱 뚜렷해진다. 이것은 고객의 포트폴리오 상당 부분을 기업보장 은퇴플랜의 수탁자가 관리하는 표 12-4의 사례에서도 발생했다. 유동성이 없는 자산에 고객 포트폴리오의 많은 부분이 투자된 상황에서도 유사한 제약이 있을 수 있다. 그렇지만 이런 상황을 다루는 가장 좋은 방법은, 마치 전부 현금을 가지고서 아무런 제한 없이 투자과정을 시작하는 것처럼 해 이상적인 목표 포트폴리오 개발을 실행해나가는 것이다. 고객의 현재 제약된 포트폴리오와 이상적인 목표 포트폴리오를 비교하는 것은 어떤 조정이 가장 중요하고 어떤 절차가 진행되어야 하는지 즉각 알려줄 것이다. 그러고 나서 제한조건들이 허용하는 한 이상적인 목표 포트폴리오를 향해 포트폴리오를 움직여나갈 수 있다.

때때로 이것이 이상한 투자 조언처럼 들릴 수 있다. 100만 달러의 포트폴리오 가운데 10%만 재설정할 수 있는 극도로 제약된 상황을 생각해보자. 아마 고객은 해외 채권과 상품연계증권을 제외한 모든 주요한 자산군을 포함해 꽤 알맞게 자산을 분산하고 있을 것이다. 상담사가 해외 채권에 6만 달러, 상품연계증권에 4만 달러를 투자하도록 추천할 수 있다. 투자에 활용할 수 있는 부분이 10만 달러라는 내용만 분리해서 생각한다면 대단히 이상한 충고가 되겠지만, 전체 포트폴리오의 관점에서 보면 아주 적절하다. 이 점은 투자상담사의 실적 평가에 대한 몇 가지 분명한 문제들을 제기한다. 따라서 고객이 그러한 추천을 하게 된 맥락을 이해하는 것이 필요하다.

오늘날의 세계에서 포괄적인 포트폴리오 관리는 두 개로 분리된 의사결정 단계를 요구한다. 각 단계는 제대로만 운영되면 고객에게 이익을 제공할 수 있기 때문에, 각 단계에 대해 적절하게 보상하는 것은 정당하다. 둘 가운데 좀더 중요한 첫 번째 단계는 현실적인 투자목표와 자산배분 전략의 개발이다. 이것은 투자상담사로 하여금 고객에 대해 깊이 이해하고 긴밀한 협조관계를 유지할 것을 요구한다. 의사결정의 두 번째 단계는 각 자산군 내에서의 개별적인 투자선택이다. 우리는 이미 탁월한 투자기술을 이용해 시장 이상의 수익률을 올리는 것이 어렵다는 점에 대해 언급했었다. 그렇게 할 수 있는 능력을 지닌 사람들은 대개 세계 자본시장의 특정 분야에 특화되어 있으며, 그들의 지속적인 성공에는 그 분야에서의 충분한 시간과 조직적인 노력이 필요하다. 성공적인 국내 소형주 전문가가 부동산 전문가는 아닐 것이다.

마찬가지로 특정 분야의 시장에서 증권선택에 전문화된 관리인은 자산배분 의사결정 단계의 문제를 다루기 위해 필요한 고객과 관계를 만들지는 못할 것이다.

고객이 자신의 투자 포트폴리오를 균형 감각이 있는 한 사람의 관리인에게 위탁하던 시대는 지났다. 오늘날의 투자관리는 방금 전에 언급했던 투자의사결정의 두 가지 단계에 맞는 다양한 기술과 조직적인 운용이 필요하다. 뮤추얼펀드는 투자 포트폴리오에서 요구되는 분산 범위를 취하기 위한 훌륭한 수단이 된다. 물론 이것은 관리수수료의 이중부담이라는 문제를 야기하기도 한다. 의사결정의 각 단계에서 펀드가치가 상승하기만 한다면, 수수료 이중부담은 정당화될 수 있다. 장기 포트폴리오 실적에 미치는 영향을 감안할 때 자산배분 의사결정이 각 자산군 내 투자자산의 선택보다 더 중요하다. 따라서 이 작업을 제대로만 한다면 충분히 보상받을 만하다. 만약 제대로 하지 못한다면 투자상담의 관계는 끝난다. 마찬가지로 투자자산의 선정 단계에서도 투자관리전문가는 제대로 일한 것에 대해 보상받아야 한다. 만약 투자관리전문가가 일을 적절하게 하지 못한다면 보상받을 수 있을 만한 누군가로 대체될 것이다. 어느 쪽이든 인덱스펀드를 포트폴리오의 구성부문으로 사용할 수 있다.

10장에서 12장까지 우리는 그림 12-1에 그려진 투자관리 과정의 마지막 단계를 제외한 전 단계를 살펴봤다. 그림 12-6은 투자정책 결정 시 고려사항에 대한 사례를 보여주는데, 이것이 고객을 자신의 변동성 허용수준과 재무목표에 일치된 개별 맞춤형 투자전략 수립 과정을 밟아 나가도록 안내할 것이다. 때때로 고객은 투자에 대한 의사결정 과정에 필요한 많은 시간과 노력에

그림 12-6 투자정책 결정 시 고려사항

I. 포트폴리오 실적 결정요소   그림 1-2
II. 자본시장 투자실적의 역사적 고찰   그림 2-1, 표 3-1
III. 모든 투자자들이 직면하는 두 가지 주요 위험
    A. 인플레이션   표 2-1
    B. 변동성   그림 6-1
IV. 투자기간   표 5-1, 그림 5-1, 그림 5-2
V. 광범위 포트폴리오 균형 결정   표 6-1, 표 6-2, 그림 6-2에서
                                           그림 6-6까지
VI. 다자산군 투자
    A. 분산효과   그림 7-3
    B. 채권 포트폴리오의 국제적 분산   그림 8-1
    C. 주식 포트폴리오의 국제적 분산   그림 8-2
    D. 다자산군 투자의 보상   그림 8-5, 표 8-3, 표 8-4
    E. 준거 기준 위험   그림 11-4, 표 11-1, 표 11-2
VII. 자산배분 의사결정
    A. 세계 자본시장 파이차트   그림 1-1
    B. 투자 포트폴리오 설계양식   그림 12-2
      1. 첫 번째: 광범위 포트폴리오 균형 결정
      2. 두 번째: 자산군의 선택
                단기금융자산
                국내 채권
                해외 채권
                국내 주식
                해외 주식
                부동산 투자
                헤지성 투자
      3. 세 번째: 분산정도를 결정하기 위한 자산군 간의 할당
                표 11-3, 그림 11-5 내지 그림 11-7,
                표 11-4, 표 11-5

조급해할지도 모른다. 그러나 나는 그 과정에서 결론으로 곧장 나아가지 말라고 강력히 권고한다. 충분한 시간을 할애해 자신의 포트폴리오 설계에 진지하게 참가하려는 고객이야말로 자신의 재무목표를 달성할 가능성이 높은 훌륭한 투자자다.

10단계 : 실적을 보고하고 포트폴리오를 수정하라

실적 보고

실적 평가는 투자상담사나 고객 모두에게 아주 골치 아픈 문제다. 어려움 가운데 하나는 대체로 분기별로 하는 실적 평가의 주기가 전통적인 투자기간에 비해 너무 짧다는 사실에서 비롯된다. 표 6-2의 광범위 포트폴리오 균형 의사결정 모델은, 연관된 전형적인 수익률 범위 안에 모델 수익률을 설정함으로써 이 사실을 강조하고 있다. 투자지침서는 예상되는 포트폴리오 수익률의 범위와 발생가능성에 대한 정보도 포함하고 있어야 한다(이

장 부록의 투자지침서 예시를 참조하라).

또 한 가지 실적 평가의 문제는 널리 분산된 포트폴리오의 수익률이 미국 주식과 채권, 현금등가물로 구성된 좀더 전통적인 분산투자의 수익률과 비교할 때 차이난다는 점에서 비롯된다. 이것은 우리가 11장에서 길게 논의했던 준거 기준 위험이다. S&P 500이 단순히 광범위 분산 포트폴리오의 적절한 기준이 되는 것은 아니다. 좀더 적절한 평가기준은 포트폴리오 자산군의 인덱스 수익률을 가중 평균함으로써 구성될 수 있다. 이러한 평가기준 설정방법은 부록에 포함되어 있는 투자지침서 예시의 실행 개요 부분에 기술되어 있다. 자본시장에 내재된 변동성과 준거 기준 위험의 문제가 있을 때 고객은 단기적인 투자경험에 너무 많은 의미를 부여하지 말아야 한다. 자산배분전략의 효용과 가치는 장기적인 시간을 통해서만 평가할 수 있다.

적극적 자산배분 접근방법을 실행하는 투자상담사의 실적은 표준적인 자산배분이 유지되었다면 달성할 수 있었을 결과와 비교할 수 있다. 마지막으로 다양한 개별 투자 포지션에 대한 수익률도 적절한 기준과 비교해야만 한다. 예를 들어 대형주 주식관리인의 실적은 S&P 500 지수에 따라 평가할 수 있으며, 중기우량 채권 관리인의 실적은 리먼브라더스 사의 중기채권지수와 비교할 수 있다.

결국 투자관리의 목표는 성공적으로 고객의 목표를 실현하는 것이다. 이런 맥락에서 시장보다 높은 수익률을 달성하기보다는 고객 재무목표 실현으로 나아가는 과정이란 관점에서 포트폴리오 실적을 평가하는 데 더 많은 주의를 기울여야 한다.

포트폴리오 수정

고객의 자산배분 의사결정이 '표준적인 자산배합'을 규정한다. 우리는 이 표준적인 자산배합을 전략적 자산배분이라고 부른다. 표준적인 자산배합은 고객의 투자목표와 변동성 허용수준하의 시간경과에 따라 평균적으로 유지되는 가장 적절한 포트폴리오 균형이다. 소극적 자산배분 접근방법을 옹호하는 투자상담사에게는 표준적인 자산배합이 포트폴리오를 관리하면서 엄밀하게 유지해야 할 목표 할당비율이다. 소극적 접근방법은 시장이 효율적이어서 시장예측에 따른 추가이익이 없다고 가정하고 있다.

소극적 접근방법이 매수 후 보유 전략과 같은 말은 아니다. 매수 후 보유 전략에서는 포트폴리오의 변경이 없다. 그 결과 자본시장의 움직임에 따라 자산군의 상대적인 비율은 시간이 지날수록 변할 것이다. 이 점이 포트폴리오 변동성 면에서 원하지 않는 변화를 야기한다. 단기적으로는 주요한 시장변화가 있을 때마다 항상 잘못된 결과를 초래할 것이다. 매수 후 보유 전략에서 포트폴리오의 지분형 투자자산의 규모와 그에 따른 변동성 노출은 상승시장이 끝나고 하락시장이 시작될 때 최고에 달할 것이다. 반대로 지분형 투자자산의 규모는 하락시장의 마지막, 즉 다음 상승시장이 시작될 때 최소에 이를 것이다. 장기적으로 매수 후 보유 전략은 지분형 증권의 높은 수익률 때문에 점차적으로 지분형 증권에 포트폴리오의 더 많은 비중을 투자하도록 한다. 이 점은 바람직하지 않게도 투자기간을 축소시킴과 동시에 더 큰 변동성을 야기한다.

이에 비해 목표 비율에 따라 포트폴리오를 소극적으로 변경하는 것은 다음과 같은 여러 가지 이점이 있다.

- 이해와 실행이 쉽다.
- 고객을 위해 좀더 안정된 포트폴리오 변동성 수준을 유지한다.
- 포트폴리오 자산의 균형 있는 분산을 유지한다.
- 포트폴리오를 엄격하게 통제해 시장 천장에서 많은 주식을 보유하고 시장 바닥에서 적은 주식을 보유하는 것을 방지한다.

포트폴리오를 표준적인 자산배합으로 조정하기 위해 가장 최근의 실적이 좋은 투자로부터 상대적으로 실적이 저조한 투자로 지속적으로 현금이 재분배된다. 예를 들어 시장이 상승하는 동안 포트폴리오의 주식투자는 목표배분율보다 더 많아질 것이다. 따라서 목표배분율로 환원하기 위해 상승기간에 주식을 매도해야 한다. 반대로 하락시장 동안에 포트폴리오 균형을 유지하기 위해 주식을 사야만 한다. 소극적 자산배분 접근방법은 본질적으로 '저가매수 고가매도'이며, 따라서 자연히 기존의 관념과 반대된다.

적극적인 자산배분은 다양한 형태를 취할 수 있다. '역동적 자산배분(dynamic asset allocation)'은 시장하락에서 보호하려고 자산배합을 변경한다. 주가가 하락할 때 주식을 팔아 포트폴리오가 더 큰 손실을 입지 않도록 한다. 주가가 상승할 때 상승추세에 있는 지분에 대한 참여를 확대하려고 주식을 매입한다. 이러한 접근방법은 '저가매도 고가매수'로 특징지을 수 있다.

'기교적 자산배분(tactical asset allocation)' 접근방법은 시장보다 높은 수익을 내기 위해 시장을 예측한다. 이 접근방법은 '저가매수 고가매도'를 시도한다. 이를 달성하기 위해 시장에서 도전해볼 만한 기회를 포착하고서는 표준적인 자산배합에서 의도적으로

표 12-5 경제시나리오 추정에 따른 기대수익률 계산

A	B	C	D	E	F=B×C	G=B×D	H=B×E
		시나리오별 예상수익률			기대수익률 계산		
경제시나리오	확률	단기채권	채권	주식	단기채권	채권	주식
경기불황	0.1	3%	25%	-20%	0.3%	2.5%	-2.0%
스태그플레이션	0.4	7%	8%	12%	2.8%	3.2%	4.8%
경기호황	0.3	5%	12%	25%	1.5%	3.6%	7.5%
높은 인플레이션	0.2	10%	-10%	10%	2.0%	-2.0%	2.0%
기대수익률					6.6%	7.3%	12.3%

이탈한다. 물론 기교적 자산배분 접근방법은 시장의 활용 가능한 비효율성과 이에 자금을 투입할 때 필요한 기술을 전제로 한다. 기교적 자산배분에 종사하는 투자상담사들은 다양한 방법을 사용하는데, 대부분은 다중 경제시나리오 예측을 포함한 경기순환 분석에 의존한다.

예를 들어 투자상담사는 경제의 미래상을 경기불황, 스태그플레이션, 경기호황, 높은 인플레이션 등 네 가지 가능성에 따라 분류하고 경제의 네 가지 가능한 상태 각각에 대해 확률을 부여한다. 이렇게 하기 위해 GNP성장, 이자율 예측, 기업손익, 정부의 재정·금융정책, 물가전망, 민간부문과 공공부문의 부채 증가율, 국제무역수지, 소비자의 소비성향과 저축성향, 환율 등 아주 방대한 경제변수에 대해 추정한다. 이어서 네 가지 시나리오 각각에 따라 각 자산군에 대한 수익률을 평가한다. 마지막으로, 각 시나리오의 발생가능성을 가중치로 해 네 가지 시나리오에 대한 각 자산군의 수익률 평가치의 가중평균을 구함으로써 각 자산군에 대한 수익률을 결정한다. 표 12-5가 이런 계산의 예다. 자산

군별 수익률에 대한 비교를 근거로 표준적인 자산배합에서 유리한 쪽으로 나아갈 수 있는 기회를 포착한다. 이 접근방법이 시장의 일치된 기대와 달리 활용 가능하면서도 독특한 통찰력을 제공해준다면 이익 획득의 기회가 있을 수 있다.

또 하나의 기교적 자산배분 접근방법은 주식의 예상수익률을 추정하기 위해 배당할인 모형을 활용하는 것이다. 이 기교적 접근방법은 현금등가물, 채권, 주식에서 얻는 수익률들 간에는 정상적인 관계가 있다는 관념에 따른 것이다. 단기재무성 증권이나 중기재무성 증권의 수익률은 단순히 증권의 만기수익률을 계산함으로써 쉽게 평가된다. 그러나 주식의 수익률 평가는 다른 접근방법을 요구한다. 예를 들어 IBM의 수익률을 평가하기 위해서는 IBM의 미래 배당지급에 대해 추정해야 한다. IBM의 기대수익률은 단지 장래 배당액의 현가를 IBM의 현재 주가와 동일하게 만드는 할인율이다. 모든 다른 주식에도 이 방법을 활용함으로써 전체 주식시장에 대한 기대수익률을 상향식으로 평가할 수 있다.

재무성 단기채권의 수익률과 주식시장의 기대수익률 간의 스프레드가 정상관계에 비해 작다면, 주식 보유 시의 대가가 기대되는 정상 대가보다 작은 것이므로 포트폴리오는 단기금융채권 쪽으로 기울어질 것이다. 반대로 만약 스프레드가 비정상적으로 크다면, 주식이 저평가되어 있으므로 포트폴리오는 주식투자 쪽으로 기울어질 것이다. 이런 접근방법이 과거에는 어느 정도 괜찮은 실적을 보였지만, 이 접근방법을 활용하는 사람이 많아짐에 따라 이 부분에서의 시장효율성이 증가하고, 이 전략에 상응해 얻게 되는 보상은 점차적으로 사라지게 될 것이다.

진실로 우수한 예측능력이 아니라면, 적극적 자산배분전략은 소극적 자산배분전략으로 얻을 수 있는 수익률보다 낮은 수익률을 나타내기 쉽다. 이런 이유 때문에 적극적 자산배분 전략을 채택하더라도, 각 자산군에 대해 최소 배분 한계와 최대 배분 한계를 설정하는 것이 현명하다. 이것이 최소한의 포트폴리오 분산을 보장하며, 잠재적으로 특정한 자산군에 과도하게 집중 투자하는 문제가 생기지 않도록 막아줄 것이다.

부록: 투자지침서

메리 스미스 씨를 위한 투자지침서

1998년 12월 31일 승인

이 투자지침서는 최소 1년마다 평가되고 갱신됩니다.
이 투자지침서상 어떤 내용이라도 변경되면
모든 이해관계자에게 적시에 문서로 전달될 것입니다.

이 투자지침서(IPS)는 신탁연구센터(Center for Fiduciary Studies)에서
개발한 것으로, 일반적인 투자지침서에 포함되어야 할 정보 유형을
예시적으로 보여주기 위한 것입니다. 고객님께서는 승인 전 자신의
변호사를 통해 투자지침서를 점검해보시기 바랍니다.

내용 목록

실행 개요

배경과 목적

투자목표와 제한사항
    자산군 선호도
    투자기간
    수익률기준
    전략적 자산배분 조정

의무와 책임
    투자상담사
    투자관리인
    자산보관회사

투자관리인 선정

통제절차
    투자관리인 모니터링
    비용평가
    연단위 평가

첨부: 자산군 일람표

실행 개요

고객 유형	개인, 면세자가 아님
현재 포트폴리오 규모	100만 달러
투자기간	15년 이상
수익률 기준	10.7%(소비자물가지수보다 6.7% 높음)
수익률 분포 모델	

아래 표는 포트폴리오의 가능한 수익률 범위를 보여준다. 그리고 수익률의 발생 가능성도 보여준다. 예를 들어 포트폴리오의 1년 수익률이 -3.3% 이하일 가능성은 10%다.

년	모델상 하락 변동성			50% 이하	75% 이하	90% 이하	99% 이하
	1% 이하	10% 이하	25% 이하				
1	-13.5	-3.3	3.1	10.7	18.9	26.8	41.7
3	-4.0	2.4	6.3	10.7	15.4	19.8	27.7
5	-0.8	4.2	7.2	10.7	14.3	17.7	23.6
10	2.4	6.1	8.3	10.7	13.3	15.6	19.7
15	3.9	6.9	8.7	10.7	12.8	14.7	18.0
25	5.4	7.8	9.2	10.7	12.3	13.8	16.3

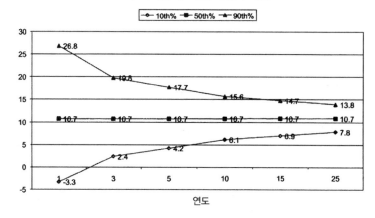

투자기간에 따른 추정수익률

광범위 포트폴리오 균형

이자발생형 투자	30%
지분형 투자	70%
합계	100%

자산배분

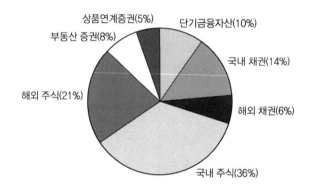

	하한선	전략적 배분	상한선
단기금융자산	8%	10%	12%
국내 채권	12%	14%	16%
해외 채권	5%	6%	7%
국내 주식	31%	36%	41%
해외 주식	17%	21%	25%
부동산증권	6%	8%	10%
상품연계증권	4%	5%	6%

평가 기준 자산군별 인덱스 수익률의 가중평균.

배경과 목적

이 투자지침서는 면세자가 아닌 메리 스미스 씨(고객)를 위해 준비한 것이다. 이 투자지침서에서 다루는 자산은 정확히 시가로 총 100만 달러이며, 고객의 순자산은 135만 달러로 추정된다. 투자지침서에서 다루지 않는 자산 35만 달러는 주택과 개별적인 유형자산이다.

핵심 정보

사회보장번호	123-45-6789
투자상담사	ABC 인베스트먼트 그룹
자산보관회사	YZ 보관서비스 사
회계사	존 스미스, 공인회계사
변호사	제인 도우

이 투자지침서는 고객과 투자상담사가 고객의 자산관리를 효율적으로 감독·점검하고 평가하도록 지원하기 위한 것이다. 고객의 투자프로그램은 이 투자지침서의 각 부분에서 다음과 같은 방식으로 정의된다.

1. 고객의 태도, 기대, 목표, 자산관리상의 기준을 문서화한다.
2. 고객의 자산관리를 위한 투자구조를 제시한다. 이 구조는 특정한 전략적 배분목표와 각 자산군별 투자에 대한 적정 상한선·하한선에 따라 고객의 포트폴리오를 다양한 자산군과 투자관리형태로 분산한다. 투자구조를 계획할 때는 고객의 투자기간, 변동성 허용 수준, 세무 상태, 투자목표 등을 고려한다.
3. 고객과 투자상담사 간의 효과적인 의사소통을 촉진한다.
4. 정기적으로 투자관리인의 실적을 구분·점검·평가·비교하는 공식적인 기준을 설정한다.

투자목표와 제한사항

이 투자지침서는 투자상담사가 고객의 상황에 적절하다고 생각하는 신중한 투자과정을 기술하고 있다. 고객은 신중하게 설정된 변동성 수준하에서 최대의 수익률 달성을 포함해 아래에 서술된 재무목표와 투자목표를 충족하기를 원한다.

재무목표

1. 2007년 12월 은퇴 – 고객은 은퇴기간에도 자신의 연금과 사회보장 급부 외에, 자신의 포트폴리오로부터 매년 5만 달러(1998년 기준)의 인플레이션이 조정된 세후 현금흐름을 취득해 현재의 생활수준을 유지하길 원한다.
2. 1999년 9월 대학에 입학하는 손자를 위해 교육자금으로 6만 달러를 제공하려고 한다.

투자목표 고포트폴리오변동성에 따른 고수익률

변동성 허용수준

고객은 투자목표를 실현하기 위해 변동성을 가정해야 한다는 점과 투자시장과 관련해 위험과 불확실성이 있다는 점을 인식하고 이를 받아들인다.

투자목표를 결정함에 있어 단기·중기의 포트폴리오 변동성을 견디는 고객의 능력이 참작되었다. 고객의 현재 재무상태, 미래에 대한 전망, 기타 요소들을 감안할 때, 고객은 이 투자목표를 실현하는 과정에서 발생하는 포트폴리오 시장가치와 수익률의 일시적 변동을 견딜 수 있다.

자산군 선호

투자상담사와 고객은 포트폴리오의 자산배분으로 투자실적의 대부분을 결정한다고 믿는다. 고객은 다양한 투자위험과 이러한 위험에 따라 기대되는 보상을 이해하기 위해 각 자산군들의 장기적인 실적 특성을 점검했다.

경험적으로 재무성 단기채권과 같은 이자발생형 투자는 원금가치를 비교적 안전하게 보장하는 이점이 있으나 인플레이션에 약하기 때문에 장기적으로 자본이 성장할 기회는 많지 않다. 반면 보통주와 같은 지분형 투자는 좀더 높은 기대수익률을 보이지만 원금가치의 변동성이 훨씬 크다. 투자의사결정이라는 관점에서 볼 때 포트폴리오의 투자기간이 충분히 길면 이런 변동성은 참을 만하다. 투자기간이 길수록 지분형 투자가 이자발생형 투자보다 더 나은 실적을 올릴 가능성이 많다.

자산배분 결정을 위한 건전한 준거 기준을 설정하기 위해 고객은 준거 기준 위험은 물론 다자산군 투자와 관련한 장·단점에 대한 조사내용을 확인했다. 고객과 투자상담사는 투자목표와 관련한 위험을 경감하기 위해 다자산군 투자를 통한 분산전략을 실행키로 합의했으며, 다음 자산군들이 채택되었다.

- 단기금융자산
- 국내 채권
- 해외 채권
- 국내 주식
- 해외 주식
- 부동산증권
- 상품연계증권

자산군별 실적 특성(수익률기준, 표준편차, 상관관계)은 첨부자료에 표시되어 있다.

투자기간

투자정책은 15년 이상의 투자기간을 바탕으로 한다. 따라서 잠정적인 포트폴리오 변동성은 적절한 전망에 의해 고찰되었다. 단기적인 유동자금에 대한 요구는 최소한에 그칠 것이라 예상된다.

기준수익률

고객은 이 투자지침서 작성일 현재 포트폴리오의 기준수익률은 10.7% 이며, 이 수익률보다 낮을 가능성과 높을 가능성은 동일하다는 점을 알고 있다. 1년을 기준으로 할 때 포트폴리오의 저수익 위험은 다음과 같다.

- 10.7%보다 수익률이 낮을 확률: 50%
- 3.1%보다 수익률이 낮을 확률: 25%
- -3.3%보다 수익률이 낮을 확률: 10%

15년 이상의 투자기간에 대해 고객의 포트폴리오의 저수익 위험은 다음과 같다.

- 10.7%보다 수익률이 낮을 확률: 50%
- 8.7%보다 수익률이 낮을 확률: 25%
- 6.9%보다 수익률이 낮을 확률: 10%

전략적 자산배분의 조정

각 자산군에 대한 배분 비율은 최소한 분기마다 한 번씩 점검될 것이며, 실행 개요 부분에서 언급한 범위 내에서 변경이 허용된다. 현금은 포트폴리오의 전략적 자산배분과 일치되는 방법으로 유입·유출될 것이다. 만약 현금흐름이 하나도 없거나 현금흐름이 불충분해 특정한 자산배분 범위를 유지할 수 없다면, 투자상담사는 적절한 포트폴리오 배분을 설정하는 데 필요한 업무에 대해 고객과 협의할 것이다.

의무와 책임

투자상담사

고객은 객관적이고 공정한 투자상담사에게 투자관리를 위탁해 지원
하도록 했다. 투자상담사는 숙련되고 엄격한 투자과정을 통해 고객
을 안내할 책임이 있다. 고객의 수탁자인 투자상담사의 주요한 책임
은 아래와 같다.

1. 투자지침서를 마련하고 유지한다.
2. 고객이 신중하게 포트폴리오를 분산할 수 있도록 서로 다른 기대
   수익률 / 변동성 특성을 지닌 다양한 자산군을 제시한다.
3. 고객의 입장을 고려해 투자옵션을 신중하게 선택한다.
4. 모든 투자비용을 통제하고 처리한다.
5. 모든 서비스 제공자와 투자 선택사안을 점검하고 감독한다.
6. 포트폴리오의 자산배분을 점검하고 고객의 지시에 따라 포트폴리
   오를 수정한다.
7. 금지된 거래나 이해상충 행위를 피한다.

투자관리인

투자 전 과정의 관리를 책임지는 투자상담사와는 달리, 투자관리인
은 증권선택과 가격결정에 대해 책임을 지는 공동수탁자다. 각 투자
관리인의 특별한 의무와 책임은 아래와 같다.

1. 각 투자설명서, 신탁협정, 계약 등에 명시된 기준과 목적에 따라
   자기의 감독하에 자산을 관리한다.
2. 포트폴리오에서 보유하고 있는 증권의 매수, 보유, 매도에 대해
   신중하게 판단한다.

3. 대리투표, 기타 모든 관련행위를 일관된 방식으로 적절하게 한다. 투자관리인은 대리투표와 관련한 행위에 대해 상세한 기록을 보존하며, 적용되는 모든 규제조항을 준수한다.
4. 업무를 잘 아는 유사한 능력의 경험 있는 투자전문가들이 적용되는 모든 법, 규정, 규제 등을 준수하며 유사한 목적을 지닌 고객들에게 동일한 방식으로 행동할 때 보여줄 수 있는 것과 동일한 정도의 배려, 기술, 신중함, 상당한 주의를 보여준다.

자산보관회사

자산보관회사는 고객 자산의 안전한 보관을 책임지는 공동수탁자다. 자산보관회사의 특별한 의무와 책임은 아래와 같다.

1. 법적 규제(개인, 조합, 신탁계약 등)에 의해 분리계정을 유지한다.
2. 고객을 위해 자산에 대한 권리를 보존한다.
3. 자산가치를 평가한다.
4. 고객에게 속한 모든 수입을 징구하고, 고객을 대신해 보유 자산과 관련된 비용을 지급한다.
5. 고객을 위해 계약을 체결한다. 투자상담사나 투자관리인이 브로커와 매수 또는 매도 주문을 하고서는 자산보관회사에게 미결제 내역을 통보한다. 브로커는 자산보관회사와 자산을 인도하고 대금을 수령하거나 아니면 대금을 지불하고 자산을 인수하는 계약을 체결한다. 투자상담사와 투자관리인은 고객의 자산을 결코 보관할 수 없다.
6. 정기적으로 고객에게 상세한 거래내역, 현금흐름, 자산별 보유액과 단위가격, 전체가치를 포함한 자산 내역을 보고한다.

투자관리인의 선정

투자상담사와 고객은 각각의 개별 투자를 선택함에 있어 투자관리인이 아래의 사전주의 의무를 준수하도록 한다.

1. 규제의 간과

   각 투자관리인은 뮤추얼펀드, 은행, 보험회사, 등록투자상담사로서 규제를 간과한 데에 대해 책임을 져야 한다.

2. 유형별 또는 동종자산과의 상관관계

   관리인의 투자상품은 적절한 인덱스나 동종자산과 높은 상관관계가 있어야 한다. 대부분의 경우 사전주의 의무에는 관리인이 다른 동종자산과 비교하는 것이 포함되기 때문에 이 점은 분석상 가장 중요한 부분 가운데 하나다.

3. 동종자산과의 실적 비교

   상품의 실적은 연도별로 또는 누적기간별(1, 3, 5년 수익률)로 동종자산의 중앙값 이상이어야 한다.

4. 추정된 위험과 실적 비교

   상품은 펀드의 알파 통계치, 샤프지수, 또는 다른 위험조정실적 측정방법에 의해 관리인이 동종자산을 측정했을 때 측정된 위험조정실적의 중앙값 이상이어야 한다.

5. 최소한의 관리기간

   상품의 설정일이 3년 이상이어야 하며, 동일한 포트폴리오 관리팀은 최소한 2년 이상 그 업무에 종사해야 한다.

6. 관리 중인 자산

   관리인은 선별된 자산별로 최소 7,500만 달러 이상을 관리하고 있어야 한다.

7. 투자유형과 일치된 보유

선택된 상품은 '관련 없는' 자산군 증권에 포트폴리오의 20% 이상을 투자해서는 안 된다. 예를 들어 미국 대형주펀드는 현금등가물, 채권, 해외증권과 같이 미국 주식 이외 분야에 포트폴리오의 20% 이상을 투자해서는 안 된다.

8. 비용 / 수수료

선별된 상품의 비용 / 수수료는 동종자산의 상위 4분의 1(비용이 가장 많이 드는 영역)에 속하지 않아야 한다.

9. 조직 안정성

알려진 조직적인 문제가 없어야 한다. 이에 대한 예외로는 개인적인 전직, 규제상의 문제, 관리인이 다룰 수 있는 정도를 넘어선 빠른 자산유입, 거래상 '최상의 가격과 계약 체결'의 문제 등이 있다.

자산군별 지수를 추적하는 저비용의 소극적으로 관리되는 인덱스펀드를 유용한 투자 선택안으로 활용할 수도 있다.

통제 절차

투자관리인 모니터링

고객은 수익률 변동이 증권시장의 특징이라는 점 — 특히 단기의 경우 — 을 알고 있다. 단기적인 시장변동성이 실적변화를 야기한다는 사실을 알고 있으므로 고객은 관리인의 실적을 장기적 관점에서 평가하려고 한다.

적절한 기간마다, 그러나 최소한 분기 이상의 짧지 않은 기간에 투자상담사는 고객에게 각 관리인이 앞부분에 설정된 조사기준을 계속해 지켜나가고 있는지 확인한 내용을 제공할 것이다. 특히 중요한 점은 아래와 같다.

- 관리인의 투자지침서 준수여부
- 관리인의 조직, 투자 철학, 개인 신상의 중요한 변화
- 투자상담사가 알고 있는, 자기 회사에 영향을 주는 법적인 증권거래위원회의, 또는 기타 감독기관의 처분

투자상담사는 각 투자관리인에 대해 실적에 대한 기준을 정했다. 관리인의 실적은 적절한 시장지수나 관련 동종집단들과의 비교를 통해 평가될 것이다. 예를 들어 해외 주식 관리인의 실적은 해외 주식 뮤추얼펀드 분야는 물론 MSCI 지수나 EAFE 지수와도 비교될 것이다. 고객은 투자관리인에 대한 지속적인 조사와 분석이 관리인 선임과정에 실행된 사전주의 의무만큼 중요하다는 사실을 알고 있다. 만약 아래와 같이 향후 업무를 수행하는 관리인의 능력을 손상시킬 수 있는 사건이 발생한다면, 관리인에 대해 재평가할 것이다.

자산군	지수	동종자산 영역
단기금융자산		
현금등가물	90일 재무성 단기채권	단기금융시장
단기채권	리만브라더스 1~3년 국채	단기채
국내 채권		
중기	리만브라더스 중기 국채/회사채	중기채
장기	리만브라더스 장기 국채/회사채	장기채
해외 채권	살로만브라더스 미 달러의 표시 해외 국채	해외 채권
국내 주식		
대형주	S&P 500	대형주
중형주	S&P 400	중형주
소형주	Russell 2000	소형주
해외 주식		
주요시장	MSCI, EAFE	해외 주식
신흥시장	MSCI 이머징마켓	분산된 신흥시장
부동산증권	NAREIT 지수	특정 부동산
상품연계증권	골드만삭스 상품지수	없음

- 투자전문가의 변경
- 계정상의 상당한 손실
- 신규 사업의 상당한 성장
- 소유권의 변경

관리인 평가는 다음과 같은 투자실적의 문제 때문에 실시할 수도 있다.

- 관리인의 실적이 반년 이상 동종자산의 하위 1/4에 포함될 때
- 관리인의 실적이 3년 이상 동종자산의 중앙값(50%)에 미달할 때
- 관리인의 3년간 위험조정수익률이 동종자산의 중앙값 이하로 떨어질 때

관리인 평가는 다음 사항을 포함할 수 있다.

- 실적 저조 원인을 확인하고 투자 유형상의 변화를 검증하기 위해 최근의 거래 현황, 보유 현황, 포트폴리오 특성 등을 분석
- 관리인이 발송한 문서에 대한 조사, 관리인의 실적에 대한 조사전문회사의 보고서

수집된 정보는 다음 의사결정을 위한 기초 자료로도 활용된다.

- 관리인과 정상적인 관계를 유지한다.
- '경계' 상태로 관계를 유지한다.
- 관계를 끝낸다.

궁극적으로 관리인과의 관계를 유지하거나 관계를 끝내는 것은 하나의 공식으로 결정할 수 없다. 그 판단은 향후 업무를 수행할 관리인의 능력에 대한 투자상담사와 고객의 확신을 바탕으로 한다.

비용 평가

투자상담사는 아래 사항을 포함해 고객의 투자관리와 관련한 모든 비용을 최소한 1년마다 점검할 것이다.

- 적절한 동종자산과 비교한 각 투자 선택안의 비용 부담율, 투자수수료
- 보관수수료: 자산보유, 수입 징구비용, 비용지출

연 단위 평가

고객은 명시된 투자목표가 여전히 적정한지 확인하기 위해 매년 이
투자지침서를 점검한다. 투자상담사는 고객의 투자목표 달성에 대
한 실행 가능성을 지속적으로 확인하기 위해 최소한 1년마다 점검
한다. 투자지침서는 빈번히 변경하지는 않는다. 특히 금융시장의 단
기적 변화 때문에 투자지침서를 변경해서는 안 된다.

작성일   승인일
1998년 12월 31일   1998년 12월 31일
ABC 인베스트먼트 그룹   고객

첨부: 자산군 일람표

실적 통계치 모델

자산군	단순평균 수익률	표준편차	연복리 수익률
단기금융자산	5%	3%	5%
국내 채권	6	8	6
해외 채권	7	12	6
국내 주식	14	20	12
해외 주식	15	22	13
부동산증권	12	18	10
상품연계증권	9	24	6

단순평균 수익률은 약 연복리 수익률에 분산의 1/2을 더한 것과 같다. 예를 들어 이 모델에서 국내 주식은 14퍼센트의 단순평균 수익률, 12퍼센트의 연복리 수익률, 20퍼센트의 표준편차를 보인다. 14퍼센트의 단순평균 수익률은 대충 12퍼센트의 연복리 수익률에 분산(표준편차의 제곱)의 1/2을 더한 것과 거의 같다.

$$14\% = 0.14 \approx 0.12 + 0.5(0.20)^2 = 0.14 = 14\%$$

단순평균 수익률(연복리 수익률이 아니라)을 포트폴리오 최적화 프로그램에서 기대수익률 입력치로 사용해야 한다.

상관관계 모델

자산군	(1)	(2)	(3)	(4)	(5)	(6)	(7)
(1) 단기금융자산	1.00						
(2) 국내 채권	0.03	1.00					
(3) 해외 채권	-0.45	0.17	1.00				
(4) 국내 주식	-0.02	0.42	0.13	1.00			
(5) 해외 주식	-0.20	0.16	0.58	0.55	1.00		
(6) 부동산증권	-0.06	0.28	0.04	0.70	0.40	1.00	
(7) 상품연계증권	0.03	-0.31	-0.03	-0.35	-0.12	-0.19	1.00

13장 실행 중 부딪히는 문제의 해결

자기 자신과 충분히 상의하는 것보다 사람에게 유익한 것은 없다.
왜냐하면 일이 자신이 원하는 것과 반대로 전개된다 하더라도,
운명이 아무런 이득을 제공하지 못했다 하더라도,
자신의 결정은 여전히 옳기 때문이다.
반면에 사람이 자신과 충분히 상의한 것과 반대로 행동한다면,
비록 운이 좋아 자신이 기대할 수조차 없던 것을 얻었다 할지라도,
그 결정은 어리석기 짝이 없는 것이다.

―헤로도투스 『역사』

고객의 타성

익숙하지 않은 새로운 투자 상품을 매입하기 위해 익숙한 투자 상품을 매도하도록 추천하는 것은 비록 그 변화가 포트폴리오의 위험/수익률 특성을 상당히 개선한다 할지라도 고객에게 불안감을 야기할 수 있다. 이 점은 고객이 심리적으로 익숙함이나 편안함을 안전함과 동일시하는 경향이 있다는 사실 때문에 더욱 복잡해진다. 이것은 타성일 수도 있다. 추천된 목표 포트폴리오가 좋아 보이지만, 고객이 그 전략을 실행하기엔 쉽지 않다. 나는 어느 고객과 여러 차례 다음과 같은 대화를 나눴다.

▶ 상담사   고객님께서는 전체 포트폴리오 가운데 꽤 많은 부분을 XYZ주식에 투자하고 계십니다.

▶▶ 고객   그렇습니다. 정말 잘한 일이지요. 저는 몇 년 전 주당 10달러씩에 그것을 샀는데, 지금은 주당 85달러나 한답니다.

▶ 상담사   그것 참 대단하군요. 그런데 저는 고객님께서 너무 많은 포지션을 계속 보유함에 따라 분산 가능한 변동성을 지니고 계신 것이 걱정스럽습니다. 시장은 광범위한 분산투자로 제거될 수 있는 변동성에 대해서는 아무런 보상도 없거든요.

▶▶ 고객   그렇군요. 하지만 저는 XYZ주식을 정말 좋아한답니다.

▶ 상담사   고객님께서 원하신다면 우리가 설계한 목표 포트폴리오에 주식 포지션을 포함할 수도 있습니다. 그러나 우리는 고객님께서 그 투자부분을 상당 부분 축소하길 추천합니다. 이것은 과세 면도 고려했는데, 이에 따르면 최소한 고객님의 포지션 가운데 3분의 1을 금년에 매도하고, 또 다른 3분의 1을 내년에 매도하는 것이 좋을 듯합니다. 나머지는 계속 보유해도 괜찮고요.

▶▶ 고객   당신이 말하는 것을 이해합니다. 그런데 왜 제가 잘 달리고 있는 말에서 내려야 하죠?

▶ 상담사   잠시 고객님께서 주식을 보유하지 않고, 대신 주식보유액만큼의 현금을 보유하고 있다고 가정해봅시다. 고객님께서는 현재 주당 85달러나 하는 XYZ주식을 그렇게나 많이 사시겠습니까?

▶▶ 고객   아니요. 지금 현재 가격에 사야 한다면, 그 한 가지 주식종목에 그렇게 많은 양을 사지는 않을 것입니다!

고객이 자신의 반응에 대해 깊이 생각하는 동안 대화가 한동안 멈췄다.

고객은 가격이 상승한 자산을 낮은 매입가격이라는 면에서 생각하기 때문에, 일종의 특가품으로 여기는 경향이 있다. 물론 이전의 가격은 그 주식이 현재 주당 85달러인 시장가격에서 계속해 더 상승할지와는 아무 상관이 없다. 만약 현재 보유하고 있지 않은 상태에서 그 주식을 지금 살 것인지 물어봄으로써 고객은 과거의 낮은 매입가격이란 편견에서 자유로워질 것이다. 이 방법은 때때로 투자액을 감소시켜 문제를 해결하는 데 도움이 된다. 만약 주식에 부적절하게 많은 포지션이 설정되어 있다면, 고객은 자신이 더 이상 보상받을 수 없는 분산 가능한 변동성을 가정하고 있음을 알아야만 한다.

그러나 가격이 상승한 투자자산의 매도와 관련한 세금문제는 종종 의사결정을 복잡하게 만든다. 고객이 자신이 죽을 때까지 가격이 상승한 투자자산을 보유하겠다고 생각하고 있는 게 아니라면 이득에 따른 소득세는 언젠가는 내야 할 것이다. 투자자산을 매도하기 전까지 세금을 징수하지 않는 게 사실일지라도 가격 상승에 대한 정부 지분의 청구권은 여전히 존재한다. 이런 이유로 고객의 대차대조표상 투자자산을, 매도 시 부담하는 예상세액을 조정한 낮은 가격으로 기록하도록 권장할 만하다. 이것은 두 가지 효과가 있다. 첫째는 고객에게 단순히 매도하면 소득세를 납부해야 한다는 이유로 투자자산을 보유하지 말아야 한다는 점을 인식시킨다. 둘째, 매도함에 따라 순자산가치가 감소한다는 인식을 방지할 수 있다.

가격이 상승한 자산이 괜찮은 수입 수익률을 보일 때 또 하나의 복잡한 요소가 추가된다. 정부에게 미실현 가격상승분에 대한 청구권이 있지만, 고객은 투자자산에서 나온 수입 전부를 얻는다. 세무상 취득가액이 주당 10달러이고, 현재 주당 60달러에 거래되는 주식을 생각해보자. 만약 배당으로 연 3.6달러를 지급받는다면, 현재의 배당수익률을 6퍼센트다. 매도시점에 실현이익의 30퍼센트가소득세로 상실된다고 생각해보라. 이렇게 하면 포지션 재설정을 위해 활용할 수 있는 45달러의 세후 자산이 남을 것이다. 수입에서 주당 똑같은 3.6달러를 만들려면, 우리는 8퍼센트(45달러 × 0.08 = 3.6달러)의 수익률이 있는 주식을 찾아야 한다. 이 요소를 보유 / 매도의 의사결정 과정에서 조심스럽게 고찰해야 한다.

가격이 상승한 자산의 처분 여부를 평가할 때 고객의 연령과 건강상태도 고려해야 한다. 현재 소득세 규정은 투자자 사망 시 가격이 상승한 투자자산에 대해 '누진과세' 기준을 적용한다. 위의 예에서 투자자가 만약 심각한 질병으로 죽음을 눈앞에 두고 있다면 이 주식의 보유를 권할 만하다. 그의 죽음으로 유가족들은 현재 시장가격을 과세기준으로 해서 주식을 상속할 것이다. 그렇지 않았다면 투자자가 죽기 전에 주식을 팔았을 때 소득세로 납부했을 주당 15달러를 내지 않아도 된다.

때때로 상담사는 이례적으로 많은 미실현 자본손실이 있는 투자를 처분해야 한다고 권한다. 이때 상담사와 고객의 대화는 다음과 같을 것이다.

▶ 상담사 우리가 같이 설계해 추천한 목표 포트폴리오에 따라 설정한 투자가 아니기 때문에 ABC회사에 대한 고객님의 포지

선을 정리할 것을 권합니다.

▶▶ 고객   예, 그 주식 엉망이었죠. 주당 50달러에 샀는데, 지금은 겨
         우 주당 8달러에 불과해요. 그러니 만약 지금 그것을 판다
         면 난 돈을 잃게 되죠(만약 팔지 않는다면 아무 돈도 잃지 않
         는다는 미묘한 의미에 주목하라!).

▶ 상담사 고객님은 이미 돈을 잃으셨어요.

▶▶ 고객   아니죠. 그것은 단지 장부상의 손실일 뿐예요(이런 말은 장
         부상의 손실이 경제적인 의미가 없음을 가정한 것이다).

▶ 상담사 고객님께서 주식을 보유하지 않고 현재 평가액에 해당하
         는 현금을 가지고 있다고 생각해보세요. 고객님께서는 오
         늘 주당 8달러에 그것을 사시겠습니까?

▶▶ 고객   아니요. 난 그것이 팔릴 때까지 기다릴 수 없어요. 주당 50
         달러가 되자마자 내다 팔겠어요!

　　'장부상의 손실증후군'을 강조하는 심리는 포지션을 처분하지
않는 한 돈을 잃지 않으며, 장부상의 손실은 경제적인 실체가 없
다는 믿음에 있다. 또 세금에 대한 고려와는 별도로, 과거의 매입
가격은 보유·매도의 의사결정과는 아무런 관계가 없다. 고객이
실제로 저항하는 것은 실적이 좋지 않은 투자를 받아들여야 한
다는 점이다. 손실을 보고 매도한다면 결과는 피할 수 없이 명백
하다. 그러나 계속 보유한다면 여전히 언젠가는 본전이 될 것이
라는 희망이 남아 있게 된다.

　　이러한 문제들은 고객으로 하여금 새로운 목표 포트폴리오를
설계하기 전에 이전 포트폴리오가 현금으로 전환되었다고 가정
함으로써 극복할 수 있다. 이것은 고객이 과거의 의사결정에서

자유로울 수 있게 하며, 결과적으로 새로운 권고가 더 이상 오래 되고 익숙한 포지션의 처분과 경합하지 않도록 한다. 목표 포트 폴리오의 구성부문을 고려할 때 고객이 현재 보유하는 포지션을 포함한 투자선택의 범위는 유용하다. 이러한 접근방법을 통해 고객이 보유하는 오래되고 친숙한 몇 가지 투자를 여전히 유지하 겠다고 결정할 수도 있겠지만, 이러한 투자들에 대해 선택된 배 분비율이 합리적으로 설정될 가능성이 높다.

투자의 의사결정은 실제적이어야 한다. 전통적으로 투자추천 은 매수, 보유, 매도로 분류되어 왔다. 나는 '보유' 추천이 종종 실제적인 의사결정에 대한 책임을 기피하고 있으며, 매도나 매수 결정의 규칙이 동일해야 한다고 생각한다. 일반적인 규칙을 간단 히 말하면, 다음과 같다. '만약 당신이 아무것도 보유하지 않았다 고 할 때 적극적으로 매수할 그런 종목만을 포트폴리오 안에 보 유하시오. 그밖의 다른 나머지는 모두 매도하시오.'

큰돈의 투자결정

큰돈을 투자해야 하는 상황은 많은 고객이 걱정하게 만든다. 이것은 갑자기 복권에 당첨되었거나 커다란 유산을 받은 고객들 에게 특히 그렇다. 그들은 인생에서 처음으로 커다란 투자결정을 내려야 할 상황에 직면하게 된 것이다. 고객이 전체 포트폴리오 에 관해 총체적으로 생각하도록 장려하고 전체 포트폴리오의 일 정비율로 투자하도록 권고하면 그 걱정의 일부를 덜어줄 수 있 다. 예를 들어 상품연계증권에 100만 달러 포트폴리오의 3%를

투자할 것을 권하는 것은 같은 포지션에 3만 달러를 투자하도록
권하는 것보다 덜 자극적으로 들린다.

특정 투자 추천에 대한 저항

우리가 다루는 것은 고객의 돈이다. 따라서 고객에게 어떤 투
자 추천에 대해 거부할 권한이 있는 것은 당연하다. 그러나 고객
은 잘못된 이유로 특정투자를 거부하기도 한다. 예를 들어 고객
은 해외 주식 뮤추얼펀드에 대한 추천포지션을 거부할 수도 있
다. 당신이 깊이 조사하면 할수록 고객이 특정 투자 추천에 대해
반대하지 않는다는 사실이 더 명백해진다. 오히려 고객은 하나의
자산군으로서 해외 주식에 불편해할 뿐이다. 고객이 해외 주식에
불편해한다는 것은 다음 단계로 진행되기 이전에 내린 좀더 일
반적인 의사결정이 확고하지 않았음을 뜻한다.

포트폴리오 설계과정은 광범위 포트폴리오 균형 단계에서 세
분화된 자산배분 단계로, 그리고 마지막으로 특정 투자 포지션
설정 단계로 진행되어야 한다. 의사결정의 각 단계는 다음 단계
로 나아가기 전에 확고하게 설정되어야 한다. 만약 이것이 적절
하게 진행된다면 의사결정 과정에서 적극적인 힘을 발휘할 것이
다. 또한 특정 투자에 대해 고객들이 좀더 일반적인 단계의 의사
결정에서 다뤄야 할 이유들 때문에 반대하는 상황은 피할 수 있
다. 반대가 현재 다루는 의사결정 단계와 관련한 것이라면 고객
이 특정 투자에 반대하는 것은 문제없다. 그러나 만약 그렇지 않
다면 추천을 철회하고 반대의 근본 이유를 포함해 좀더 일반적

인 단계의 의사결정 수준으로 되돌아가는 것이 중요하다. 해결책으로 광범위 포트폴리오 균형 결정이나 자산배분 전략의 수정이 필요할 수도 있는데, 이것은 목표 포트폴리오를 재설계해야 한다.

지출을 위한 포트폴리오에서 현금 회수

▶ 상담사 여기에 목표 포트폴리오 추천 안이 있습니다. 여러 가지 자산군들 사이에 넓게 분산되어 있으며, 고객님의 변동성 허용수준과 투자기간에 따라 포트폴리오의 기대수익률을 극대화할 수 있을 겁니다.

▶▶ 고객 좋은 포트폴리오군요. 그런데 저는 그 수익률로는 살아갈 수 없습니다. 주식투자를 줄이고 포트폴리오 수익률이 내 수입 니즈에 맞을 때까지 그것을 채권에 재배분해도 될까요?

표 13-1은 채권과 주식으로 형성된 세 가지 자산배합에 대한 수익요소들을 보여준다. 어떤 특정한 고객이 자신의 투자기간과 변동성 허용수준하에 50%의 채권과 50%의 주식으로 만들어진 자산배합을 갖고 있다고 가정해보자. 이 포트폴리오에는 9%라는 전체 기대수익률이 있는데 그것은 4%의 수입 수익률에 5%의 평균 자본이득률을 더해 구성된다. 만약 고객에게 100만 달러의 포트폴리오가 있다면 이 자산배합은 4만 달러의 수입 수익을 만들 것이다. 그러나 그 고객이 1년 동안 사는데 6만 달러가 필요하다면 어쩌겠는가? 분명 원금을 건드리게 될 것이다. 대부분의 고객

표 13-1 수익의 구성요소

	자산배합 1	자산배합 2	자산배합 3
채권	100%	50%	0%
주식	0%	50%	100%
합계	100%	100%	100%
자산배합 수익률	6%	4%	2%
자본이득	0%	5%	10%
자산배합 전체 수익률	6%	9%	12%

들에겐 "절대로 원금을 건드리지 마시오"라고 철저하게 주입되어 있다. 비록 이것은 좋은 충고이지만 그 충고를 문자 그대로 해석하는 것은 좋지 못한 투자 결정을 낳을 수 있다. 적절하게 균형을 맞춘 포트폴리오는 고객의 변동성 허용수준에 따라 전체 수익률을 최대화한다.

만약 포트폴리오 수입 수익률이 현재의 지출에 필요한 것보다 작다면, 고객의 첫 번째 충동은 종종 가격상승 지향적인 지분형 투자를 팔아 이자발생형 투자를 더 많이 해서 포트폴리오의 수입을 증가시키려는 것이다. 우리의 사례에서, 고객은 자신의 니즈에 맞는 충분한 수입 수익률을 발생시키기 위해 채권으로만 구성된 포트폴리오로 옮겨가야 할 것이다. 아이러니컬하게도 만약 이렇게 한다면, 그는 원금을 사용하지 않음으로써 피하려고 했던 가장 위험한 상황으로 자신을 몰아가게 될 것이다. 즉 4%에서 6%로 그의 수입 수익률을 올리려고 한 행위가 전체수익률을 3% 줄이게 하고 이에 따라 자신을 구매력 감소 위험에 더욱 더 노출시키게 된다!

해결방법은 고객이 수입 수익률보다는 전체수익률(수입 수익률에 자본이득을 더한)의 관점에서 생각하도록 교육하는 것이다. 전체수익률의 틀 안에서, 더 높은 수입 수익률이 있지만 더 낮은 전체 수익률을 갖는 포트폴리오를 선택하는 것보다 더 높은 전체 수익률을 갖는 포트폴리오에서 낮은 수입 수익률을 보충하기 위해 약간의 원금을 사용하는 것이 더 낫다는 것을 고객은 알게 될 것이다.

유지 가능한 포트폴리오 회수율

2장에서 우리는 양도성예금증서에 100만 달러를 투자한 50세 과부의 상황에 대해 논의했다. 그다지 높지 않은 수준에서 유지되는 인플레이션이라 할지라도 전체 수익의 너무 많은 부분이 지출에 사용된다면 시간이 지남에 따라 포트폴리오의 구매력이 상당 부분 침해될 수 있다. 때로 고객은 커다란 포트폴리오를 자신의 유가족들에게 남기고 싶지 않으며 따라서 정기적으로 원금의 감소를 받아들일 수 있다고 말한다. 이 경우의 문제는 원금을 의도적으로 완전히 청산한다 할지라도 지출에 소요될 현금을 실질적으로 증가시키지 않을 수 있다는 점이다. 예를 들어 5%의 양도성예금증서에 100만 달러를 투자한 과부는 1년에 5만 달러의 이자수입을 얻는다. 만약 이자만 사용하는 대신 30년의 기대여명에 걸쳐 체계적으로 원금을 청산한다면 연 단위 현금흐름은 겨우 약 6만 5,000달러로 증가할 것이다. 이것은 남아 있는 기대여명 동안 생활비를 세 배 이상으로 만들 인플레이션 환경에서는 거의 도움이 되지 않는다.

표 13-2 유지 가능한 실제 포트폴리오 회수율

	자산배합 1	자산배합 2	자산배합 3
채권	100%	50%	0%
주식	0%	50%	100%
합계	100%	100%	100%
자산배합 전체 수익률	6%	9%	12%
(인플레이션 조정)	(4)	(4)	(4)
현금회수율	2%	5%	8%

이상적으로는 포트폴리오 회수율을 평균 전체 기대수익률과 평균 물가상승률 사이의 차이에 해당하는 만큼으로 제한함으로써 투자 포트폴리오의 구매력을 유지하는 것이 바람직하다. 표 13-2는 앞서 논의했던 주식과 채권으로 된 세 가지 자산배합에 있어서 유지할 수 있는 회수율을 보여준다. 확실히 이러한 회수율은 포트폴리오의 크기에 비해서는 그다지 크지 않다. 그러나 그것은 한 가지 중요한 특징이 있다. 포트폴리오가 인플레이션을 상쇄시키기에 충분한 비율로 성장해 구매력을 유지한다면, 포트폴리오에서의 현금회수 또한 시간이 지남에 따라 인플레이션과 보조를 맞추기 위해 증가할 수 있다.

실제로 많은 고객들이 포트폴리오 구매력을 유지하는 데 필요한 수준만큼 현금의 회수를 제한할 수 없을 것이다. 그러나 총수익의 작은 부분이라 할지라도 인플레이션을 부분적으로 상쇄시키기 위해 건드리지 않고 남겨놓는다면, 고객의 장기적인 재무안정성은 강화될 것이다.

에필로그

　　투자관리는 단순하지만 어렵다. 성공적인 투자 원칙이 상대적으로 몇 개 되지도 않고 이해하기 쉽기 때문에 단순하다. 비록 모든 고객은 자신의 재산을 관리하면서 다양한 위험과 마주치지만, 이 위험 가운데 중요한 두 가지가 인플레이션과 수익률의 변동성이다. 이러한 위험 가운데 하나를 피하도록 포트폴리오를 구성할 때, 유감스럽게도 다른 하나에 노출되고 만다. 이러한 이유로 고객은 어떤 위험이 자신에게 더 위험한지를 결정해야 한다. 투자기간은 이런 판단을 내릴 때와 관련된 부분이다. 투자기간이 짧은 경우에는 변동성이 인플레이션보다 더 큰 위험이며, 그러한 포트폴리오는 안정된 원금가치를 유지하는 이자발생형 투자에 더 큰 비중을 두는 자산배분 전략을 구사해야 한다. 투자기간이 긴 경우에는 인플레이션이 더 심각한 위험이며, 이러한 포트폴리오는 지분형 투자에 더 많이 배분해야 한다. 그러나 투자기간과 무관하게 광범위한 분산투자는 위험을 경감시키는 효과가 있는데, 모든 고객에게 그들의 변동성 허용수준과 무관하게 여러 가지의 자산군들을 활용하도록 해야 한다.

투자관리가 단순하기 때문에 고객이 투자 의사결정 과정에 의미 있게 관여하는가는 고객 개개인의 능력에 달려 있다. 고객이 주요 투자결정을 투자상담사에게만 일임하는 것은 필요하지도 타당하지도 않다. 그것은 고객의 돈이고 고객은 그 결과물로 살아간다. 고객이 투자관리 과정에 대해 더 잘 교육 받을수록 변동성 허용수준은 상황적 조건하에서 가장 적절한 쪽으로 옮겨갈 것이다. 더 많이 이해할수록 더 나은 결정을 내릴 것이고, 고객 또한 결과를 평가할 때 현실적인 준거 기준을 갖게 됨으로써 이익을 얻을 것이다. 이것은 투자목표 실현에 정말로 중요한 두 가지 — 좀더 큰 평정심과 지구력 — 를 이끌어낸다.

비록 투자관리는 단순하지만 결코 쉽지 않다. 투자관리 과정에는 피할 수 없는 불확실성이 내재되며, 고객이 이러한 불확실성을 지니고 살아가는 것은 쉽지 않다. 잘 모르는 것을 두려워하고, 가능한 한 불확실성을 줄이거나 제거하려고 하는 것은 자연스러운 일이다. 그러나 과거 연방준비제도 이사장 폴 볼커는 공인재무분석사회(AIMR)의 회의석상에서 이렇게 말했다. "당신이 전 세계의 손실을 모두 막을 순 없다."

나는 몇 년 전 일본을 여행했다. 일행 가운데 몇 사람이 후지산을 보고 싶어 해 하루 일정으로 버스 여행을 하기로 했다. 출발하기 전에 보통 그맘때는 기후가 좋지 않아 산 정상을 볼 가능성이 50 : 50일 것이라는 얘기를 들었다. 우리가 도착했을 때 후지산은 보이지 않았다. 두터운 안개와 구름이 모든 계곡과 능선을 덮어버렸다. 그러나 버스로 네 시간이나 타고 왔기 때문에 몇 명의 사람들은 사진을 찍기로 했다. 그들이 아무리 조심스럽게 카메라의 초점을 맞춰도 안개는 사라지지 않을 것이다. 할 수 있는 일이라곤 안개를 좀더 선명하게 찍는 것뿐이었다. 투자관리에서도 마찬가지다. 고객들은 우리가 전문적인 상담사로서 그들이 견디기 어려운 불확실성을 제거할 방법을 알고 있어야 한다고 믿는다. 그러나 투자관리에 내재된 불확실성에 초점을 맞출 때 얻을 수 있는 것이라곤 불확실성에 대한 좀더 뚜렷한 사진일 뿐이다. 불확실성을 제거할 수는 없다. 경제학자였던 내 친구 가운데 한 명은 이렇게 말했다. "미래로의 창문은 불투명하다."

견디기 어렵긴 하지만 불확실성이 반드시 나쁜 것은 아니다. 투자기간이 긴 고객에게는 지분형 투자로 생긴 더 높은 기대수익률이 변동성을 보상해준다. 고객이 이 점을 이해하도록 가르칠 수만 있다면 고객은 이것을 자기에게 유익하도록 활용할 수 있을 것이다. 그러나 지적으로 어떤 것을 이해하는 것과 매일 그 결과를 감수하는 것은 다르다. 따라서 성공적인 투자는 일종의 투자관리를 위한 노력임과 동시에 상당히 심리적인 과정이라고 할 수 있다.

투자관리는 어렵다. 자산배분의 틀 속에서 장기적인 투자정책을 확고하게 실행하지 않는다면, 거의 아무런 위험 없이 높은 수익률을 약속하는 투자제안들 때문에 고객이 쉽게 혼란해하기 때문이다. 이런 투자를 하기 위해 장기 전략에서 이탈한 사람들은 결국 해변에서 조개껍데기를 모으듯이, 그 순간순간 자신의 시선을 끄는 것은 무엇이든 줍는 식으로 포트폴리오를 구성하게 될 것이다. 즉 부를 이루는 안전하고 빠르고 쉬운 방법은 없다. 다음과 같은 옛말을 기억하라. "원한다고 다 얻을 수 있다면 거지도 금방 부자가 될 것이다."

당신이 라스베가스의 한 카지노에서 많은 슬롯머신 한가운데 서 있다고 상상해보라. 당신은 주변에서 레버를 당겨 운 좋게 잭팟이 나와 동전이 시끄럽게 금속상자에 떨어질 때 돈 벌었다고 외치는 사람들의 소리를 들을 수 있을 것이다. 언제 어느 때나 게임을 이기는 사람들이 항상 있는 것은 사실이지만(그리고 이런 사람들이 언제나 군중들 속에서 눈에 띈다), 대개의 경우 돈은 게임을 하는 사람들의 주머니에서 기계를 소유한 카지노로 흘러간다. 우리는 객관적으로 이 점을 알고 있지만, 카지노의 마력 한가운데서는 게임을 계속해 이길 수 있다고 생각할 만큼 자주 이길 때 감정의 흥분이 냉철한 판단을 압도한다. 이 시스템을 이기려는 욕구를 북돋는 것은 우리에게 의식이 있다는 증거다. 이 의식은 우리에게 다른 사람들이 실제로 이기고 있으며, 만약 행운의 슬롯머신을 찾는다면, 우리도 이길 수 있다는 사실을 알려준다.

매일의 투자 환경으로부터 고객들에게 던져지는 메시지는 간헐적으로 돈을 번 슬롯머신의 소리만큼이나 혼란스럽고 혼동될 수 있다. 새로운 시장예측 기법의 스승이든 잘 분산된 포트폴리오보다 더 나은 실적을 낼 것 같은 투자 아이디어이든 고객들을 제대로 고안된 장기 전략에서 이탈시키려는 이유도 항상 존재할 것이다. 어떤 경우에는 약세장에서 고객 포트폴리오의 적정균형을 회복하기 위해 고객들에게 보통주에 더 많은 돈을 배분토록

할 때 장기 자산배분결정을 고수하는 것이 위험해 보일 수 있다. 또한 지분형 투자 비중이 시장상승의 결과로 너무 크게 될 수 있다. 강세장에서 목표 자산배분으로 되돌아가도록 고객의 포트폴리오의 균형을 다시 맞추려고 설득하는 것은 파티에서 모든 사람들이 재미를 느끼기 시작할 때 아이들에게 이제 집에 가야 한다는 부모의 말처럼 들릴 수 있다. 이러한 어려움들이 투자관리를 어렵게 만드는 또 다른 이유다.

과거에 투자관리인의 일은 증권선택과 시장예측에서 탁월한 기술을 발휘함으로써 수익을 증대시키고 위험을 최소화하는 것이었다. 성공은 관리인이 '시장보다 나은 실적을 올렸는가'라는 관점에서 평가되었다. 포트폴리오 성과를 이끄는 원동력은 관리인의 우수한 능력이라고 생각했으며, 자산배분 결정에는 거의 관심을 두지 않았다.

오늘날 자본시장은 매우 효율적이다. 따라서 탁월한 기술을 포트폴리오 성과의 기본 결정요인으로 여겨 안심하고 의지할 수 있다고 생각하는 것은 위험하다. 만약 포트폴리오 관리과정에서 자산배분의 결정이 미래의 실적을 일차적으로 정하는 것이라면, 자산배분의 의사결정 단계에서 투자상담사와 고객은 위험과 수익률의 문제를 다뤄야 한다. 이것은 기본적으로 투자 포트폴리오 설계와 실적에 대한 기대가 실제 관리로 인한 긍정적인 영향에 기초하기보다는 자본시장 자체의 위험 / 수익률 특성에 기초한다는 점을 뜻한다. 측지학 돔의 창안자인 버크민스터 풀러는 이렇게 충고했다. "힘에 맞서지 말고 그것을 이용하라."

만약 투자관리가 단순하지만 쉬운 것이 아니라면, 투자상담가란 직업에서 이것이 무엇을 의미할까? 투자관리가 단순하기 때문에 상담사들은 적절하게 교육함으로써 고객을 이롭게 할 기회를 많이 얻을 수 있다. 식견이 있는 고객들은 목표를 실현하기에 가장 적절한 전략을 선택하고, 그것을 유지하려 할 것이다. 교육자가 되는 것에 보태, 우리는 고객들과 협력해 만들어 낸 광범위 분산 투자전략들을 설계하고 실행하는 설계사이자 종합거래인이 되어야 한다.

투자관리가 어렵기 때문에, 그 전략이 계속 유지되리란 가정하에 우리가 해야 할 중요한 일들이 있을 것이다. 자본시장의 움직임에 따라, 고객에게 그들의 투자 실적을 전망해주는 서비스가 필요할 것이다. 특히 극단적인 시장 환경에서 고객들에겐 장기 전략을 고수할 수 있도록 하는 절제되고 단호한 확신이 필요할 것이다.

우리는 지난 몇 십 년에 걸쳐 세계 자본시장의 많은 변화를 지켜봤다. 더 많은 변화가 앞으로도 일어나리라는 점은 의심의 여지가 없다. 이렇게 전개되는 투자환경 속에선 고객에 대한 산발적인 투자 제안은 필요 없다. 고객은 자신의 재무적 안정에 전념할 식견 있는 투자전문가가 전체적인 포트폴리오를 관리해주길 요구하고 거기에 가치를 둘 것이다.

지은이 **로저 C. 깁슨**

CFA이자 CFP 인증자이면서 깁슨자산관리 사의 대표로서 미국 전역의 부자와 기관 투자자에게 자산관리 서비스를 제공하고 있다. 자산배분과 투자포트폴리오 설계의 전문가로 피츠버그 대학의 카츠 경영대학원과 제휴해 운영되는 신탁연구센타의 설립자이자 공동대표다. ≪저널 오브 파이낸셜 플래닝≫과 ≪저널 오브 리타이어먼트 플래닝≫의 편집자문위원회 회원이다. 로저 깁슨은 세계적인 인명록인 '후즈 후 인 더 월드(Who's who in the world)'와 '후즈 후 인 파이넌스 앤 인더스트리(Who's who in Finance and Industry)'에도 등재되었다.

옮긴이 **조영삼**

서울대학교 사회과학대학 정치학과를 졸업했다. 보험감독원, 영풍생명에서 일했고, PFM연구소 수석연구원을 거쳐, 현재 하나HSBC생명 영업지원팀장으로 재직 중이다.
지은 책으로는 『재무계산기』(김선호·조영삼·이형종 공저), 『AFPK 위험관리와 보험설계』(안용운 외 공저), 『보험업법』, 『객관식 보험업법』, 『보험계약법』(문기정·조영삼 공저)이 있다. 옮긴 책으로는 『재무상담사를 위한 스토리셀링』(김선호·조영삼·이형종 공역), 『금융전문가를 위한 고객설득전략』(김선호·조영삼·이형종 공역), 『재무상담사를 위한 고객 재무설계』(김선호·조영삼·이형종 공역) 등이 있다.

PFM연구소(Personal Financial Management Institute)

재무상담사에게 전문적 지식과 기술을 제공하고, 일반 고객에게 개인재무관리에 대한 교육, 상담 등을 지원하기 위해 설립되었다. 연구소의 사명은 고객과 국민이 재무적 자유를 성취해 궁극적으로 가치 있는 삶을 영위하도록 하는 것이다.

재무상담사를 위한 자산배분 전략

최적의 재무위험 처리 기법

ⓒ 조영삼, 2005

지은이 | 로저 C. 깁슨
옮긴이 | 조영삼
펴낸이 | 김종수
펴낸곳 | 서울엠

초판 1쇄 발행 | 2005년 5월 10일
초판 4쇄 발행 | 2010년 3월 10일

주소 | 413-832 파주시 교하읍 문발리 507-2(본사)
        121-801 서울시 마포구 공덕1동 105-90 서울빌딩 3층(서울 사무소)
전화 | 영업 02-326-0095, 편집 02-336-6183
팩스 | 02-333-7543
홈페이지 | www.hanulbooks.co.kr
등록 | 2003년 12월 23일, 제406-2003-053호

Printed in Korea.
ISBN 978-89-7308-154-7   03320

* 가격은 겉표지에 표시되어 있습니다.
** 서울엠은 도서출판 한울의 자회사입니다.